外贸单证操作

主　编　黄敏芳　王晓宁

副主编　邵　玲　陈　陈

参　编　李子薇　周　勤　徐美娟　黄有新

机械工业出版社
CHINA MACHINE PRESS

本书是职业教育国际贸易类专业核心课程教材。本书由江苏联合职业技术学院商务类专业协作委员会和其他专业协作委员会共同组织各分院部分商务类专业教师，根据江苏省五年制高等职业教育商务类专业人才培养方案和商务英语、国际商务专业课程新标准，以外贸单证员岗位职业要求和“1+X”证书的岗位准则为依据，共同编写完成。

本书为贯彻立德树人的根本任务，同时为适应现代化教学方式的要求，设计了“做中学、学中做”的教学思路，并将核心素养、党的二十大精神等思政元素贯穿始终。全书内容以职场实际工作业务为背景设置项目，以工作过程为导向，以外贸制单工作流程为主线，以信用证支付方式为载体，以任务为驱动，介绍了进出口贸易过程中各个业务环节所涉及的单证缮制方法及相关知识和操作技能，同时在各项目后设计了具有操作性和针对性的项目实训内容，以培养学生的实操能力。

完成本书的学习，可以使学生掌握进出口外贸单证实务，增强学生的职业技能和就业能力，从而实现校企无缝对接、学生零距离上岗的目标，并培养学生自主学习和终身学习能力。

本书可作为职业教育财经商贸类专业相关课程教材，也可作为初入职场人员的学习用书及企业的培训用书。

图书在版编目（CIP）数据

外贸单证操作 / 黄敏芳，王晓宁主编. —北京：机械工业出版社，2024.5（2024.12 重印）
ISBN 978-7-111-75391-9

Ⅰ. ①外… Ⅱ. ①黄… ②王… Ⅲ. ①进出口贸易—原始凭证 Ⅳ. ① F740.44

中国国家版本馆 CIP 数据核字（2024）第 058066 号

机械工业出版社（北京市百万庄大街 22 号 邮政编码 100037）
策划编辑：邢小兵 责任编辑：邢小兵 马新娟
责任校对：杨 霞 张亚楠 封面设计：王 旭
责任印制：常天培
北京机工印刷厂有限公司印刷
2024 年 12 月第 1 版第 2 次印刷
184mm×260mm · 17.25 印张 · 429 千字
标准书号：ISBN 978-7-111-75391-9
定价：49.00 元

电话服务 网络服务
客服电话：010-88361066 机 工 官 网：www.cmpbook.com
010-88379833 机 工 官 博：weibo.com/cmp1952
010-68326294 金 书 网：www.golden-book.com
 机工教育服务网：www.cmpedu.com

前言

近年来，我国的外贸政策和国际贸易环境发生了很大变化，共建“一带一路”使我国与沿线国家和地区在经济、贸易、投资、金融等各方面的合作逐步向广度和深度拓展；中国-东盟自贸协定对原产货物认定的标准进一步放宽；我国出口退税率进一步调整；我国的出入境检验检疫机构整体并入海关，报关单、报检单合并为一张新版报关单；欧盟国家、日本等先后取消中国普惠制待遇，普惠制原产地证书的应用范围变小；等等。面对新形势、新政策，职业院校须创新人才培养模式，培养更多从事国际商务工作的高素质技术技能人才。本书坚持把立德树人作为根本任务，强调职业素养的深度培育，深挖核心素养，将“推动货物贸易优化升级，创新服务贸易发展机制，发展数字贸易，加快建设贸易强国”等党的二十大精神贯穿始终。本书编写坚持贯彻科学性原则、先进性原则、特色性原则与实用性原则，力求体现新课改的理念和职业教育的办学特色。本书特色有以下几点：

1. 项目导向，任务驱动，教学做一体化

本书打破以知识体系为线索的传统编写模式，以职场实际工作业务为背景，以任务为导向，以工作过程为主线，将知识贯穿于每个任务的完成过程中，体现理实一体、任务驱动、项目教学的教材编写理念。

2. 校企合作，注重实用性、职业性

本书在编写过程中邀请了企业专家、外贸业务人员共同参与，为编写组提供书中业务背景及案例资料；提出外贸工作相关职业素养、技能要求。本书严格按照外贸实际要求制定和实施每个任务，突出操作技能，使专业教学与行业发展紧密结合，使学生全面了解外贸实际工作过程中各类单据的操作规程，掌握外贸岗位各环节相关单据的具体内容和实际操作流程，让学生在做中学、学中做，真正做到学以致用，零距离上岗。通过学习，学生可以参加国际商务单证员资格考试，并具备相关技能要求，实现课堂教学与职业培训紧密结合。

3. 立体化配套资源，助力混合式教学

除传统的电子课件外，本书还配有大量数字化资源，如案例资源、微课视频、外贸动态等，学生扫描书中二维码即可观看，有助于提升课堂互动性，吸引学生的注意力，同时在相应的章节可以获取专项习题和答案，供学生课后拓展使用。本书还配备了一些知识拓展资料，给学有余力的学生提供更多的学习机会。本书还在超星学习通上建立了完整的课程，以打通纸质教材和数字化教学资源的通道，为混合式教学改革提供保障。

4. 推进思政建设，深度融入职业素养

本书的编写坚决贯彻国家教材委员会印发的《习近平新时代中国特色社会主义思想进课程教材指南》（国教材〔2021〕2号）文件精神，始终坚持立德树人的正确导向，强调职业素养的深度培育，突出“诚实守信、合作共赢、精益求精、贸易强国”思政目标，将学生的价值观和外贸单证操作知识与技能学习紧密结合。培养学生的家国情怀与爱国精神，深刻领悟个人、企业与国家发展的紧密关系，努力培养能担当民族复兴大任的时代青年。本书结合课程内容融入和谐共生、自由平等、依法贸易、爱国至上和诚信至上等思政内容，通过课程学习和实践操作，努力营造市场化、法治化、国际化一流营商环境，实现职业能力和职业素养并行发展。

本书由江苏省江阴中等专业学校黄敏芳提供整体设计思路和具体编写方案，无锡旅游商贸高等职业技术学校、江苏省南通中等专业学校、江苏省江阴中等专业学校、江苏省徐州经贸高等职业学校的部分专业教师共同参与编写工作。本书分为四篇十六个项目，具体编写分工如下：江苏省江阴中等专业学校黄敏芳负责编写项目二、项目三、项目十二；无锡旅游商贸高等职业技术学校王晓宁负责编写项目九、项目十、项目十一；江苏省南通中等专业学校邵玲负责编写项目十三；无锡旅游商贸高等职业技术学校陈陈负责编写项目六、项目七；江苏省江阴中等专业学校李子薇负责编写项目一、项目八，徐美娟负责编写项目四、项目五；江苏省徐州经贸高等职业学校周勤负责编写项目十四、项目十五，黄有新负责编写项目十六。本书由黄敏芳和王晓宁负责组织协调与定稿。

本书在编写过程中得到了江苏联合职业技术学院领导的关心和支持，也得到了江苏省江阴中等专业学校等专业学校各位领导的大力支持，在此一并表示衷心感谢。

在本书编写过程中，编者参阅了近年的大量相关文献资料，在此向这些资料的作者致以真诚的谢意。

由于时间及编者水平有限，不足之处在所难免，恳请各位同行和读者批评、指正。

编　者

二维码索引

序号	名称	图形	页码	序号	名称	图形	页码
01	项目一 【小试牛刀】解析		013	08	项目七 【想一想】解析		097
02	项目二 【小试牛刀】解析		024	09	项目八 【微课：海上保险单】		109
03	项目三 【小试牛刀】解析		042	10	项目八 【小试牛刀】解析		111
04	项目三 【议一议】解析		049	11	项目九 【小试牛刀】解析		129
05	项目四 【小试牛刀】解析		058	12	项目十一 【微课：汇票】		162
06	项目五 【小试牛刀】解析		070	13	项目十一 【小试牛刀】解析		163
07	项目六 【议一议】解析		084	14	项目十二 【想一想】解析		182

目录

进口单证篇

综合业务篇

项目背景

1. 背景描述

无锡特锐思国际贸易有限公司（虚拟）是一家经营纺织品、服装、电器、食品等多类别商品的进出口贸易公司。经过5年的经营，公司已经和多个国家和地区建立了贸易往来，凭借良好的信誉和优秀的品质，与国外客户保持着良好的业务关系，在欧美和亚太地区均拥有一定的市场份额。

2. 公司基本信息

企业名称：无锡特锐思国际贸易有限公司

WUXI TERUISI INTERNATIONAL TRADE CO., LTD

企业类型：有限责任公司

法人代表：李浩

公司地址：江苏省无锡市学前街27号

邮编：214400

电话：0510-82700788

传真：0510-82700777

3. 公司组织结构

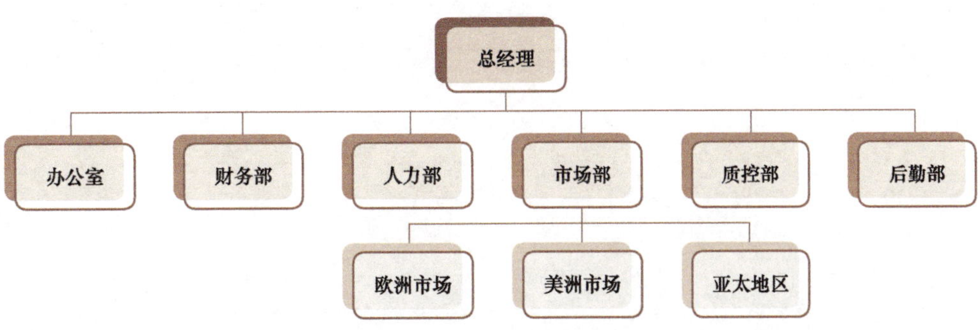

4. 公司主要人员

总经理：李浩

欧洲市场	美洲市场	亚太地区
负责人——王成	负责人——张灵	负责人——周亮
外销员——丁茂	外销员——顾青	外销员——夏成
单证员——周怡	单证员——黄欣	单证员——符柯
报关员——徐田	报关员——刘芸	报关员——秦泓

单证入门篇

- 项目一　外贸单证制作准备

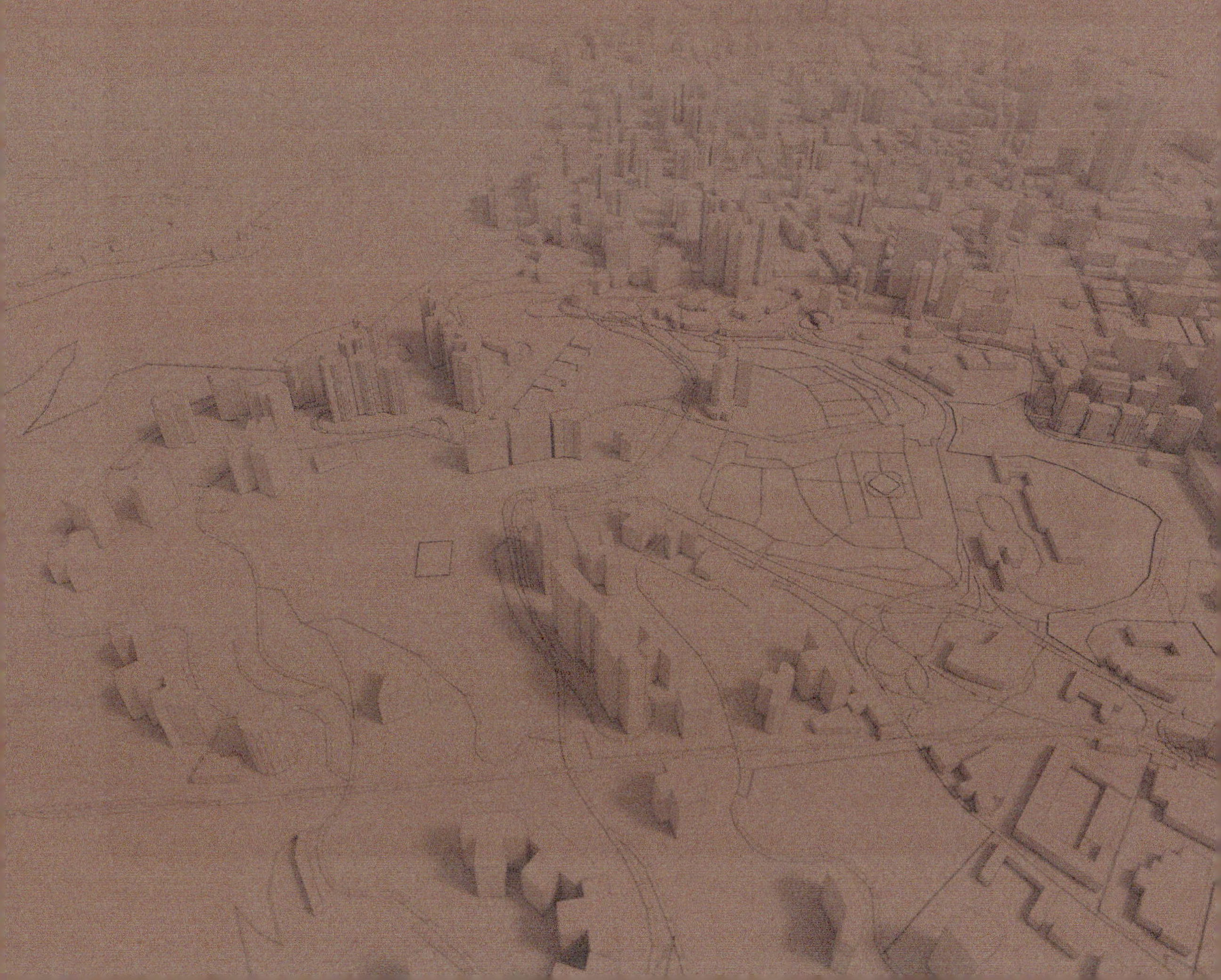

项目一
外贸单证制作准备

知识目标

· 了解外贸单证工作的主要内容
· 清楚外贸单证工作的要求
· 了解外贸单证工作常用的审核依据

能力目标

· 能读懂外贸合同中基本条款的内容和表达方式
· 能依据外贸合同对信用证进行审核

素养目标

· 养成认真细致的工作态度和爱岗敬业的工作精神
· 具备与各部门的沟通协调能力
· 具备处理突发事件的应变能力

项目情境

黄欣通过面试进入无锡特锐思国际贸易有限公司，经理给她的任务是用一周时间通过与企业员工沟通、互联网查找、借阅公司一笔已归档的业务单据等方式，了解公司的经营范围及公司所处行业情况，知晓单证业务的背景和工作流程，并能较轻松地看懂英文合同。

项目分析

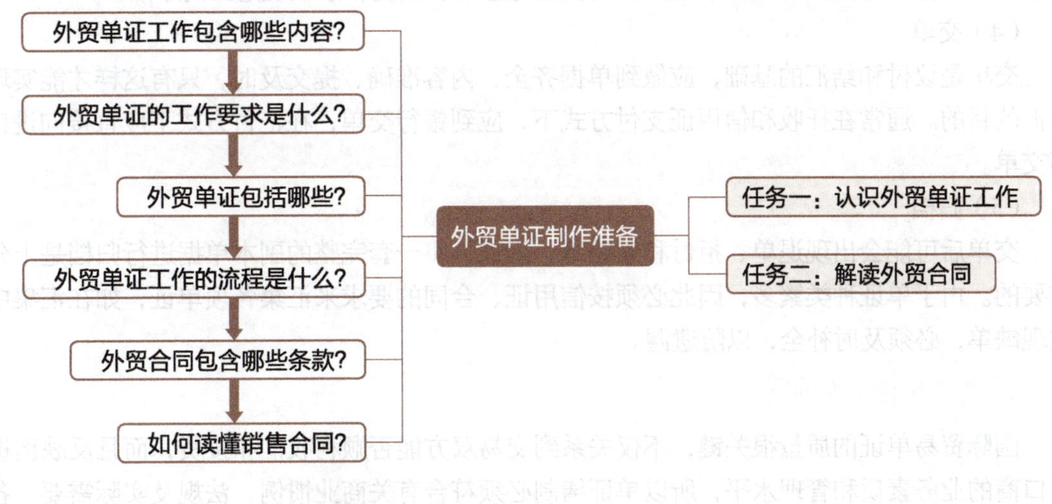

认识外贸单证工作

必备知识

1. 外贸单证工作的内容

国际贸易单证工作的基本环节包括审证、制单、审单、交单和归档，在信用证支付方式下，制单环节前还有审证环节。这些环节贯穿于进出口贸易合同履行的整个过程，促使贸易合同的履行能够顺利进行。

（1）审证

进口商开来信用证，银行和受益人需合理谨慎地审核信用证。银行重点审核信用证的真实性，出口商则着重审核信用证的内容与合同条款是否一致，能否接受，并针对发现的问题区别其性质，根据合同条款的规定及履行合同各环节中出具单据的各当事人的具体做法和意见，做出是否修改信用证的决定。

（2）制单

制单指按信用证、合同和其他有关要求，并根据货物与运输等实际情况缮制有关单据，是单证工作的基础。

（3）审单

审单必须注重单证本身的正确，并要善于解决因单证不符或更改单证所产生的相关问题。

1）审单依据：信用证支付方式下的单据必须以信用证条款为准，托收支付方式下的单据则应以合同条款为准，其他因素只能视作参考。

2）审单方法：审单方法因人而异，通常做法有纵向法、横向法和纵横交错法三种。纵向法是对照信用证、合同条款逐条逐字审核；横向法是以发票为依据，审核相同栏目的内容是否一致；纵横交错法是上述两种方法的综合应用。

3）审单的具体要求：审单要做到内容准确、格式完整、单据齐全、份数不缺、单证相符和单单相符，还要保证各种单据的签发日期无逻辑、惯例和条款规定上的矛盾。

（4）交单

交单是议付和结汇的基础，应做到单据齐全、内容准确、提交及时，只有这样才能实现结汇的目的。通常在托收和信用证支付方式下，应到银行交单，在汇付方式下应直接向进口商交单。

（5）归档

交单后可能会出现退单、拒付和索赔等，因此，将一套完整的副本单据进行归档是十分重要的。由于单证种类繁多，因此必须按信用证、合同的要求来汇集各项单证，如在汇集中发现缺单，必须及时补全，以防遗漏。

2. 外贸单证工作的要求

国际贸易单证的质量很关键，不仅关系到交易双方能否顺利收汇和接货，而且反映出进出口商的业务素质和管理水平，所以单证缮制必须符合有关商业惯例、法规及实际需要。各种进出口单证原则上应该做到：正确、完整、及时、简明、整洁。

（1）正确

正确是单证工作的前提，在制单工作的各项要求中，正确是最重要的一条。各种单据必须做到“三相符”，即单据与信用证相符、单据与单据相符、单据与贸易合同相符。在信用证项下，出口单据必须严格符合单证一致与单单一致的原则，这是开证行付款的依据。在此基础上，出口商还应做到单同一致、单货一致，这样单证才能真实代表出运货物，不致错发错运。

（2）完整

外贸单证的齐全和完整是构成单证合法性的重要条件之一。单证的完整性主要表现为以下几方面：

1）单证的种类要完整。各种所需的单证必须齐全，不得短缺。

2）单证的内容要完整。单证上的必要项目必须完备齐全，不得遗漏。

3）单证的份数要完整。各类单证的份数应当齐备，不可缺少。

（3）及时

单证工作有一定的时间要求，主要包括以下几方面：

1）及时制单。在外贸中，单证是在各个不同环节缮制的，单证制作的及时性直接影响到货物托运工作的顺利进展和各个相关部门的有效衔接。因此，各类单证必须有一个合理可行的出单日期。例如：保险单的日期必须早于提单的签发日期或同一时期，提单日期不得迟于装运期限，装运通知书必须在货物装运后立即发出等，这些日期如果搞错就会造成出单不符。

2）及时交单。单证的及时性还表现在交单的时间上，货物出运后，出口商应备妥所有单证在一定时间内及时到银行交单，尤其是在信用证支付方式下，有一个交单期限，出口商必须在信用证规定的交单期内到银行交单。按照《UCP600》的规定，除交单到期日以外，每个要求运输单据的信用证还应该规定一个运输单据出单日期后必须交单付款、承兑或议付的特定限期，如未规定该限期，银行将拒收迟于运输单据出单日期21天后提交的单据，但无论如何，单据也不得迟于信用证到期日提交。超过交单期提交的单据，将招致银行的拒付，给出口商带来损失。

（4）简明

外贸单证要求内容简化，避免烦琐。

（5）整洁

正确和完整是外贸单证的内在质量，整洁是外贸单证的外观质量，它反映了一个企业的业务技术水平。单证的缮制力求标准化和规范化，单证内容的排列要行列整齐，字迹清晰，重点项目要突出醒目。

3. 外贸单证的主要类型

（1）根据国际贸易单证性质分类

1）金融单据：具有货币属性，例如汇票、本票、支票或其他用于取得付款资金的类似凭证。

2）商业单据：具有商品的属性，商业单据还可以进一步分为基本单据和附属单据。基本单据包括商业发票、海运提单和保险单；附属单据又分为两类：一类是买方所在国家（地区）官方要求的单据，如领事发票、海关发票、原产地证书等；另一类是买方要求说明货物及相关情况的单据，如装箱单、重量单、品质证书、寄单证明、寄样证明、装运通知、船龄证明等。

（2）根据UN/EDIFACT标准分类

UN/EDIFACT标准将国际贸易单证分为以下九大类：

1）生产单证。

2）订购单证。

3）销售单证。

4）银行单证。

5）保险单证。

6）货运代理服务单证。

7）运输单证。

8）出口单证。

9）进口和转口单证。

（3）按照单证形式分类

1）纸面单证。

2）电子单证。

这两种单证具有同等效力，在实际业务中，出口商既可以提供纸面单证，也可以使用电子单证。

4. 外贸单证工作的流程

对于出口业务和进口业务，外贸单证工作的流程有所区别。

（1）出口业务中外贸单证工作的流程

1）备货。根据合同或信用证的要求，向指定工厂或储运仓库安排或催交货物，核实应交货物的品名、品质、数量、规格、包装及标记等情况，保证货物质量合格、包装完好、数量齐备、唛头清楚醒目。

2）催证、审证、改证。如果进口商在规定期限内没有开来信用证，应催促买方尽快办理开证手续。出口商收到信用证后，必须登记并审核信用证，发现问题应及时进行修改。

3）办理出口托运手续。缮制商业发票、装箱单，填制出口货物托运单，取得装货单。

4）商检报验与投保。

商检报验是指凡属法定检验的商品，以及合同或信用证规定需商检出证的商品，必须经检验机构检验，取得“出境货物通关单”或商检证书后方可出口。

投保是指凡是以CIF条件达成的合同，出口商在货物发运前，必须向保险公司投保货物运输险，取得保险单据。

5）出口报关。发货人在办理托运手续并取得装货单后，需按装运期的要求，填写“中华人民共和国出口货物报关单”，在装货的24小时之前向海关申报出口。经过海关审核、查验，并依法办理了税费手续后，即予以放行。

6）取得运输单据并发送装运通知。海关查验放行后，即在“装货单”等有关单据上加盖放行章，发货人凭之请求承运人装载货物，取得运输单据。货物装运后，出口企业必须将装运情况通知买方，以便买方办理保险，并做好接货准备。

7）使馆认证。使馆认证是指一国（地区）外交机构及其授权机构在涉外文书上确认所在国（地区）公证机关或某些特殊机关的印章或该机关主管人员的签字属实。

如果合同或信用证要求对出口单据进行认证，出口商还必须在进口国（地区）使馆规定的时间内，按其认证的要求，尽可能及早办理认证手续。

8）审单。审单必须注重单证本身的正确，并要善于解决因单证不符或更改单证所产生的相关问题。信用证支付方式项下的单据必须以信用证条款为准，托收支付方式项下的单据则应以合同条款为准。审核单据以后，出口商应缮制汇票，及早送交银行办理结汇手续。

9）交单。采用L/C（信用证）收汇的，应在规定的交单时间内，备齐全部单证，并严格审单，确保没有错误，再交银行议付；采用T/T（电汇）收汇的，在取得提单后马上传真提单给客户付款，确认收到余款后再将提单正本及其他文件寄给客户；采用T/T收汇并要求收全款才能做柜，要等收款后再安排拖柜，拿到提单后可立即寄正本提单给客户。

10）出口收汇核销与退税。出口地银行收到货款后，即出具结汇水单和收账通知等，出口商凭此向国家外汇管理部门办理核销手续。如果出口商品能够享受出口退税，则办理核销后即可去税务机关申请退税。

11）单据归档。每单出口业务在完成后要及时做登记，包括电脑登记及书面登记，便于以后查询、统计等。所有的文件、信用证和议付文件必须留存一整套以备查用。

（2）进口业务中外贸单证工作的流程

1）申领配额证明或进口许可证。实行关税配额以及许可证管理的限制进口商品，进口商应该向相应主管部门申领配额以及许可证以后方可进口。

2）申请开立信用证。凡以信用证为支付方式的，须申请开立信用证。申请开证，最少需向银行提供合同、进口付汇核销单和购汇用汇申请书三份文件。

3）修改信用证。对方的改证请求与实际操作须符合国际惯例，即修改信用证应当通过开证行进行。一般情况下应尽量避免修改信用证，必须改证时要按国际惯例办事。

4）租船订舱与投保。按FOB术语进口，应负责安排运输，即办理租船订舱手续。按FOB、CFR术语进口，应该办理货物的运输保险手续。

5）审单付汇。银行通常为进口商提供一定的审单服务，但银行审核单据，仅审核其表面与信用证或托收指示书的规定是否相符，对于任何单据的形式、完整性、准确性、真实性或法律效力，以及单据上所表示的货物描述、数量、重量、质量、包装、价值等是否真实概不负责，进口商应注意分清责任。

6）货物的报检与通关。进口商取得全套单据后，在货物抵达国内港口时，持正本提单（大提单）至船公司换取“进口货物提货单”（小提单）提货。凡属法定检验的商品，应在报检后向海关报关，经查验无误后海关予以放行。

任务实施

经理要求黄欣利用一周时间熟悉公司的经营范围、单证业务的工作流程和基本要求等，为更好地开展后续工作做准备。

第一步：识别信用证业务中涉及的单据类型

单据类型	单据内容
运输单证	由各种不同方式的承运人签发给托运人的各种运输单证，包括海运提单，非转让海运单，租船合约提单，多式联运单据，航空运单，公路、铁路和内陆水运单据，快递收据、邮政收据或邮寄证明
保险单证	买方或卖方办理货物运输保险的投保，由保险人出具的保险单或保险证明书等，包括保险单、保险凭证、预约保险单、保险批单、投保声明等
发票	商业发票、形式发票、领事发票、海关发票
其他单据	装箱单、重量单、产地证明书、普惠制单据、检验检疫证书、受益人声明或受益人证明等

第二步：绘制该笔业务的工作流程

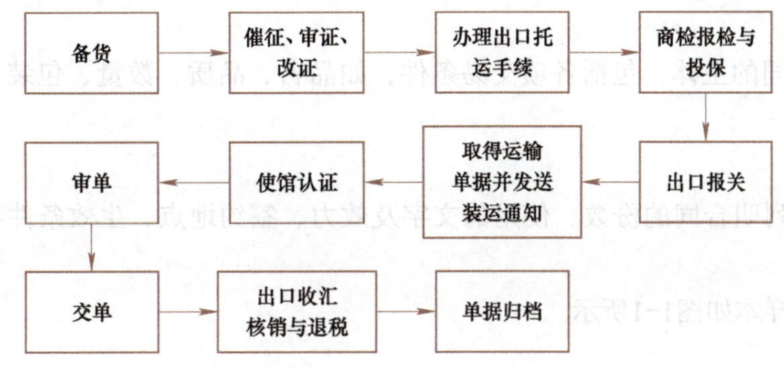

任务评价

任务评价表

评价项目	评价标准	满分	得分
单证的主要类型	能准确说出所有单证的分类标准和类型	20分	
单证工作内容	能清晰了解单证工作的每项内容	25分	
单证工作流程	能依据业务要求分析单证工作流程	30分	
职业操作规范	能养成实事求是、爱岗敬业的职业素养	25分	
合计		100分	

任务二 解读外贸合同

必备知识

1. 外贸合同的基本内容

外贸合同是指进出口交易中的买卖双方经磋商后签署的有一定格式的书面合同。在实际业务中，订立书面合同有如下意义：

1）作为合同成立的证据。

2）作为履行合同的依据。

3）作为解决争议的依据。

《中华人民共和国民法典》第469条规定，书面形式是合同书、信件、电报、电传、传真等可以有形地表现所载内容的形式。

书面外贸合同通常包括三个方面的基本内容：约首、正文及约尾。

（1）约首

约首一般包括合同名称、合同编号、买卖双方名称、地址、电话及买卖双方订立合同的意向和履约保证等。

（2）正文

正文是合同的主体，包括各项交易条件，如品名、品质、数量、包装、装运、价格和保险等。

（3）约尾

约尾一般列明合同的份数、使用的文字及效力、签约地点、生效条件和双方当事人的签名等。

销售合同样本如图1-1所示。

销 售 合 同

SALES CONTRACT

Sellers:　　　　　　　　　　　　　　　　　　Contract No.:

Address:　　　　　　　　　　　　　　　　　　Date:

Tel.:　　　　　　　　Fax:　　　　　　　　　　Signed at:

Buyers:

Address:

Tel.:　　　　　　　　Fax:

This sales contract is made by and between the sellers and the buyers, whereby the sellers agree to sell and the buyers agree to buy the under-mentioned goods according to the terms and conditions stipulated below:

(1)Name of Commodity and Specification	(2)Quantity	(3)Unit	(4)Unit Price	(5)Amount
	Total Amount			

(6) Packing:

(7) Delivery from ________ to ________

(8) Shipping Marks: ________

(9) Time of Shipment: Within ________ days after receipt of L/C, transshipment and partial shipment are ________.

(10) Terms of Payment: By 100% confirmed irrevocable letter of credit in favor of the sellers to be available by sight draft to be opened and to reach China before ________ and to remain valid for negotiation in China until the ________ days after the foresaid time of shipment. L/C must mention this contract number. L/C advised by ________. All banking charges outside China (the mainland of China) are for account of the Drawee.

(11) Insurance: To be effected by the sellers for ________ of full invoice value covering ________ up to ________.

(12) Arbitration: All disputes arising from the execution of or in connection with this contract shall be settled amicable by negotiation. In case no settlement can be reached through negotiation, the case shall then be submitted to China International Economic & Trade Arbitration Commission. In Shenzhen (or in Beijing) for arbitration in act with its sure of procedures. The arbitral award is final and binding both parties for settling the dispute. The fee, for arbitration shall be borne by the losing party, unless otherwise awarded.

The Seller: ________　　　　　　　　　　The Buyer:

图1–1　销售合同样本

2. 外贸合同约首解读

1）Sellers：本栏填写卖方的具体名称。

2）Contract No.：合同号码。

3）Address, Tel., Fax：本栏主要填写卖方的详细地址、电话号码和传真号码。

4）Date：合同签订日期。

5）Signed at：合同签订地点。

6）Buyers：本栏填写买方的具体名称。

7）Address, Tel., Fax：本栏填写买方的详细地址、电话号码和传真号码。

3. 外贸合同正文及约尾解读

1）Name of Commodity and Specification：品名、规格，主要填写商品的名称、型号、规

格等信息。

2）Quantity：数量，主要填写货物的成交数量，若有溢短装条款也须在此栏写明。

3）Unit：计量单位。

4）Unit Price：单价，填写货物的单价，包括其贸易术语和成交价格。

5）Amount：金额。

6）Packing：包装，主要填写货物的包装方式。

7）Delivery from... to...：从……运到……，填写货物的启运地和目的地名称。

8）Shipping Marks：唛头，填写货物的唛头，若无唛头，此栏填写“N/M”，不得留空。

9）Time of Shipment：装运时间，由于本合同为格式合同，因此只需要在下列横线处填写相关的内容即可。

Within ________ days after receipt of L/C, transshipment and partial shipment are ________.

收到信用证后________天装运，转运和分批装运________。

10）Terms of Payment：支付条款。

By 100% confirmed irrevocable letter of credit in favor of the sellers to be available by sight draft to be opened and to reach China before ________ and to remain valid for negotiation in China until the ________ days after the foresaid time of shipment. L/C must mention this contract number. L/C advised by ________. All banking charges outside China (the mainland of China) are for account of the Drawee.

买方应当开具以卖方为受益人的不可撤销的保兑的即期付款信用证，并且要在________前开立并送达卖方，有效至装运月后第________天，在中国议付。信用证上必须涉及该合同号码，由________通知。在中国（大陆）以外的所有费用都由付款人承担。

11）Insurance：保险。

To be effected by the sellers for ________ of full invoice value covering ________ up to ________.

由卖方按十足发票金额的________投保________至________。

12）Arbitration：仲裁。

All disputes arising from the execution of or in connection with this contract shall be settled amicable by negotiation. In case no settlement can be reached through negotiation, the case shall then be submitted to China International Economic & Trade Arbitration Commission. In Shenzhen (or in Beijing) for arbitration in act with its sure of procedures. The arbitral award is final and binding both parties for settling the dispute. The fee, for arbitration shall be borne by the losing party, unless otherwise awarded.

凡在执行本合同过程中产生的或与本合同有关的一切争议，都应该通过协商解决。若协商无法解决，应提交中国国际经济贸易仲裁委员会。在深圳（或北京）按照其程序执行。仲裁裁决是终局的，而且对争议双方均有约束力。仲裁费用应当由输者负担，除非判给其他人。

13）The Seller：卖方签署。

14）The Buyer：买方签署。

小试牛刀　条款解读

你来试一试？

条款A：DELIVERY: FROM SHANGHAI, CHINA TO LONDON, ENGLAND.

条款B：TIME OF SHIPMENT: NOT LATER THAN OCT.31, 2019.

条款C：TERMS OF PAYMENT: BY IRREVOCABLE OF CREDIT AT 30 DAYS AFTER SIGHT, REACHING THE SELLER NOT LATER THAN MAR.5TH, 2022 AND REMAINING VALID FOR NEGOTIATION IN CHINA FOR FURTHER 15 DAYS AFTER THE EFFECTED SHIPMENT.

【小试牛刀】解析

任务实施

业务员黄欣在熟悉了单证工作的基本流程和要求之后，开始学习解读外贸合同。

第一步：了解外贸合同格式

方法：根据合同模版，找到合同中必须包括的基本内容。

约首

销 售 合 同

SALES CONTRACT

Contract No.: 23JA7031KL
Date: JAN.20, 2023
Signed at: WUXI

Sellers: WUXI TERUISI INTERNATIONAL TRADE CO.,LTD
Address: NO. 27 XUEQIAN ROAD, WUXI, CHINA
Tel.: 0086-510-82700788　　Fax: 0086-510-82700777
Buyers: FASHION FORCE CO., LTD
Address: P.O.BOX 8935 NEW TERMINAL, ALTA VISTA, OTTAWA, CANADA
Tel.: 001-613-7983503　　Fax: 001-613-7895307

This sales contract is made by and between the sellers and the buyers, whereby the sellers agree to sell and the buyers agree to buy the under-mentioned goods according to the terms and conditions stipulated below:

(1)Name of Commodity and Specification	(2)Quantity	(3)Unit	(4)Unit Price	(5)Amount
MAN'S COTTON SHIRT		PC	CIP OTTAWA	
S	2,000PCS		USD10.00/PC	USD20,000.00
M	8,000PCS		USD10.00/PC	USD80,000.00
L	3,000PCS		USD10.00/PC	USD30,000.00
		Total Amount		**USD130,000.00**

正文

(6) Packing: IN CARTONS, 100PCS EACH CARTON

(7) Delivery from SHANGHAI to OTTAWA

(8) Shipping Marks: N/M

(9) Time of Shipment: JUNE 15, 2023, transshipment and partial shipment are ALLOWED.

(10) Terms of Payment: by 100% confirmed irrevocable letter of credit in favor of the sellers to be available by sight draft to be opened and to reach China before MAY 18, 2023 and to remain valid for negotiation in China until the 15 days after the foresaid time of shipment. L/C must mention this contract number. L/C advised by BANK OF CHINA, WUXI BRANCH. All banking charges outside China (the mainland of China) are for account of the Drawee.

(11) Insurance: To be effected by the sellers for 110% of full invoice value covering ALL RISKS AND WAR RISKS up to OTTAWA.

(12) Arbitration: All disputes arising from the execution of or in connection with this contract shall be settled amicable by negotiation. In case no settlement can be reached through negotiation, the case shall then be submitted to China International Economic & Trade Arbitration Commission. In Shenzhen (or in Beijing) for arbitration in act with its sure of procedures. The arbitral award is final and binding both parties for settling the dispute. The fee, for arbitration shall be borne by the losing party, unless otherwise awarded.

约尾

The Seller　　The Buyer

WUXI TERUISI INTERNATIONAL TRADE CO., LTD　　FASHION FORCE CO., LTD

第二步：熟悉外贸合同条款

方法：依据交易双方的信息，对合同条款进行逐条解读。

销 售 合 同

SALES CONTRACT

合同号码

Contract No.: 23JA7031KL

Date: JAN.20, 2023

签约日期

Signed at: WUXI

Sellers: WUXI TERUISI INTERNATIONAL TRADE CO.,LTD

Address: NO. 27 XUEQIAN ROAD, WUXI, CHINA 卖方信息

Tel.: 0086-510-82700788 Fax: 0086-510-82700777

Buyers: FASHION FORCE CO., LTD

Address: P.O.BOX 8935 NEW TERMINAL, ALTA VISTA, OTTAWA, CANADA 买方信息

Tel.: 001-613-7983503 Fax: 001-613-7895307

This sales contract is made by and between the sellers and the buyers, whereby the sellers agree to sell and the buyers agree to buy the under-mentioned goods according to the terms and conditions stipulated below:

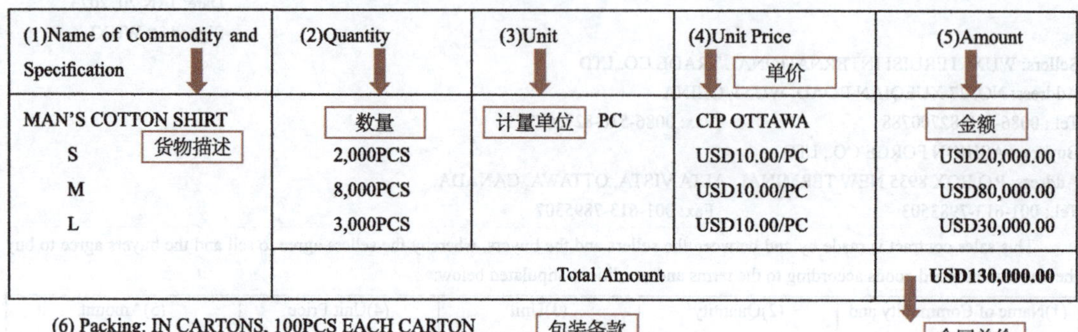

(1)Name of Commodity and Specification	(2)Quantity	(3)Unit	(4)Unit Price 单价	(5)Amount
MAN'S COTTON SHIRT 货物描述	数量	计量单位 PC	CIP OTTAWA	金额
S	2,000PCS		USD10.00/PC	USD20,000.00
M	8,000PCS		USD10.00/PC	USD80,000.00
L	3,000PCS		USD10.00/PC	USD30,000.00
			Total Amount	USD130,000.00

合同总价

(6) Packing: IN CARTONS, 100PCS EACH CARTON 包装条款

(7) Delivery from SHANGHAI to OTTAWA 装运条款

(8) Shipping Marks: N/M 唛头

(9) Time of Shipment: JUNE 15, 2023, transshipment and partial shipment are ALLOWED. 发货日期

(10) Terms of Payment: by 100% confirmed irrevocable letter of credit in favor of the sellers to be available by sight draft to be opened and to reach China before MAY 18, 2023 and to remain valid for negotiation in China until the 15 days after the foresaid time of shipment. L/C must mention this contract number. L/C advised by BANK OF CHINA, WUXI BRANCH. All banking charges outside China (the mainland of China) are for account of the Drawee. 支付条款

(11) Insurance: To be effected by the sellers for 110% of full invoice value covering ALL RISKS AND WAR RISKS up to OTTAWA. 保险条款

(12) Arbitration: All disputes arising from the execution of or in connection with this contract shall be settled amicable by negotiation. In case no settlement can be reached through negotiation, the case shall then be submitted to China International Economic & Trade Arbitration Commission. In Shenzhen (or in Beijing) for arbitration in act with its sure of procedures. The arbitral award is final and binding both parties for settling the dispute. The fee, for arbitration shall be borne by the losing party, unless otherwise awarded.

仲裁条款

The Seller 卖方签署 The Buyer 买方签署

WUXI TERUISI INTERNATIONAL TRADE CO., LTD FASHION FORCE CO., LTD

任务评价

任务评价表

评价项目	评价标准	满分	得分
外贸合同的基本内容	能熟练掌握外贸合同的基本内容	20分	
合同约首解读	能准确解读合同约首内容	20分	
合同正文及约尾解读	能准确解读合同正文及约尾内容	40分	
职业操作规范	能养成一丝不苟、精益求精的职业素养，能规范操作、安全操作	20分	
合计		100分	

项目小结

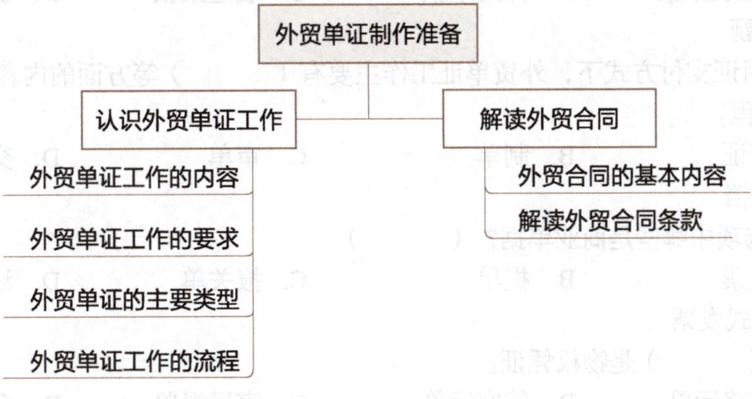

项目实训

理论部分

一、单选题

1. 下列哪种单证不是在所有出口报检时都要提供的？（　　）

A. 信用证　B. 商业发票　C. 合同　D. 出境货物报检单

2. “单单一致”在纵审时，以（　　）为中心。

A. 保险单　B. 商业发票　C. 海运提单　D. 装箱单

3. 下列哪项不属于“正确”制单要求的“三相符”？（　　）

A. 单据与信用证相符　B. 单据与货物相符

C. 单据与单据相符　D. 单据与贸易合同相符

4. 根据联合国设计推荐使用的用英文字母表示的货币代码，以下表示不正确的是（　　）。

A. CNY89.00　B. GBP89.00　C. RMB89.00　D. USD89.00

5. 与国际贸易单证常用代码中的“日期、时间和时间期限的数字表示”相符的是（　　）。

A. Sep.16,2009　B. Sept.16,2009　C. 20090916　D. 2009,09,16

6. 信用证支付方式下，银行处理单据时不负责审核（　　）。
   A. 单据与有关国际惯例是否相符　　B. 单据与信用证是否相符
   C. 单据与国际贸易合同是否相符　　D. 单据与单据是否相符
7. 非信用证支付方式下，制单和审单的首要依据是（　　）。
   A. 信用证　　B. 买卖合同
   C. 往来函电　　D. 有关商品的原始资料
8. 出口单证工作依次有（　　）五个方面。
   A. 审单、审证、制单、交单和归档　　B. 审证、制单、审单、交单和归档
   C. 审证、审单、制单、交单和归档　　D. 审单、制单、审证、交单和归档
9. 一份书面外贸合同中，签约地点、生效条件属于（　　）的基本内容。
   A. 约首　　B. 正文　　C. 约尾　　D. 保险条款
10. 合同中的价格条款一般包括计量单位、单位价格、金额、计价货币和（　　）。
   A. 包装条款　　B. 保险条款　　C. 装运条款　　D. 贸易术语

二、多选题

1. 在信用证支付方式下，外贸单证工作主要有（　　）等方面的内容，它贯穿于合同履行的全过程。
   A. 审证　　B. 制单　　C. 审单　　D. 交单
   E. 存档
2. 下列选项中哪些是商业单据？（　　）
   A. 发票　　B. 提单　　C. 报关单　　D. 汇票
   E. 形式发票
3. 下列（　　）是物权凭证。
   A. 铁路运单　　B. 航空运单　　C. 海运提单　　D. 多式联运单据
   E. 公路运单
4. 贸易术语（Trade Terms）又称为价格术语，用来说明（　　）。
   A. 价格构成　　B. 物权所有　　C. 风险划分　　D. 费用划分
   E. 责任划分
5. 外贸单证工作可能涉及的部门包括（　　）。
   A. 银行　　B. 海关
   C. 交通运输部门和保险公司　　D. 进出口企业内部各部门
   E. 检验检疫机构和有关的行政管理机关
6. 制作国际贸易单证的基本要求是（　　）。
   A. 正确　　B. 完整　　C. 及时　　D. 简明
   E. 整洁

三、判断题

1. 制单是单证工作的基础，是按照信用证、合同和其他的要求，根据货物实际情况缮制有关单据。（　　）
2. 发票中的数量、单价和金额可以冠以“大约”（about）或类似的文字。（　　）
3. 按单证的用途划分，可将单据分为商业单据和银行单据。（　　）
4. 在外贸实践中，单证员录入单证信息时，应首先录入的信息是商业发票的内容。（　　）

5. 在国际贸易中，对所有的进出口货物都必须进行检验并出具证书。　　　（　　）

实 操 部 分

任务要求：请依据贸易洽谈相关资料，审核合同。

资料内容：

（1）合同号：GW2023X06；日期：2023年4月22日。

（2）卖方：长城贸易有限公司；地址：中国宁波人民路206号华升大厦。

（3）买方：F.T.C CORP；地址：AKEDSANTERINK AUTOP P.O.BOX 9, FINLAND。

（4）品名、规格及数量：HALOGEN FITTING W500　9600PCS，允许增减5%。

（5）单价及总金额：USD3.80/PC CIF HELSINKI USD36480.00，允许增减5%。

（6）包装：纸箱。

（7）装运港及目的港：宁波港　赫尔辛基。

（8）交货期：收到信用证后的30天，允许转运，分批装运。

（9）付款条件：不可撤销的保兑的即期付款信用证，并在2023年5月1日前开立并送达卖方，有效至装运月后第15天，在中国议付。

（10）保险：由卖方按发票金额的110%投保平安险到赫尔辛基。

销 售 合 同

SALES CONTRACT

Sellers: GREAT WALL TRADING CO.，LTD　　　Contract No.:GW2023X06

Address: RM206, HUASHENG BUILDING,　　　Date: 2023.4.22

NINGBO, P.R.CHINA　　　Signed at: NINGBO

Buyers: F.T.C CORP

Address: AKEDSANTRINK AUTOP P.O.BOX 9, FINLAND.

This sales contract is made by and between the sellers and the buyers, whereby the sellers agree to sell and the buyers agree to buy the under-mentioned goods according to the terms and conditions stipulated below:

(1)Name of Commodity and Specification	(2)Quantity	(3)Unit	(4)Unit Price	(5)Amount
HALOGEN FITTING W505	9,600PCS	PC	CIF HELSNKI USD3.80/PC	USD36,480.00
10% more or less both in amount and quantity allowed	Total Amount			USD36,480.00

(6) Packing: BAG

(7) Delivery from SHANGHAI to HELSINKI

(8) Shipping Marks: N/M

(9) Time of Shipment: Within 30 days after receipt of L/C, allowing transshipment and partial shipment.

(10) Terms of Payment: By 100% confirmed irrevocable letter of credit in favor of the sellers to be available by sight draft to be opened and to reach China before MAY 10, 2023 and to remain valid for negotiation in China until the 15th days after the fore said time of shipment. L/C must mention this contract number. L/C advised by BANK OF CHINA, NINGBO BRANCH. All banking charges outside China (the mainland of China) are for account of the Drawee.

(11) Insurance: To be effected by the sellers for 100% of full invoice value covering W.P.A up to NINGBO.

(12) Arbitration: All disputes arising from the execution of or in connection with this contract shall be settled amicable by negotiation. In case no settlement can be reached through negotiation, the case shall then be submitted to China International Economic & Trade Arbitration Commission. In Shenzhen (or in Beijing) for arbitration in act with its sure of procedures. The arbitral award is final and binding both parties for settling the dispute. The fee, for arbitration shall be borne by the losing party, unless otherwise awarded.

The Seller: GREAT WALL TRADING CO., LTD　　　The Buyer: ALICE

马丁

出口单证篇

项目二

信用证处理

知识目标

· 清楚信用证业务的流转程序
· 知道信用证的含义及种类
· 清楚 MT700 格式信用证的主要域名
· 掌握审核信用证的依据和要点

能力目标

· 能正确解读信用证
· 能依据合同内容审核信用证
· 能依据国际惯例和法律法规判断信用证条款的合理性

素养目标

· 在解读信用证的过程中体验国际惯例在国际贸易中使用的普遍性和规范性
· 在解读 MT700 域名的过程中，树立经济系统安全意识、数字贸易意识
· 在审核信用证的过程中培养秉承匠心、敢为人先的职业素养

项目情境

合同签订后，无锡特瑞思国际贸易有限公司积极备货履约。2023年5月12日，市场部美洲市场负责人张灵收到加拿大开来的信用证，要求顾青配合黄欣处理信用证相关事宜。黄欣接到通知后，开始着手处理信用证事宜。黄欣发现信用证涉及很多业务细节，这直接关系着后期收汇问题，于是她找到业务部的顾青，了解业务细节，同时请求顾青提供一些帮助。

项目分析

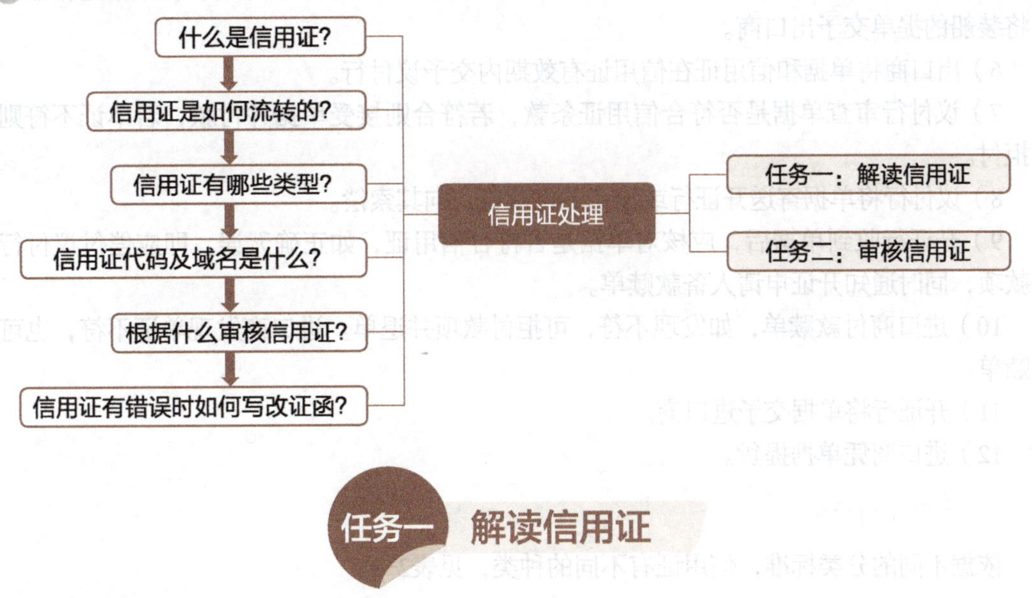

任务一　解读信用证

必备知识

1. 信用证的概念

《跟单信用证统一惯例》（国际商会第600号出版物）（Uniform Customs and Practice for Documentary Credits，ICC Publication No. 600）（以下简称《UCP600》）第二条对跟单信用证（Letter of Credit，L/C）所下的定义是：信用证意指一项约定，无论其如何命名或描述，该约定不可撤销并因此构成开证行对于相符提示予以兑付的确定承诺。

2. 信用证业务流转程序

信用证业务流转程序如图2-1所示。

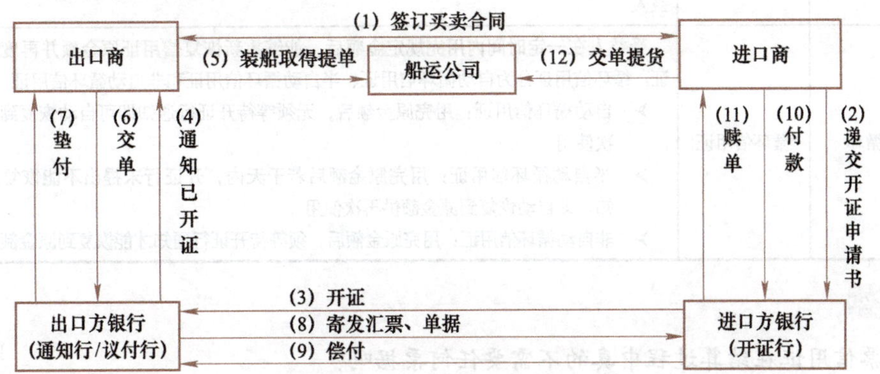

图2-1　信用证业务流转程序

1）买卖双方经过磋商，约定以信用证方式进行结算。

2）进口商向开证行递交开证申请书，约定信用证内容，并支付押金或提供保证人。

3）开证行接收开证申请书后，根据申请开立信用证，将正本寄给通知行。

4）由通知行转递信用证或通知出口商信用证已到。通知行在开证行要求或授权下对信用证加以保兑。

5）出口商认真核对信用证是否与合同相符，如果不符，可要求进口商通过开证行进行修改；待信用证无误后，出口商根据信用证备货、装运、开立汇票并缮制各类单据，船运公司将装船的提单交予出口商。

6）出口商将单据和信用证在信用证有效期内交予议付行。

7）议付行审查单据是否符合信用证条款，若符合则接受单据并付款，若单证不符则可以拒付。

8）议付行将单据寄送开证行或指定的付款行，向其索偿。

9）开证行收到单据后，应核对单据是否符合信用证，如正确无误，即应偿付议付行代垫款项，同时通知开证申请人备款赎单。

10）进口商付款赎单，如发现不符，可拒付款项并退单。进口商发现单证不符，也可拒绝赎单。

11）开证行将单据交予进口商。

12）进口商凭单据提货。

3. 信用证的种类

依据不同的分类标准，信用证有不同的种类，见表2-1。

表2-1 信用证的种类

分类标准	种类	概述
是否附有商业单据	跟单信用证	凭跟单汇票或仅凭单据付款、承兑或议付的信用证
	光票信用证	仅凭受益人开具的汇票或简单收据而无须附带货运单据付款的信用证
是否保兑	保兑信用证	开证行以外的另一家银行，应开证行要求，对其所开信用证加以保证兑付的信用证
付款期限	即期信用证	开证行或其指定的付款行在收到符合信用证条款的汇票或单据后即予付款的信用证
	远期信用证	开证行或其指定的付款行在收到符合信用证条款的汇票或单据后，在规定的期限内保证付款的信用证
是否可转让	可转让信用证	信用证特别规定是可转让的；可转让信用证只能转让一次，可同时转让给几个第二受益人
是否可循环	循环信用证	受益人在一定时间内用完规定金额后，能够重新恢复信用证原金额并再度使用的信用证。循环信用证分为自动循环信用证、半自动循环信用证和非自动循环信用证 ➢ 自动循环信用证：用完原金额后，无须等待开证行通知即可自动恢复到原金额供再次使用 ➢ 半自动循环信用证：用完原金额后若干天内，开证行未提出不能恢复原金额的通知，即自动恢复到原金额供再次使用 ➢ 非自动循环信用证：用完原金额后，须等待开证行通知才能恢复到原金额供再次使用

议一议

光票信用证在结算过程中真的不需要任何票据吗？

4. 信用证代码及域名（MT700）

信用证代码及域名（MT700）见表2-2。

表2-2 信用证代码及域名（MT700）

代码	域名	说明
27	SEQUENCE OF TOTAL	电文页次，表明这份信用证共有几页纸，目前处于第几页
40A	FORM OF DOCUMENTARY CREDIT	信用证类别
20	DOCUMENTARY CREDIT NUMBER	信用证号码
23	REFERENCE TO PREADVICE	预先通知号码，如果采用此格式开立的信用证已经被预先通知，此项目将显示PRE-ADV/，后跟预先通知的编号或日期
31C	DATE OF ISSUE	开证日期
31D	DATE AND PLACE OF EXPIRY	信用证到期日和到期地点
51A	APPLICANT BANK	开证申请人银行
50	APPLICANT	开证申请人名称、地址
59	BENEFICIARY	受益人名称、地址
32B	CURRENCY CODE，AMOUNT	币别代码和金额
39A	PERCENTAGE CREDIT AMOUNT TOLERANCE	信用证金额浮动允许范围，该项目列明信用证金额上下浮动最大允许范围，用百分比表示（如10/10表示允许上下浮动不超过10%）
39B	MAXIMUM CREDIT AMOUNT	信用证最大限制金额
39C	ADDITIONAL AMOUNTS COVERED	可附加金额，该项目列明信用证所涉及的附加金额，如保险费、运费、利息等。注意：39款如果不显示，则金额须完全符合32B，如使用则39A和39B只可能出现一种
41A/D	AVAILABLE WITH…BY…	指定的有关银行及信用证兑付的方式。当该项目代号为41A时，银行用SWIFT名址码表示；当该项目代号为41D时，银行用行名地址表示。如果信用证为自由议付信用证，该项目代号为41D，银行用ANY BANK IN…（国家/地名）表示
42A	DRAWEE	汇票付款人
42C	DRAFTS AT…	汇票付款日期
42M	MIXED PAYMENT DETAILS	混合付款条款，该项目列明混合付款跟单信用证项下的付款日期、金额及确定的方式
42P	DEFERRED PAYMENT DETAILS	迟期付款条款
43P	PARTIAL SHIPMENTS	分批装运条款
43T	TRANSSHIPMENT	转运条款
44A	LOADING ON BOARD/DISPATCH/TAKING IN CHARGE AT/FORM	装船、发运和接收监管的地点
44B	FOR TRANSPORTATION TO	货物发运的最终地
44C	LATEST DATE OF SHIPMENT	最迟装运期
44D	SHIPMENT PERIOD	装运期间
45A	DESCRIPTION OF GOODS AND/OR SERVICES	货物或服务描述

（续）

代　码	域　名	说　明
46A	DOCUMENTS REQUIRED	应具备的单据
47A	ADDITIONAL CONDITIONS	特别条款，或称附加条款
71B	CHARGES	费用负担情况，该项目的出现只表示费用由收益人负担。若无此项目，则表示除议付费、转让费外，其他费用均由开证申请人承担
48	PERIOD FOR PRESENTATION	交单期限
49	CONFIRMATION INSTRUCTIONS	保兑指示
53D	REIMBURSEMENT BANK	偿付行
57A	ADVISING THROUGH BANK	通知行
78	INSTRUCTION TO THE PAYING/ACCEPTING/ NEGOTIATING BANK	给付款行、承兑行、议付行的指示

小试牛刀　信用证域名解读

你来试一试?

20　DOCUMENTARY CREDIT NUMBER

41A/D　AVAILABLE WITH…BY…

42P　DEFERRED PAYMENT DETAILS

44A　LOADING ON BOARD/DISPATCH/TAKING IN CHARGE AT/FROM

44C　LATEST DATE OF SHIPMENT

48　PERIOD FOR PRESENTATION

【小试牛刀】解析

任务实施

黄欣接到通知后，开始着手处理信用证，信用证涉及很多业务细节和今后的结算问题，她向顾青了解了业务细节并取得了之前的销售合同，接下来要做的是读懂对方开来的信用证。

第一步：判断信用证的格式

方法：查看信用证格式，一般信用证中有信开格式和电开格式，由于电开信用证更为安全，因此目前信用证以电开为主。

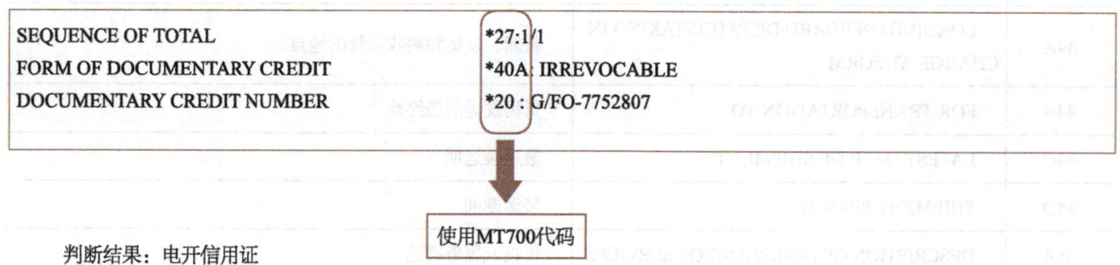

部分信用证内容：

SEQUENCE OF TOTAL　*27:1/1
FORM OF DOCUMENTARY CREDIT　*40A: IRREVOCABLE
DOCUMENTARY CREDIT NUMBER　*20 : G/FO-7752807

判断结果：电开信用证

第二步：解读信用证域名

1. 资料：加拿大进口商开立的信用证（未审核）

SEQUENCE OF TOTAL	*27:1/1
FORM OF DOCUMENTARY CREDIT	*40A: IRREVOCABLE
DOCUMENTARY CREDIT NUMBER	*20 : G/FO-7752807
DATE OF ISSUE	*31C: 20230512
DATE AND PLACE OF EXPIRY	*31D: DATE 20230611 PLACE CHINA
APPLICANT	*50 : FASHION FORC CO., LTD P.O.BOX 8935 NEW TERMINAL, ALTA, VISTA OTTAWA, CANADA
BENEFICIARY	*59 : WUXI TERUISI INTERNATIONAL TRADE CO., LTD NO. 27 XUEQIAN ROAD, WUXI, CHINA
CURRENCY CODE, AMOUNT	*32B: CURRENCY USD AMOUNT 130,000.00
AVAILABLE WITH…BY	*41D: ANY BANK IN CHINA BY NEGOTIATION
DRAFTS AT …	*42C: AT SIGHT
DRAWEE	*42D: ROYAL BANK OF CANADA
PARTIAL SHIPMENT	*43P: ALLOWED
TRANSSHIPMENT	*43T: NOT ALLOWED
PORT OF LOADING	*44E: SHANGHAI, CHINA
PORT OF DISCHARGE	*44F: OTTAWA, CANADA
LATEST DATE OF SHIPMENT	*44C: 20230515
DESCRIPTION OF GOODS AND/OR SERVICES	*45A:
MAN'S COTTON SHIRT (CONTRACT NO.23JA7031KL) HS.CODE: 6304.9121 GOODS AS PER PROFORMA INVOICE NR094212409 DD 05.01, 2023 TOTAL CIP(INCOTERMS 2010) OTTAWA, CANADA VALUE USD 130,000.00	
DOCUMENTS REQUIRED	*46A:
+ SIGNED COMMERCIAL INVOICE IN 1 ORIGINAL AND 2 COPIES MADE OUT IN THE NAME OF THE APPLICANT COVERING GOODS VALUE. +PACKING LIST:1 ORIGINAL AND 2 COPIES INDICATING DETAILED PACKING OF EACH CARTON. + FULL SET (3 ORIGINALS AND 3 NON-NEGOTIABLE COPIES) CLAEAN ON BOARD, MULTIMODAL TRANSPORT BILL OF LADING ISSUED OR ENDORSED TO THE ORDER OF SHIPPER MARKED FREIGHT PREPAID AND APPLICANT'S NAME AS NOTIFY PARTY INDICATING SHIPMENT OF THE GOODS FROM SHANGHAI TO OTTAWA WITH THE VESSLE NO. +CERTIFICATE OF ORIGIN OR GSP FORM A IN 1 ORIGINAL AND 2 COPIES ISSUED OR LEGALIZED BY THE CHAMBER OF COMMERCE ATTESTING THAT GOODS ARE OF CHINESE ORIGIN. +INSURANCE POLICY IN 1 ORIGINAL AND 2 COPIES TO BE EFFECTED BY THE BUYER, COVERING ALL RISKS AND WAR RISKS UP TO OTTAWA. + QUALITY CERTIFICATE ISSUED BY THE BENEFICIARY OF THE L/C CERTIFYING GOODS ARE IN STRICT ACCORDANCE WITH DRAWINGS.	
ADDITIONAL CONDITIONS	*47A:
+ALL DOCUMENTS MUST BEAR OUR L/C NO. +TRANSHIPMENT IS ALLOWED EXCEPT AN SOUTHERN CYPRUS PORT. +PAYMENT UNDER RESERVE IS STRICTLY FORBIDDEN. +A FEE OF USD 75.00 WILL BE CHARGED BY US IF THE DOCTS WITH DISCREPANCIES ARE PRESENTED UNDER THIS L/C.	
CHARGES	*71B:
ALL BANKING CHARGES OUTSIDE OTTAWA ARE FOR BENEFICIARY'S ACCOUNT INCLUDING EVENTUAL CANCELLATION OR UNUTILIZATION FEES AND ANY AMENDMENTS OF THIS L/C.	
PERIOD FOR PRESENTATION	*48 :
21 DAYS AFTER SHIPMENT DATE, BUT IN ANY CASE WITHIN THE L/C VALIDITY.	
CONFIRMATION INSTRUCTIONS	*49:WITHOUT
INSTRUCTIONS	*78:
AFTER WE RECEIVE DOCUMENTS WHICH ARE IN CONFORMITY WITH THIS L/C, WE WILL REMIT PROCEEDS AS PER YOUR INSTRUCTIONS.	

2. 信用证域名解读结果

信用证域名解读结果见表2-3。

表2-3 信用证域名解读结果

代码	域名（中文含义）	对应内容（中文含义）
40A	信用证类别	不可撤销
20	信用证号码	G/FO-7752807
31C	开证日期	2023年5月12日
31D	信用证到期日和到期地点	到期日2023年6月11日，到期地点中国
50	开证申请人名称、地址	FASHION FORC有限公司
59	受益人名称、地址	无锡特瑞思国际贸易有限公司
32B	币别代码和金额	130,000.00 美元
41D	指定银行及信用证兑付方式	中国任何银行议付
42C	汇票付款日期	即期
42D	汇票付款人	加拿大皇家银行
43P	分批装运条款	允许
43T	转运条款	不允许
44E	装运港	中国上海
44F	缺货港	加拿大渥太华
44C	最迟装运期	2023年5月15日
45A	货物或服务描述	男士棉衬衫
46A	应具备的单据	略
47A	特别条款	略
71B	费用负担情况	所有渥太华以外的银行费用由受益人承担
48	交单期限	装运日后21天，但必须在信用证有效期内
49	保兑指示	非保兑

任务评价

任务评价表

评价项目	评价标准	满分	得分
信用证的概念、种类及业务流程	知道信用证的含义，清楚信用证的种类，明确信用证业务流转程序	20分	
信用证代码及域名	知道信用证代码代表的含义	20分	
信用证解读	在给定时间内能正确解读信用证的内容	40分	
职业操作规范	能养成在国际贸易操作中对国际惯例和相关法律的运用习惯，并树立数字经济与数字安全意识	20分	
合计		100分	

任务二 审核信用证

必备知识

1. 信用证审核的依据

1）双方订立的贸易合同（S/C）。

2）《UCP600》。

3）其他的国际贸易惯例以及相关国家（地区）的法律法规。

2. 信用证审核要点

（1）开证申请人和受益人的名称和地址

开证申请人和受益人的名称和地址必须与合同中的相关信息保持一致。

（2）信用证有效期、装运期、交单期之间的联系性

信用证的有效期、装运期都应当与合同规定相符合。一般来说，信用证的有效期与装运期之间必须要有合理的时间间隔，主要是为了货物在装运后有足够的时间进行制单结汇工作的开展。交单期在信用证中也有明确的规定，要注意交单期与装运期之间的合理时间间隔。如果信用证中没有规定，则通常为货物装船后21天内交单，但必须在信用证有效期内。

（3）信用证的到期地点

原则上，信用证的到期地点在我国境内较为有利。若信用证中规定到期地点在国外，则因交单、寄单时间不好控制而易产生纠纷，因此一般不轻易接受。

（4）信用证金额、币种

信用证金额、币种应当与贸易合同中的规定保持一致。若合同中订有相应的溢短装条款，那么信用证金额应当要有所体现，否则合同中的溢短装条款无法起到应有的作用和效果。

（5）货物描述

信用证中对货物的品名、数量、单价、总金额、贸易术语等相关信息的描述必须与合同中的描述保持一致。

（6）单据条款

信用证中所列明的单据种类、填写要求、份数等内容都要认真审核。凡是信用证中所列要求与我国相关政策相矛盾的，应当及时进行修改。

（7）保险条款

投保的险种、保险加成率必须与合同所列的保险条款相一致。特别是保险加成率的规定，通常来说是一成，若超过一成，一般要由保险公司同意，而超出部分的费用必须注明由买方承担。

（8）运输条款

信用证中的运输条款，如装运港、目的港、分批装运、转运等规定必须与合同中的规定相同。

（9）软条款

软条款是指在信用证中加列的一种条款，只有出口商在完成该条款规定条件后，进口商才付款。这种条款往往是出口商无法履行的，从而导致出口商无法收回货款。

（10）信用证种类

审核时，要仔细查看信用证的类别是否与合同规定一致，如保兑（Confirmed）、循环（Revolving）等。若有不一致，要提出修改。

（11）约束条款

信用证中应当注明“此证受《UCP600》约束”的语句。

议一议

如果信用证和合同不一致，在履行业务过程中是按照信用证操作还是按照合同操作呢？

3. 改证函主要内容及常用表达方式

（1）感谢对方及时开来信用证

- We are glad to receive L/C No. ******* issued by ******* dated ******* against Sales Contract No. *******.
- Thank you for your L/C No. ******* established by ******* dated *******.

（2）阐明信用证中的不符点，并提出修改建议

- However, we are sorry to find it contains the following discrepancies.
- The ****** should be ******.
- The ****** should be ****** instead of ******.
- Please delete the clause ****** and insert ******.
- Please amend the ****** to ******.

（3）催促对方及时改证

- Thank you for your cooperation. Please make sure that the L/C amendment could reach us within ******, otherwise we cannot arrange the shipment.
- Please let us receive your L/C amendment as soon as possible, so that we can effect shipment within the time stated in L/C(effect the punctual shipment).

任务实施

黄欣在顾青的帮助下对信用证有了一定的认识，但信用证在结算过程中是独立于合同的，而信用证为买方开立，黄欣担心信用证的条款是否与合同相符的问题，于是黄欣首先须对信用证的条款进行审核。

第一步：依据合同审核信用证中有关合同交易内容

1. 审核信用证基本部分

合同内容：

Sellers: WUXI TERUISI INTERNATIONAL TRADE CO., LTD
Address: NO. 27 XUEQIAN ROAD, WUXI, CHINA
Tel.: 0086-510-82700788 Fax: 0086-510-82700777
Buyers: FASHION FORCE CO., LTD
Address: P.O.BOX 8935 NEW TERMINAL, ALTA, VISTA OTTAWA, CANADA

信用证内容：

SEQUENCE OF TOTAL	*27:1/1
FORM OF DOCUMENTARY CREDIT	*40A: IRREVOCABLE
DOCUMENTARY CREDIT NUMBER	*20 : G/FO-7752807
DATE OF ISSUE	*31C: 20230512
DATE AND PLACE OF EXPIRY	*31D: DATE 20230611 PLACE CHINA
APPLICANT	*50 : FASHION FORC CO., LTD P.O.BOX 8935 NEW TERMINAL ALTA, VISTA OTTAWA, CANADA
BENEFICIARY	*59 : WUXI TERUISI INTERNATIONAL TRADE CO., LTD NO. 27 XUEQIAN ROAD, WUXI, CHINA

审核结果：开证申请人拼写错误

2. 审核合同条款部分

合同内容：

(9) Time of Shipment: JUNE 15, 2023, transshipment and partial shipment are ALLOWED.
(11)Insurance: To be effected by the sellers for 110% of full invoice value covering ALL RISKS AND WAR RISKS up to OTTAWA.

信用证内容：

PARTIAL SHIPMENTS	*43P: ALLOWED
TRANSSHIPMENT	*43T: NOT ALLOWED
PORT OF LOADING	*44E: SHANGHAI, CHINA
PORT OF DISCHARGE	*44F: OTTAWA, CANADA
LATEST DATE OF SHIPMENT	*44C: 20230515
DOCUMENTS REQUIRED	*46A:

+INSURANCE POLICY IN 1 ORIGINAL AND 2 COPIES TO BE EFFECTED BY THE BUYER, COVERING ALL RISKS AND WAR RISKS UP TO OTTAWA.

审核结果：
（1）转运和最迟装运日与合同不符
（2）保险的购买者与合同不符

第二步：依据合同及惯例审核信用证中某些条款的合理性

主要针对信用证的开证日期、有效期、交单期和最迟装运期之间的合理性进行估算和审核。

合同内容：

(10)Terms of Payment: by 100% confirmed irrevocable letter of credit in favor of the sellers to be available by sight draft to be opened and to reach China before MAY 18, 2023 and to remain valid for negotiation in China until the 15 days after the foresaid time of shipment. L/C must mention this contract number. L/C advised by BANK OF CHINA, WUXI BRANCH. All banking charges outside China (the mainland of China) are for account of the Drawee.

信用证内容：

DATE OF ISSUE	*31C: 20230512
DATE AND PLACE OF EXPRIY	*31D: DATE 20230611 PLACE CHINA
PERIOD FOR PRESENTATION:	*48 : 21 DAYS AFTER SHIPMENT DATE, BUT IN ANY CASE WITHIN THE L/C VALIDITY.

审核结果：信用证有效期离最迟装运期太近，会导致难以完成交单

第三步：整理审核结果

信用证号	G/FO-7752807
合同号	23JA7031KL
审证结果	1. 信用证到期日过早，不符合合同要求 2. 开证申请人公司名称拼写错误 3. 信用证中的转运条款与合同要求不符 4. 最迟装运期与合同规定不符，应改为6月15日 5. 保险条款中保险购买者与合同规定不一致，应为卖方

第四步：撰写改证函

Dear Sir:

We are very glad to receive you L/C, and thanks very much for your prompt opening.

However, we are sorry to find it contains the following discrepancies:

1. The expiry date is too earlier and not comply with the Contract.
2. Please amend the FORC into FORCE which mentioned in the Applicant.
3. Partial shipment should be ALLOWED instead of NOT ALLOWED.
4. Please amend the latest shipment 20230515 to 20230615.
5. The insurance should be effected by the SELLER instead of BUYER.

Thank you for your cooperation. Please make sure that the L/C amendment reaches us as soon as possible, otherwise we cannot effect punctual shipment.

Thanks very much!

Yours sincerely,

HUANGXING

MAY 15th, 2023

归一归 常见信用证不符点

你可知道常见信用证不符点主要有哪些？

信用证常见不符点主要有两大类：

1. 时间类不符点

如信用证过期、信用证装运日期过期、交单期过期等。

2. 单据内容类不符点

1）交单单据不齐。

2）提单没有“运费付讫”字样。

3）船证明未能按照信用证要求出具。

4）各种单据的类别与信用证不符。

5）保险单险种与信用证不符。

6）运输单据和保险单据背书错误或没有背书。

7）货物短装或超装。

8）单据不符合签章要求。

9）单据份数与信用证不符。

任务评价

任务评价表

评价项目	评价标准	满 分	得 分
信用证审核依据与要点	能清楚地知道审核信用证的依据 明确信用证审核的要点及《UCP600》中信用证的相关规定	15分	
信用证修改函的主要内容与表达	知道信用证修改函中常用的主要内容和表达方式，贴切地表达信用证修改要求	15分	
信用证审核	在给定时间内完成信用证审核工作，并将审核结果进行清晰的阐述	30分	
修改函撰写	根据审核结果，能贴切地在信用证修改函中将需要修改的内容表达出来	25分	
职业操作规范	能养成细心谨慎、一丝不苟的职业素养；在操作过程中逐步树立数字经济、数字贸易意识和经济系统安全意识	15分	
合 计		100分	

项目小结

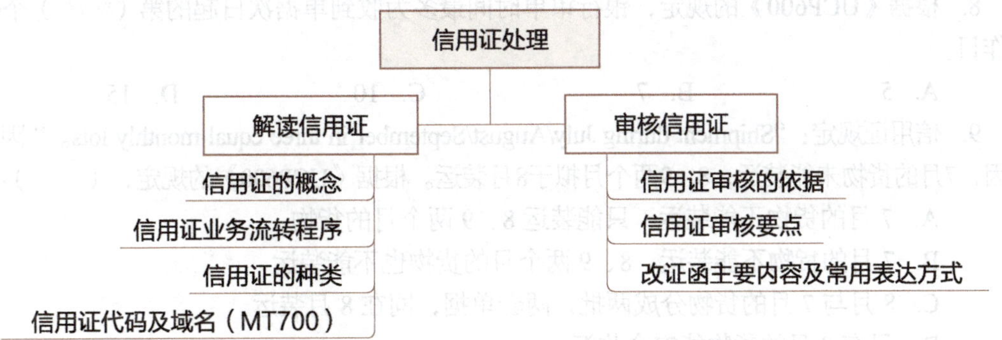

项目实训

理论部分

一、单选题

1. 收到国外来证两份：①棉布10万码[1]，每码0.40美元，信用证总金额42,000美元；②服装1,000套，每套20美元，信用证总金额21,000美元。据此，两证出运的最高数量和金额可分别掌握为（ ）。

A. 棉布 100,000 码，40,000 美元；服装 1,000 套，20,000 美元

B. 棉布 105,000 码，42,000 美元；服装 1,050 套，21,000 美元

C. 棉布 105,000 码，42,000 美元；服装 1,000 套，20,000 美元

D. 棉布 100,000 码，40,000 美元；服装 1,050 套，21,000 美元

2. 根据《UCP600》，信用证中货物的数量规定有“约”“大约”“近似”或类似意义

[1] 1码=0.9144米。

的词语时，应理解为其有关数量增减幅度不超过（　　）。

A. 3%　　B. 5%　　C. 10%　　D. 15%

3. 信用证修改书的内容在两项以上时，受益人（　　）。

A. 要么全部接受，要么全部拒绝　　B. 必须全部拒绝

C. 必须全部接受　　D. 只能部分接受

4. 在合同规定以信用证付款的条件下，谁负有申请开立信用证的义务？（　　）

A. 卖方　　B. 买方　　C. 承兑人　　D. 收款人

5. 信用证中规定的装运期是指（　　）。

A. 交货期　　B. 结汇期　　C. 有效期　　D. 提单签发日

6. 信用证规定的到期日为2022年5月31日，而未规定最迟装运期，按《UCP600》的规定，可理解为（　　）。

A. 最迟装运期为 2022 年 5 月 10 日　　B. 最迟装运期为 2022 年 5 月 16 日

C. 最迟装运期为 2022 年 5 月 31 日　　D. 该信用证无效

7. 按照惯例，开证行在收到国外寄来的全套单证后应进行严格审核，但下列哪一条不属于审核事项？（　　）

A. 单据与单据之间是否相符　　B. 单据是否与信用证相符

C. 单据与货物之间是否相符　　D. 单据与《UCP600》是否相符

8. 根据《UCP600》的规定，银行审单时间最多为收到单据次日起的第（　　）个银行工作日。

A. 5　　B. 7　　C. 10　　D. 15

9. 信用证规定："Shipment during July/August/September in three equal monthly lots。" 因生产原因，7月的货物未能装运，8、9两个月拟于8月装运。根据《UCP600》的规定，（　　）。

A. 7 月的货物不能装运，只能装运 8、9 两个月的货物

B. 7 月的货物不能装运，8、9 两个月的货物也不能装运

C. 8 月与 7 月的货物分成两批，两套单据，同在 8 月装运

D. 只有 8 月的货物能安全收汇

10.《UCP600》规定，若信用证中未规定是否分批装运与转运，则收益人（　　）。

A. 可以分批装运，也可以转运　　B. 不得分批装运，也不得转运

C. 可以分批装运，但不得转运　　D. 不得分批装运，但可以转运

二、多选题

1. 因下列情况开证行有权拒付票款的有（　　）。

A. 单据内容与信用证条款不符　　B. 实际货物未装运

C. 单据与货物有出入　　D. 单据与单据之间不符

E. 单据内容与合同条款不符

2. 单据审核的准确性是指（　　）。

A. 单单一致　　B. 单证一致　　C. 单货一致　　D. 严格相符

E. 单同一致

3. 在审核信用证金额与货币时，需要审核的内容包括（　　）。

A. 信用证总金额的大小写必须一致

B. 来证采用的货币与合同规定的货币必须一致

C. 发票或汇票金额不能超过信用证规定的总金额

D. 若合同中订有溢短装条款，信用证金额应有相应规定

E. 信用证金额中必须注明折扣率

4. 下列信用证条款中属于软条款的有（　　）。

A. 三份正本已装船海运提单，做成“凭指定”抬头，通知买方

B. 一份开证申请人手签的质量检验证书，字迹须和开证行预留签字样本相符

C. 待进口商取得进口许可证后，开证行以信用证修改形式通知信用证生效

D. 所装船名和船期由进口商通知开证行，开证行以信用证修改形式通知受益人

E. 货物运抵目的港后，待进口地商检机构检验合格出具书面证书后开证行才付款

5. 企业审核信用证项下单据的标准有（　　）。

A. 单据与信用证相符　　B. 单据与贸易合同相符

C. 单据与单据之间相符　　D. 单据与所代表的货物相符

E. 以上均不正确

6. 对于信用证与合同关系的表述正确的有（　　）。

A. 信用证的开立以买卖合同为依据

B. 信用证业务的处理不受买卖合同的约束

C. 有关银行办理信用证业务应适当考虑合同

D. 合同是审核信用证的依据

E. 信用证业务的处理受买卖合同的约束

7. 下列属于信用证基本当事人的有（　　）。

A. 开证行　　B. 通知行　　C. 委托人　　D. 议付行

E. 受益人

8. 关于信用证与合同的关系，下列表述正确的有（　　）。

A. 信用证以合同为基础开立　　B. 信用证与合同相互独立

C. 信用证是纯粹的单据买卖　　D. 合同是审核信用证的依据

E. 银行付款的依据是合同

三、判断题

1. 出口公司在收到对方开出的信用证后，应严格按照信用证的有关条款进行发货、装运、制单结汇。不管什么情况，出口公司都无权要求开证行修改信用证。（　　）

2. 根据《UCP600》，信用证项下单据应在信用证有效期和交单期内向银行提交。如果信用证对交单期未做规定，则交单期不得迟于运输单据日期后的15天，并且不得迟于信用证的有效期。（　　）

3. 在信用证支付方式下，卖方凭以向客户收取货款的不是实际货物，而是与来证要求完全相符的全套单据。（　　）

4. 根据《UCP600》，除非信用证另有规定，银行可以接受出具日期早于信用证开立日期的单据。（　　）

5. 在审核信用证时，对信用证中的附加条款一般可以不审核。（　　）

6. MT700是SWIFT方式下开证的格式，MT707是SWIFT方式下修改信用证的格式。（　　）

实操部分

请以单证员的身份，根据所给销售合同，对进口商开出的信用证进行解读和审核。

【销售合同】

SALES CONTRACT

NO.: WXYY0739　　**DATE:** FEB. 15,2023

THE SELLER: WUXI TERUISI INTERNATIONAL TRADE CO., LTD
NO. 27 XUEQIAN ROAD, WUXI, CHINA

TEL.: 0086-510-82700788　　**FAX:** 0086-510-82700777

THE BUYER: J&K IMPORT & EXPORT COR.
16 TOM STREET, DUBAI, U.A.E.

TEL.: 00971-4-6603222　　**FAX:** 00971-4-6603223

This Contract is made by and between the Buyer and the Seller, whereby the Buyer agree to buy and the Seller agree to sell the under-mentioned commodity according to the terms and conditions stipulated below:

Commodity & Specification	Quantity	Unit Price	Amount
Ladies Jacket（H.S CODE6204320090） Style No. X221 Style No. X222 Shell: woven twill 100% cotton Lining: woven 100% polyester As per the confirmed sample of Jan. 30, 2022 and Order No.J&K768	 2250pcs 2250pcs	CIF Dubai, U.A.E. USD12.00/pc USD12.00/pc	 USD27000.00 USD27000.00
TOTAL	4500pcs		USD54000.00
TOTAL CONTRACT VALUE: SAY U.S. DOLLARS FIFTY FOUR THOUSAND ONLY.			

More or less 5% of the quantity and the amount are allowed.

PACKING: 9 pieces of ladies jackets are packed in one export standard carton, solid color and solid size in the same carton.

SHIPPING MARKS: Shipping mark includes J&K, S/C No., port of destination and carton No. Side mark must show the color, the size of carton and pieces per carton.

TIME OF SHIPMENT : Within 60 days upon receipt of the L/C which accord with relevant clauses of this contract.

PORT OF LOADING AND DESTINATION: From Shanghai, China to Dubai, U.A.E. Transshipment is allowed, and partial shipment is prohibited.

INSURANCE: To be effected by the seller for 110% of invoice value covering All Risks as per CIC of PICC dated 01/01/1981.

TERMS OF PAYMENT: By irrevocable Letter of Credit at 30 days after sight, reaching the seller not later than Mar. 5th, 2023 and remaining valid for negotiation in China for further 15 days after the effected shipment.

DOCUMENTS:

+ Signed Commercial Invoice in triplicate.
+ Full set of clean on board ocean Bill of Lading marked "freight prepaid" made out to order of shipper blank endorsed notifying the applicant.
+ Insurance Policy in duplicate endorsed in blank.
+ Packing List in triplicate.
+ Certificate of Origin certified by Chamber of Commerce or CCPIT.

INSPECTION:

The Certificate of Quality issued by the China Customs shall be taken as the basis of delivery.

ARBITRATION:

All disputes in connection with this contract or the execution thereof shall be settled amicably by negotiation. In case no settlement can be reached, the case shall then be submitted to the China International Economic Trade Arbitration Commission for settlement by arbitration in accordance with the Commission's arbitration rules. The award rendered by the commission shall be final and binding on both parties. The fees for arbitration shall be borne by the losing party unless otherwise awarded.

This contract is made in two original copies and becomes valid after signature, one copy to be held by each party.

Signed by:

THE SELLER
WUXI TERUISI INTERNATIONAL TRADE CO., LTD
李昊浩

THE BUYER
J&K IMPORT & EXPORT COR.
Jack Kastle

【信用证】

MT 700		ISSUE OF A DOCUMENTARY CREDIT
SENDER		HSBC BANK PLC，DUBAI, U.A.E.
RECEIVER		WUXI CITY BANK,WUXI, CHINA
SEQUENCE OF TOTAL	27 :	1 / 1
FORM OF DOC. CREDIT	40A :	IRREVOCABLE
DOC. CREDIT NUMBER	20 :	HSBC2307699
DATE OF ISSUE	31C :	20230225
APPLICABLE RULES	40E :	UCP LATEST VERSION
DATE AND PLACE OF EXPIRY	31D :	DATE 20230330PLACE IN CHINA
APPLICANT	50 :	J&K IMPORT & EXPORT COR. 16 TOM STREET, DUBAI, U.S.A
BENEFICIARY	59 :	WUXI TERUISI INTERNATIONAL TRADE CO.,LTD NO. 27 XUEQIAN ROAD, WUXI, CHINA
CURRENCY CODE, AMOUNT	32B :	CURRENCY USD AMOUNT 54,000.00
AVAILABLE WITH…BY…	41D :	ANY BANK IN CHINA, BY NEGOTIATION
DRAFTS AT ...	42C :	30 DAYS AFTER SIGHT
DRAWEE	42A :	HSBC BANK PLC, DUBAI, U.A.E.
PARTIAL SHIPMENTS	43P :	PROHIBITED
TRANSSHIPMENT	43T :	ALLOWED
PORT OF LOADING	44E :	SHANGHAI
PORT OF DISCHARGE	44F :	DUBAI, U.A.E.
LATEST DATE OF SHIPMENT	44C :	20230505
DESCRIPTION OF GOODS AND/ OR SERVICES	45A :	4,500 PIECES OF LADIES JACKET, SHELL: WOVEN TWILL 100% COTTON, LINING: WOVEN 100% POLYESTER, ORDER NO. J&K 768, AS PER S/C NO. WXYY0739 STYLE NO.　QUANTITY　UNIT PRICE　AMOUNT X221　2250PCS　USD12.10/PC　USD27,225.00 X222　2250PCS　USD12.10/PC　USD27,225.00 AT CIF DUBAI, U.A.E.
DOCUMENTS REQUIRED	46A :	
		+ SIGNED COMMERCIAL INVOICE IN TRIPLICATE.
		+ PACKING LIST IN TRIPLICATE.
		+ CERTIFICATE OF CHINESE ORIGIN CERTIFIED BY CHAMBER OF COMMERCE OR CCPIT.
		+ INSURANCE POLICY/CERTIFICATE IN DUPLICATE ENDORSED IN BLANK FOR 120% INVOICE VALUE, COVERING ALL RISKS OF CIC OF PICC (1/1/1981) INCL. WAREHOUSE TO WAREHOUSE AND I.O.P AND SHOWING THE CLAIMING CURRENCY IS THE SAME AS THE CURRENCY OF CREDIT.
		+ FULL SET (3/3) OF CLEAN ‘ON BOARD’ OCEAN BILLS OF LADING MADE OUT TO ORDER OF SHIPPER MARKED FREIGHT PREPAID AND NOTIFY APPLICANT.
		+ SHIPPING ADVICE SHOWING THE NAME OF THE CARRYING VESSEL, DATE OF SHIPMENT, MARKS, QUANTITY, NET WEIGHT AND GROSS WEIGHT OF THE SHIPMENT TO APPLICANT WITHIN 3 DAYS AFTER THE DATE OF BILL OF LADING.

（续）

ADDITIONAL CONDITIONS	47A:	
		+ DOCUMENTS DATED PRIOR TO THE DATE OF THIS CREDIT ARE NOT ACCEPTABLE.
		+ THE NUMBER AND THE DATE OF THIS CREDIT AND THE NAME OF ISSUING BANK MUST BE QUOTED ON ALL DOCUMENTS.
		+ TRANSSHIPMENT ALLOWED AT HONGKONG ONLY.
		+ SHORT FORM/CHARTER PARTY/THIRD PARTY BILL OF LADING ARE NOT ACCEPTABLE.
		+ SHIPMENT MUST BE EFFECTED BY '1 × 40' FULL CONTAINER LOAD. B/L TO SHOW EVIDENCE OF THIS EFFECT IS REQUIRED.
		+ THE GOODS SHIPPED ARE NEITHER ISRAELI ORIGIN NOR DO THEY CONTAIN ISRAELI MATERIALS NOR ARE THEY EXPORTED FROM ISRAEL, BENEFICIARY'S CERTIFICATE TO THIS EFFECT IS REQUIRED.
		+ ALL PRESENTATIONS CONTAINING DISCREPANCIES WILL ATTRACT A DISCREPANCY FEE OF USD60.00 PLUS TELEX COSTS OR OTHER CURRENCY EQUIVALENT. THIS CHARGE WILL BE DEDUCTED FROM THE BILL AMOUNT WHETHER OR NOT WE ELECT TO CONSULT THE APPLICANT FOR A WAIVER.
CHARGES	71B:	ALL CHARGES AND COMMISSIONS OUTSIDE THE OPENING BANK ARE FOR ACCOUNT OF BENEFICIARY INCLUDING REIMBURSING FEE.
PERIOD FOR PRESENTATION	48 :	WITHIN 21 DAYS AFTER THE DATE OF SHIPMENT, BUT WITHIN THE VALIDITY OF THIS CREDIT.
CONFIRMATION INSTRUCTIONS	49 :	WITHOUT
INFORMATION TO PRESENTING BANK	78 :	ALL DOCUMENTS ARE TO BE REMITTED IN ONE LOT BY COURIER TO HSBC BANK PLC, TRADE SERVICES,DUBAI BRANCH, P O BOX 66, HSBC BANK BUILDING 312/45 Al SUQARE ROAD, DUBAI, UAE.

信用证审核结果

信用证号	
合同号	
审证结果	

项目三

缮制发票

知识目标

- 了解商业发票的含义和作用
- 清楚商业发票的缮制要点
- 掌握商业发票的缮制规范

能力目标

- 熟悉信用证中有关发票的条款内容
- 能依据信用证正确缮制商业发票
- 能依据业务要求缮制海关发票

素养目标

- 在缮制发票过程中逐步养成谨慎谦虚的职业素养和实干精神
- 在操作过程中逐步培养法律意识和外贸行业的流程意识
- 在处理发票过程中锻炼沟通协调能力，养成外贸行业的职业规范习惯

项目情境

2023年5月12日，无锡特锐思国际贸易有限公司的单证员黄欣接到市场部美洲市场负责人张灵的通知，23JA7031KL号销售合同中的货物基本准备就绪，可以为货物出运做准备了。黄欣接到通知后，着手各项申报工作，发现各项申报都需要向相关部门提供发票，于是黄欣开始着手缮制发票。

项目分析

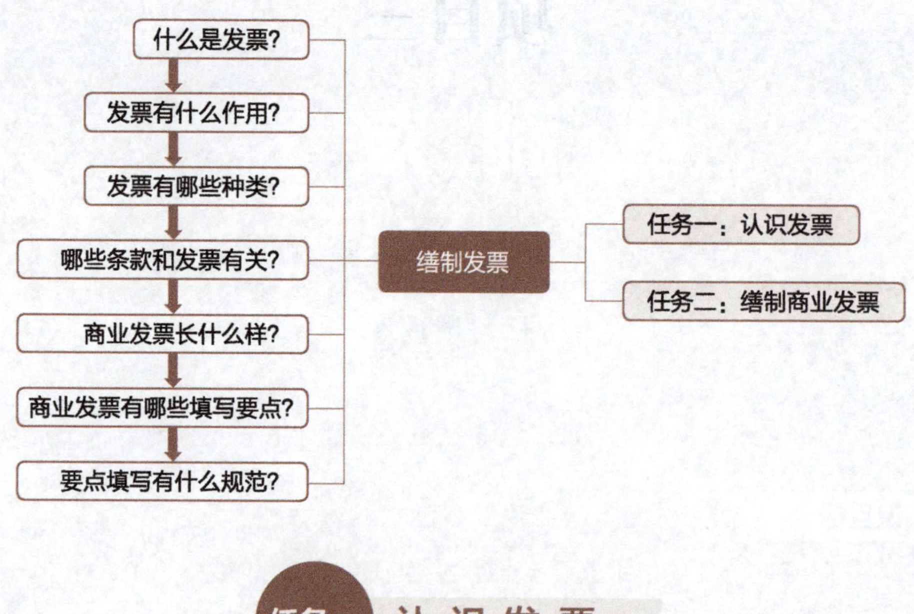

必备知识

1. 发票的含义

在国际贸易中，发票一般是指商业发票（Commercial Invoice），它是由卖方开出的有关货物或服务的价目清单。通常，商业发票中列明了每种商品的质量、数量、价格以及支付条款等内容。其他单据是以商业发票为基础来进行准备的。

2. 发票的作用

发票是卖方开立的货物清单，是进出口业务中的重要单据。它既是买卖双方交接货物和结算货款的主要单证，又是进口国确定征收进口关税的依据，也是买卖双方索赔、理赔的依据。其作用包括以下几点：

1）便于进出口商核对已发货物是否符合合同或信用证规定。

2）作为进出口商记账的依据。

3）作为出口地和进口地报关、清关及纳税的凭据。

4）不用汇票的情况下，可代替汇票作为付款依据。

5）凭光票付款时，通常用以确定有关交易的细节。

6）是整套出口单据的中心及其填制和审核的依据。

7）可作为索赔、理赔的凭据。

3. 发票的种类

发票的种类主要包括商业发票、形式发票、海关发票、银行发票、领事发票等。

（1）商业发票

商业发票（Commercial Invoice）是出口商于货物运出时开给进口商作为进货记账或结算货款和报关缴税的凭证。商业发票样本如图3-1所示。

****

****

****

COMMERCIAL INVOICE

MESSERS:　　　　DATE:

INV. NO.:

S/C NO.:

L/C NO.:

TRANSPORT DETAILS:　　　　TERMS OF PAYMENT:

MARKS & NOS.	DESCRIPTION OF GOODS	QUANTITY	UNIT PRICE	AMOUNT

图3-1　商业发票样本

（2）形式发票

形式发票（Proforma Invoice）也称预开发票或估价发票，是进口商为了向其本国当局申请进口许可证或请求核批外汇，在结束成交之前，要求出口商将拟出售成交的商品名称、单价、规格等条件开立的一份参考性发票。形式发票样本如图3-2所示。

****

****

****

PROFORMA INVOICE

TO: DATE:

ATTN: P/I NO.:

TEL.: P/O NO.:

ADDRESS: ISSUER:

MARKS & NO.	DESCRIPTION OF GOODS	QTY PCS	UNIT PRICE (USD)	AMOUNT (USD)
TOTAL:				
TTL AMOUNT				

1）Remarks:

2）Delivery Type:

3）Delivery Date:

4）Payment Term:

5）Bank Information:

Beneficiary:

Account No.:

Swift Code:

Bank Name:

Bank Address:

6）Packing:

7）Warranty Policy:

Buyer Signs

图3-2 形式发票样本

（3）海关发票

海关发票（Customs Invoice）是某些国家规定在进口货物时，必须提供其海关规定的一种固定格式和内容的发票。海关发票样本（加拿大）如图3-3所示。

（4）银行发票

银行发票（Banker's Invoce）是出口商为办理议付和结汇，以适应议付行和开证行需要而提供的发票。

（5）领事发票

领事发票（Consular Invoice）又称签证发票，是按某些国家法令规定，出口商对其国家输入货物时必须取得进口国在出口国或其邻近地区的领事签证的、作为装运单据一部分和货物进口报关的前提条件之一的特殊发票。

Revenue Canada **Customs and Excise**	**Revenue Canada** **Douanes et Accise**	**CANADA CUSTOMS INVOICE** **FACTURE DES DOUANES CANADIENNES**	Page　　of 　　　　de

<table>
<tr><td colspan="2" rowspan="2">1. Vendor (Name and Address) / Vendeur (Nom et adresse)</td><td colspan="3">2. Date of Direct Shipment to Canada/Date d' expedition directe vers ie Canada</td></tr>
<tr><td colspan="3">3. Other References (include Purchaserys Order No.)
Autres reterences(inclure ie n de commande de Í acheteur)</td></tr>
<tr><td colspan="2" rowspan="3">4. Consignee (Name and Address) / Destinataire (Nom et adresse)</td><td colspan="3">5. Purchaser's Name and Address(if other than Consignee)
Nom et adresse de Í acheteur(S'll differe du destinataire)</td></tr>
<tr><td colspan="3">6. Country of Transhipment/Pays de transbordement</td></tr>
<tr><td>7. Country of Origin of Goods
pays d' orgine des marchandises</td><td colspan="2">IF SHIPMENT INCLUDES GOODS OF DIFFERENT ORIGINS ENTER ORIGINS AGAINST ITEMA IN12
SIL' EXPEDON COMPREND DES MARCHANDISES D'ORIGINES DIFFERENTES PRECISER LEUR PROVENANCE EN12</td></tr>
<tr><td colspan="2" rowspan="2">8. Transportation Give Mode and Place of Direct Shipment to Canada
Transport Preciser mode et point d' expedition directe vercte vers ie canada</td><td colspan="3">9. Conditions of Sale and Terms of Payment
(i.e Saie. Consignment Shipment, Leased Goods, etd.)
Conditions de vente et modaitites de paiement
(P.ex vente, expedition en consignation, location, de marchandises, etc)</td></tr>
<tr><td colspan="3">10. Currency of Settlement/Devises du paiement</td></tr>
<tr><td rowspan="2">11. No. of Pkgs
Nore de colis</td><td rowspan="2">12. Specification of Commodities (Kind of Packages, Marks,and Numbers,General Description and Characteristics, ie Grade, Quality)
Designation des articles (Nature des colis, marques et numeros, description ger erale et caracteristiques,, P ex classe, qualite)</td><td rowspan="2">13. Quantity
(State Unit)
Quantite
(Preciser Í unite)</td><td colspan="2">Selling Price/Prix de vente</td></tr>
<tr><td>14. Unit Price
Prix unitaire</td><td>15. Total</td></tr>
<tr><td colspan="2" rowspan="2">18. If any of fields 1 to 17 are included on an attached commercial invoice, check this box
si tout renseignement relatlvement aux zones 1 e 17 ligure sur une ou des tactures
commerciaies ci-attachees cocher cette case □
commercial invoice No. 1 N de la factre commerciaie</td><td colspan="2">16. Total Weight/Poids Total</td><td>17. Invoice Total
Total de la facture</td></tr>
<tr><td>Net</td><td>Gross/Brut</td><td></td></tr>
<tr><td colspan="2">19. Exporter's Name and Address(if other than Vendor)
Nom et adresse de Í exportateur(s'll differe du vendeur)</td><td colspan="3">20. Originator (Name and Address)/Expediteur d' origine(Nom et adresse)</td></tr>
<tr><td colspan="2">21. Departmental Rulikg(if applicable)/Decision du Ministere(S' lly a lieu)</td><td colspan="3">22. If fields 23 to 25 are not applicable, check this box □
Si ies zones 23 e 25 sont sans objet, cocher cette case</td></tr>
<tr><td>23. If included in field 7 indicate amount
Si compris dans ie total a ia zone 7, preciser
(I)Transportation charges, expenese and insurance from the place of direct shipment to Canada Les frais de transport, depenses et assurances a partir du point of expedition directe vers is Canada</td><td colspan="2">24. If not included in field 17 indicate amount Si non compris dans le total a ie zone 17, preciser
(I)Transportation charges, expense and insurance to the place of direct shipment to Canada Les frais de transport, deposes et assurances Iusqu' au point d' of expedition directd vers ie Canada</td><td colspan="2" rowspan="4">25. Check (if applicable)
Cochet (s'lly a liso)
(I)Royalty payments or subsequent proceede are paid or payable by the purchaser
Des redevances ou produits ont ete ou seront Verses par Í acheteur
□
(II)The purchaser has supplied goods or services for use in the production of these goods
L'acheteur a fouml des merchandises ou des Services pour ia production des merchandises
□</td></tr>
<tr><td>(II)Costs for const: action, erection and assembly incurred atter importation into Canada Les couts de construction, d' erection et d' assemblage, pres imporaation au.Canada</td><td colspan="2">(II)Amounts for commissions other than buying commissions
Les commissions autres que celles versees Pour Í achat</td></tr>
<tr><td>(III)Export packing
Le cout de Í emballage d' exportation</td><td colspan="2">(III)Export packing
Le cout de Í emballage d' exportation</td></tr>
<tr><td></td><td></td><td></td></tr>
</table>

图3-3　海关发票样本（加拿大）

议一议

你知道形式发票可以运用于哪些业务之中吗？

4. 信用证中和发票有关的常用条款

条款1：Signed Commercial Invoice in duplicate showing a deduction of USD200.00 being commission.

条款1解读：签署的商业发票一式两份，显示扣除200美元作为佣金。

条款2：Signed Commercial Invoice, one original and two copies.

条款2解读：签署的商业发票，一正两副。

条款3：Manually Signed Invoice in five folds certifying that goods are as per Indent No.ABC567 of 03.10，2020 quoting L/C No.

条款3解读：手签发票一式五份，证明货物符合2020年3月10日订立的ABC567号订单，并注明信用证号码。

条款4：Signed Commercial Invoice combined with certificate of origin and value in triplicate as required for imports into Nigeria.

条款4解读：签署的商业发票一式三份，发票须连同产地证明和货物价值声明作为尼日利亚进口所需。

条款5：Signed Commercial in quintuplicate，certifying merchandise to be of Chinese origin.

条款5解读：签署的商业发票一式五份，证明产品的原产地为中国。

条款6：5% discount should be deducted from total amount of the commercial invoice.

条款6解读：商业发票的总金额须扣除5%折扣。

条款7：Signed Commercial Invoice in five folds certifying that goods are as per Contract No.12345 of 03. 11, 2021quoting L/C No. and BTN/HS No.

条款7解读：签署的商业发票一式五份，证明货物符合2021年3月11日订立的12345号合同，并注明信用证号码和布鲁塞尔税则分类号码。

条款8：Commercial Invoice in triplicate showing separately FOB value, freight charges insurance premium，CIF value and country of origin.

条款8解读：商业发票一式三份，分别显示FOB价值、运费、保险费、CIF总值和原产地国。

小试牛刀　条款解读

你来试一试？

条款A：Commercial Invoice in quadruplicate indicating the following：

（1）That each item is labeled “Made in China”.

（2）That one set of non-negotiable shipping documents has been airmailed in advance to buyer.

条款B：This is to certify that the above mentioned goods are of Chinese origin.

5. 常用发票单据词汇及其含义

常用发票单据词汇及其含义见表3-1。

表3-1 常用发票单据词汇及其含义

序号	英文表述	中文含义
1	in duplicate	一式两份
2	in triplicate	一式三份
3	in quadruplicate	一式四份
4	in quintuplicate	一式五份
5	in centuplicate	一式六份
6	in septuplicate	一式七份
7	in octuplicate	一式八份
8	in nonuplicate	一式九份
9	in decuplicate	一式十份
10	unit price	单价
11	total price	总价
12	combined documents	联合单据
13	signed commercial invoice	已签署的商业发票
14	manually signed commercial invoice	手签的商业发票
15	description of goods / merchandise	货物描述
16	packing and quantity	商品包装及数量

任务实施

黄欣接到通知后，开始着手准备发票。可是发票有商业发票、银行发票、海关发票、领事发票、形式发票等种类，黄欣应当如何准备呢？首先要解读销售合同和信用证中有关发票的条款内容，依据这些条款要求确定发票的类型，然后根据业务要求缮制相应的发票。

第一步：选择发票的类型

方法：查看合同和信用，找到信用证中有关发票的相关条款，依据业务的实际要求选择合适的发票种类。

信用证要求：

DOCUMENTS REQUIRED *46A:
+ SIGNED COMMERCIAL INVOICE IN 1 ORIGINAL AND 2 COPIES MADE OUT IN THE NAME OF THE APPLICANT COVERING GOODS VALUE.

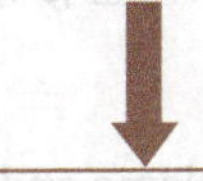

选择结果：商业发票 COMMERCIAL INVOICE

第二步：获取发票缮制要求

信用证要求：

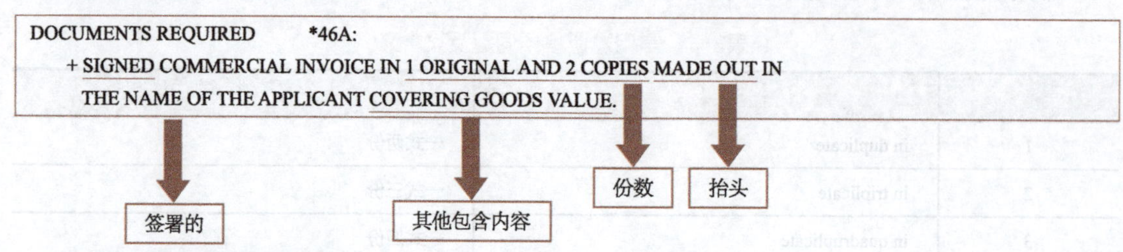
DOCUMENTS REQUIRED *46A:
+ SIGNED COMMERCIAL INVOICE IN 1 ORIGINAL AND 2 COPIES MADE OUT IN THE NAME OF THE APPLICANT COVERING GOODS VALUE.

获取的发票缮制要求：

1）签署要求：商业发票必须签署。

2）发票份数：一正两副。

3）发票抬头：以开证申请人为抬头。

4）其他要求：发票注明货物价值。

任务评价

任务评价表

评价项目	评价标准	满分	得分
发票的含义、种类及作用	能清晰地理解发票的含义，掌握发票的种类和作用	20分	
信用证条款	能清晰地理解和解读信用证中的条款内容	25分	
发票类型和发票缮制要求	能依据业务内容获取完整的发票缮制要求	30分	
职业操作规范	能养成一丝不苟、精益求精的职业素养，能规范操作、安全操作	25分	
合计		100分	

任务二 缮制商业发票

必备知识

1. 核心单据和主要单据

（1）核心单据

商业发票是外贸单证中的核心单据，也就是说，它是整套货运单据的中心，是制作其他单据的依据。在信用证支付方式下，发票的内容要求与信用证条款相符。

（2）主要单据

主要单据是指在进出口业务中必不可少的单据，如海运提单、进口报关单或出口报关单、投保单、装箱单、检验检疫证书、原产地证书等。

2. 商业发票缮制规范

（1）出票人的名称与地址（Exporter's Name and Address）

出票人的名称与地址应与合同卖方或信用证受益人的名称与地址相同。制单时，应标出出票人的中英文名称和地址。一般出口商印刷的空白发票，都事先将该公司的名称、地址、电话和传真号码印在发票的正上方。

（2）发票抬头的名称与地址（Messrs）

《UCP600》明确指出，“Commercial invoice must be made out in the name of the applicant”（商业发票必须做成以信用证申请人的名称为抬头）。托收方式下，收货人通常是买方，故发票抬头应填制买方的名称。发票抬头填写时，名称、地址不应同行放置，应分行填制。

（3）发票名称（Name of Document）

发票名称应用英文粗体标出“COMMERCIAL INVOICE”或“INVOICE”字样，须与信用证规定的名称一致。

（4）发票日期（Date）

发票日期应晚于合同和信用证的签发日期，在结汇单据中，发票是最早签的单据。

（5）发票编号（No.）

发票编号由出口商根据本公司的实际情况自行编制，是全套结汇单据的中心编号。

（6）合同编号（Contract No.）

合同编号应与信用证列明的一致。

（7）信用证编号（L/C No.）

信用证项下的发票必须填入信用证编号，其他支付方式可不填。

（8）运输资料（Transport Details）

此项填写货物实际的启运港（地）、目的港（地），如货物需要转运，应把转运港（地）的名称标示出来，如：Shipment from Shanghai to Hamburg with transshipment at Hong Kong by vessel（装运自上海到汉堡，在香港转运）。

（9）支付方式（Terms of Payment）

支付方式应填写该笔业务的付款方式，是T/T、托收或者信用证结算方式等。

（10）唛头及件号（Shipping Marks and Numbers）

发票唛头应按信用证或合同填制，并与提单、保险单等其他单据严格一致。如未做具体的规定，则此项填写“N/M”。

（11）货物描述（Description of Goods）

货物描述一般包括品名、品质、数量、包装等内容。信用证方式下，货物描述必须与信用证的描述一致；省略或增加货名的任何字或句，都会造成单证不符。如为其他支付方式，应与合同的描述相符。

（12）数量（Quantity）

货物数量应填写实际装运的数量以及包装种类和包装数量，必须与其他单据相一致。

（13）单价（Unit Price）

完整的单价应包括计价货币、单位价格、计量单位和贸易术语四部分内容，如：PER DOZ USD200 CFR LONDON。价格术语关系到买卖双方风险和费用的划分，也是海关征税的依据，必须正确表述。

（14）总值（Amount）

发票总额不能超过信用证金额，但是信用证总值前有“大概”“约”“大约”或类似词语的，允许有10%的增减幅度。对于佣金和折扣，应按信用证规定的处理。

（15）声明及其他内容（Declaration and Other Contents）

根据信用证的规定或特别需要，在此项注明相关内容，如：We hereby certify that the contents of invoice herein are true and correct（兹证明发票中的内容是真实、正确的）。

（16）出票人签章（Signature）

通常，出票人签章是在发票的右下方，为出口公司的名称，并由经办人签名或盖章。如信用证规定手签（Manually Signed），则必须按规定操作。对墨西哥、阿根廷等国的出口，无论信用证是否规定发票的签名形式，都必须手签。

3. 部分国家和地区对发票的特殊规定

部分国家和地区对发票的特殊规定见表3-2。

表3-2 部分国家和地区对发票的特殊规定

序号	国家（地区）	特殊规定
1	智利	发票内要注明运费、保险费和FOB价值
2	墨西哥	发票要手签。一般发票要求领事签证，可由贸促会代签，并注明“HERE IS NO MEXICAN CONSULATE HERE”（本地无墨西哥领事），在北京可由墨西哥驻华使馆签证
3	澳大利亚	发票内应加发展中国家声明，可享受优惠关税待遇
4	黎巴嫩	发票应加证实其真实性的词句
5	科威特	发票内要注明制造厂商名称和船名，以及毛重和净重，并以千克表示
6	巴林	发票内应加注货物原产地证明，并且手签
7	阿拉伯其他地区	一般要求发票注明货物原产地，并由贸促会签证，或者由贸促会出具产地证书。有时要求其大使馆或领事馆认证
8	斯里兰卡	发票要手签，并且要注明产品的税则号
9	秘鲁	如信用证要求领事签证，可由贸促会代替，发票货名应以西班牙文表示，同时要列明FOB价值、运费、保险费等
10	巴拿马	可由贸促会签证，并须注明“此地无巴拿马领事”
11	委内瑞拉	发票应加注西班牙文货名；由贸促会签证
12	伊朗	发票内应注明产品的税则号
13	尼泊尔、印度	发票需要手签
14	土耳其	产地证书不能联合在发票内

任务实施

黄欣已经对商业发票有了一定的了解，通过信用的解读获取了本次业务对商业发票的缮制要求。商业发票的格式大体上分为传统式和标准式，接下来黄欣需要确定商业发票格式，根据商业发票的缮制要点及规范完成商业发票的缮制。

第一步：选择商业发票格式

商业发票由出口商自行拟制，无统一格式，但基本内容和缮制方法大致相同。在缮制商业发票过程中，外贸人员采用较多的商业发票可以归为两类，即传统式商业发票（见图3-4）和标准式商业发票（见图3-5）。制单人员可以根据使用的需要进行选择参考。

****

COMMERCIAL INVOICE

MESSERS:

DATE:

INV. NO.:

S/C NO.:

L/C NO.:

TRANSPORT DETAILS:

TERMS OF PAYMENT:

MARKS & NOS.	DESCRIPTION OF GOODS	QUANTINTY	UNIT PRICE	AMOUNT

图3-4　传统式商业发票

Issuer:	商业发票 COMMERCIAL INVOICE	
To:	No.	Date
Transport Details:	Terms of Payment	L/C No.
	Country of Origin	

Marks and Numbers	Number and Kind of Package Description of Goods	Quantity	Unit Price	Amount

图3-5　标准式商业发票

第二步：解读商业发票缮制要点及规范

商业发票缮制要点如图3-6所示。

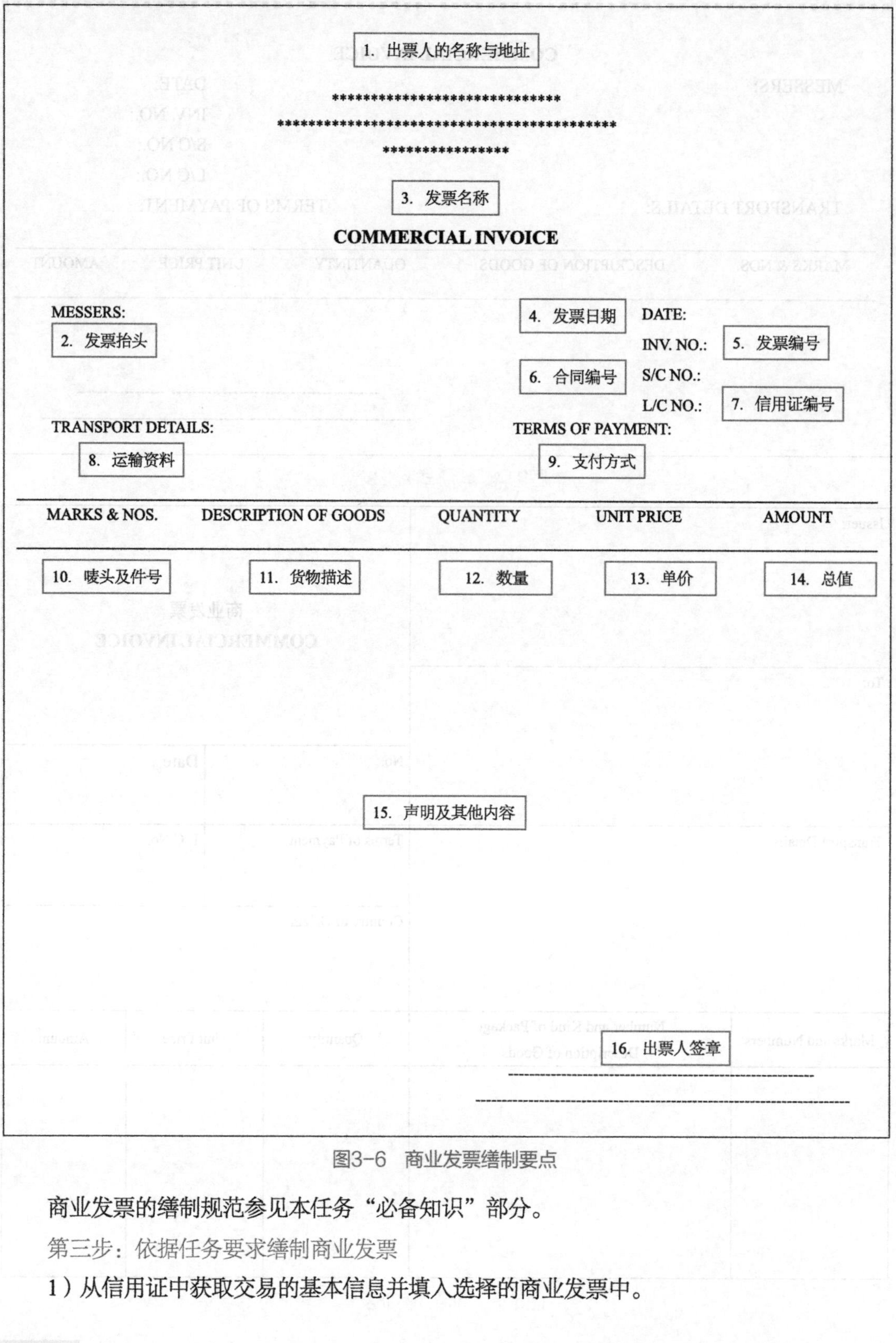

1. 出票人的名称与地址

****

****

****

3. 发票名称

COMMERCIAL INVOICE

MESSERS:

2. 发票抬头

4. 发票日期 DATE:

INV. NO.: 5. 发票编号

6. 合同编号 S/C NO.:

L/C NO.: 7. 信用证编号

TRANSPORT DETAILS:

8. 运输资料

TERMS OF PAYMENT:

9. 支付方式

MARKS & NOS.	DESCRIPTION OF GOODS	QUANTITY	UNIT PRICE	AMOUNT
10. 唛头及件号	11. 货物描述	12. 数量	13. 单价	14. 总值

15. 声明及其他内容

16. 出票人签章

图3-6　商业发票缮制要点

商业发票的缮制规范参见本任务“必备知识”部分。

第三步：依据任务要求缮制商业发票

1）从信用证中获取交易的基本信息并填入选择的商业发票中。

2）结合商业发票的缮制要点及规范，缮制商业发票（见图3-7）。

无锡特锐思国际贸易有限公司
WUXI TERUISI INTERNATIONAL TRADE CO., LTD
NO. 27 XUEQIAN ROAD, WUXI, CHINA

COMMERCIAL INVOICE

MESSERS: FASHION FORCE CO., LTD
P.O.BOX 8935 NEW TERMINAL, ALTA,
VISTA OTTAWA, CANADA

DATE: MAY 15, 2023
INV. NO.: TX202315
S/C NO.: 23JA7031KL
L/C NO.: G/FO-7752807

TRANSPORT DETAILS:
SEA FREIGHT
FROM SHANGHAI PORT CHINA TO OTTAWA, CANADA

TERMS OF PAYMENT:
BY L/C

MARKS & NOS.	DESCRIPTION OF GOODS	QUANTITY	UNIT PRICE	AMOUNT
			CIP OTTAWA	
	MAN'S COTTON SHIRT			
N/M	S	2,000PCS	USD 10.00/PC	USD 20,000.00
	M	8,000PCS	USD 10.00 /PC	USD 80,000.00
	L	3,000PCS	USD 10.00 /PC	USD 30,000.00
	TOTAL:	13,000PCS		USD 130,000.00

SAY U.S. DOLLARS ONE HUNDRED AND THIRTY THOUSAND ONLY.

WE HEREBY CERTIFY THAT THE CONTENTS OF INVOICE HEREIN ARE TRUE AND CORRECT.

无锡特锐思国际贸易有限公司
WUXI TERUISI INTERNATIONAL TRADE CO.,LTD
张灵

图3-7　缮制的商业发票

议一议

来证规定数量已装完，而发票金额还有一些富余，在议付行表示接受的情况下，可否采取“扣除”“放弃”的方式处理？解除后的发票金额有何规定？

【议一议】解析

任务评价

任务评价表

评价项目	评价标准	满分	得分
商业发票填制规范	能清楚商业发票的要点及相应的缮制规范	20分	
部分国家和地区对发票的特殊规定	能清晰地理解和解读信用证中的条款内容	20分	
缮制发票	能依据业务内容获取完整的发票缮制要求	40分	
职业操作规范	能养成系统思维意识，形成依据业务实际流程规范缮制发票过程的职业素养	20分	
合计		100分	

项目小结

缮制发票

认识发票
- 发票的含义
- 发票的作用
- 发票的种类
- 信用证中和发票有关的常用条款

缮制商业发票
- 核心单据和主要单据
- 商业发票缮制要点及规范
- 部分国家和地区对发票的特殊规定

项目实训

理论部分

一、单选题

1. 在国际商务单据的分类中，商业单据通常是指（　　）。

A. 商业发票、装箱单和 GSP 产地证明书等

B. 商业汇票、重量单和保险单等

C. 商业发票、装箱单和商业汇票等

D. 商业发票、重量单和装箱单等

2. 在商业单据中处于中心单据地位的是（　　）。

A. 商业发票　　B. 海关发票　　C. 海运提单　　D. 保险单

3.《UCP600》规定，商业发票必须以（　　）为抬头。

A. 开证行　　B. 开证申请人

C. 指定付款行　　D. 议付行

二、多选题

1. 商业发票是国际货物买卖中的核心单据，其作用表现为（ ）。

A. 交接货物的依据　　B. 登记入账的依据

C. 报关纳税的依据　　D. 买卖合同的证明

E. 有时可替代汇票进行货款结算

2. 关于形式发票，下列说法正确的有（ ）。

A. 形式发票不是一种正式发票

B. 能用于托收和议付，正式成交后不要另外重新缮制商业发票

C. 形式发票与商业发票的关系密切，信用证在货物描述后面常有“按照某月某日之形式发票”等条款

D. 假如来证附有形式发票，则形式发票构成信用证的组成部分，制单时要按形式发票内容全部填上

E. 形式发票是一种正式发票

3. 商业发票是货主在准备全套出口文件时首先缮制的文件，在出口货物装运前的（ ）环节要使用商业发票。

A. 托运订舱　B. 商品报检　C. 出口报关　D. 海关查验

E. 办理投保

4. 下列关于海关发票的描述中正确的有（ ）。

A. 由出口商填写

B. 由进口商填写

C. 是出口人向出口地海关报关时提供的单据

D. 是进口人向进口地海关报关时提供的单据

E. 是进口地海关进行估价定税、征收差别关税或反倾销税的依据

三、判断题

1. 信用证关于货物的描述为“blue cotton wears”，发票显示为“colored cotton wears”是可以的。（ ）

2. 商业发票日期可以晚于汇票日期。（ ）

3. 信用证中注明“invoice in three copies”，受益人向银行交单时提供了三张副本发票。这样做违反了信用证规定。（ ）

4. 发票中的数量、单价和金额可以冠以“大约”（about）或类似的文字。（ ）

5. 在商业发票上必须明确显示数量、单价、总值和贸易术语等主要内容。（ ）

6. 形式发票是一种正式发票，能用于托收和议付。（ ）

实操部分

（一）根据信用证条款内容将正确答案填在横线上

1. 信用证条款：

APPLICANT: XYZ COMPANY, ANYTOWN

BENEFICIARY: ABC COMPANY, NANJING

DOCUMENTS REQUIRED: COMMERCIAL INVOICEIN 6 COPIES.

信用证未对发票抬头做任何其他规定。

发票抬头应为：________________

2. 信用证条款：

SHIPMENT FROM: NANJING，CHINA

FOR TRANSPORTATION TO: NEW YORK, USA

DESCRIPTION OF GOODS AND/OR SERVICES: MEN'S SHIRTS

PRICE TERMS: FOB

DOCUMENTS REQUIRED: COMMERCIAL INVOICE IN 6 COPIES.

信用证未对价格条款的表述做任何其他规定。

发票上价格条款后的港口应为：________________

3. 信用证条款：

SHIPMENT FROM: NANJING, CHINA

FOR TRANSPORTATION TO: NEW YORK, USA

DESCRIPTION OF COODS AND/OR SERVICES: MEN'S SHIRTS

PRICE TERMS: CIF

DOCUMENTS REQUIRED: COMMERCIAL INVOICE IN 6 COPIES.

信用证未对价格条款的表述做任何其他规定。

发票上价格条款后的港口应为：________________

4. 信用证条款：

APPLICANT: MIDDLEMAJN COMPANY, HONGKONG

BENEFICIARY: ABC COMPANY, NANJING

DOCUMENTS REQUIRED:

FULL SET OF CLEAN ON BOARD OCEAN B/L MADE OUT TO ORDER AND BLANK ENDORSED MAKED FREIGHT PREPAID NOTIFYING XYZ COMPANY, NEW YORK, USA.

COMMERCIAL INVOICE IN 6 COPIES MADE OUT TO ABOVE NOTIFY PARTY.

信用证未对发票抬头做任何其他规定。

发票抬头应为：________________

5. 信用证条款：

APPLICANT: XYZ COMPANY, ANYTOWN

BENEFICIARY: ABC COMPANY, NANJING

DOCUMENTS REQUIRED: COMMERCIAL INVOICE IN 6 COPIES.

信用证未对发票出具人做任何其他规定。

发票的出具人应为：________________

（二）请以单证员的身份，根据所给信用证，读懂信用证条款并结合自己所学的单证业务知识缮制商业发票。

信用证

卖　　方：WUXI TERUISI INTERNATIONAL TRADE CO., LTD
NO. 27 XUEQIAN ROAD, WUXI , CHINA

电　　话：0086-510-82700788

传　　真：0086-510-82700777

买　　方：HYCO LANGGENT PT.
321 VTRA, SEMARANG, INDONSEIA

电　　话：62-24-6556666

传　　真：62-24-6556668

发 票 号：XH0511

合同编号：TXT07081

信用证号：XT17365

货　　名：DOUBLE OPEN END SPANNER

规格、数量：8MM×10MM(MTM)　60,000 PCS
10MM×12MM (MTM)　80,000 PCS

单　　价：CIF SEMARANG　8MM×10MM USD 0.50/PC
10MM×12MM USD 0.40/PC

包　　装：每100件装1箱（PACKED IN CARTONS OF 100 PCS EACH）

装 运 港：SUZHOU PORT

目 的 港：SEMARANG PORT

装运期限：最迟不晚于2023年8月31日（LATEST DATE OF SHIPMENT 230831）

<table>
<tr><td colspan="2">Issuer:</td><td colspan="3" rowspan="2">商业发票
COMMERCIAL INVOICE</td></tr>
<tr><td colspan="2" rowspan="2">To:</td></tr>
<tr><td>No.</td><td colspan="2">Date</td></tr>
<tr><td colspan="2" rowspan="2">Transport Details:</td><td>Terms of Payment</td><td colspan="2">L/C No.</td></tr>
<tr><td colspan="3">Country of Origin</td></tr>
<tr><td>Marks and Numbers</td><td>Number and Kind of Package
Description of Goods</td><td>Quantity</td><td>Unit Price</td><td>Amount</td></tr>
<tr><td></td><td></td><td></td><td></td><td></td></tr>
</table>

项目四

缮制包装单据

知识目标

· 知道包装单据的含义、种类和作用
· 清楚装箱单的格式
· 掌握装箱单的缮制规范

能力目标

· 熟悉信用证中有关装箱单的条款内容
· 能掌握装箱单的缮制要点
· 能依据业务要求缮制装箱单

素养目标

· 在缮制装箱单过程中逐步养成严谨制单的工作作风
· 在操作过程中培养精益求精的工匠精神

项目情境

无锡特锐思国际贸易有限公司与加拿大FASHION FORCE公司签订的男士棉衬衫出口业务进展顺利，在单证员黄欣缮制完发票后，业务员顾青也开始缮制包装单据。

项目分析

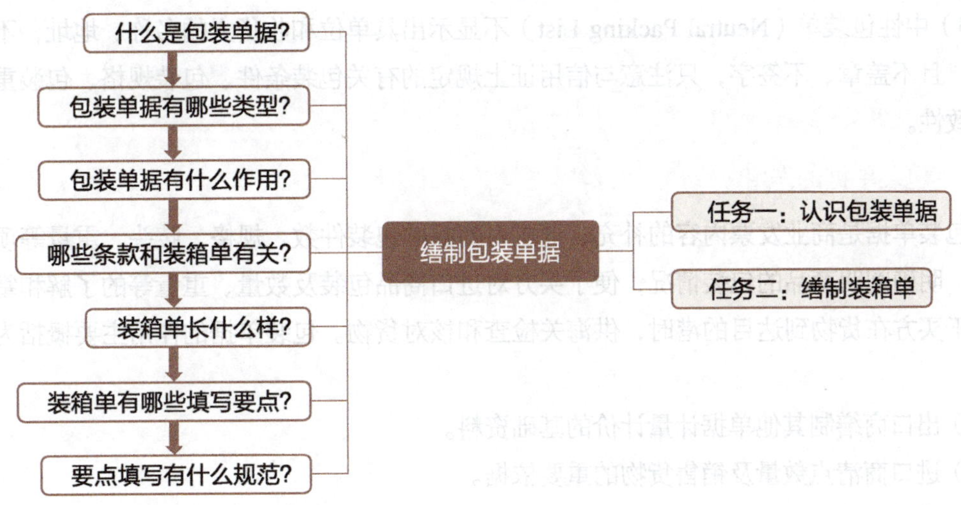

必备知识

1. 包装单据的含义

包装单据是指记载或描述商品包装情况的单据，是商业发票的补充。

出口商在向银行交单要求付款、承兑或议付时，除散装货物外，一般均要求提供包装单据。进口地海关验货、公证行检验、进口商核对货物时，通常都以包装单据为依据。

2. 包装单据的种类

包装单据的种类主要包括装箱单、重量单、规格单、尺码单、中性包装单等。

1）装箱单（Packing List）（见图4-1）是表明装箱货物的名称、规格、数量、重量、唛头、箱号、件数以及包装形式、包装内容的单据。

2）重量单（Weight List）（见图4-2）又称磅码单。对于以重量计价的商品，收货人对商品的重量比较重视，或当商品的重量对其质量有一定的反映时，一般要求有重量单。在重量单中应尽量清楚地标明商品每一包装单位的毛重、净重及总量情况。

3）规格单（Specification List）从内容上来讲，与装箱单基本一致，只是从名称的要求上要与规定相符，并重点说明包装的规格，如每箱装30件、每5件装一小盒、每件用塑料袋包装等细节。

4）尺码单（Measurement List）偏重于说明所装运货物的体积，即每件商品的包装尺码以及总尺码。一般在装箱单内容的基础上再重点说明每件、每个不同规格项目的尺码和总尺码。

5）中性包装单（Neutral Packing List）不显示出具单位和收货人的名称、地址，不显示产地，且不盖章、不签字，只注意与信用证上规定的有关包装条件、包装规格、包装重量等的一致性。

3. 包装单据的作用

包装单据是商业发票内容的补充，通过对商品的包装件数、规格、唛头、重量等项目的填制，明确阐明商品的包装情况，便于买方对进口商品包装及数量、重量等的了解和掌握，也便于买方在货物到达目的港时，供海关检查和核对货物。包装单据的作用主要概括为以下几点：

1）出口商缮制其他单据计量计价的基础资料。

2）进口商清点数量及销售货物的重要依据。

3）海关查验货物的凭证。

4）公证或商检机构查验货物的参考资料。

****

****

PACKING LIST

MESSERS:

DATE:

INV. NO.:

S/C NO.:

L/C NO.:

TRANSPORT DETAILS:

Marks&Nos.	Description&Quantity	Package	G.W.	N.W.	Measurement

----

图4–1 装箱单样本

重量单（WEIGHT LIST）

1）收件人 Consignee:______________　　2）运单号 Airbill No.:______________

3）公司名称 Company Name:______________　　4）承运人 Carrier:______________

5）地址 Address:______________　　6）重量 Weight:______________

7）城市/地区号 Code:______________　　8）体积 Dimensions:______________

9）州名/国家 State/Country:______________　　10）电话/传真 Phone/Fax No.:______________

11）详细的商品名称 Full Description of Goods	12）毛重 Gross Weight	13）净重 Net Weight	14）尺码 Measurement	15）数量 Quantity	16）生产厂商 Manufacture

17）本人认为以上提供的资料属实和正确，货物原产地是______________

I declare that the above information is true and correct to the best of my knowledge and that the goods are of ________ origin.

18）出口理由

Reason for Export

签名

Signature:

图4-2 重量单样本

议一议

你知道重量单可以运用于哪些业务中吗？

4. 信用证中和装箱单有关的常用条款

条款1：Packing List in three copies showing packing details such as carton No. and contents of each carton.

条款1解读：装箱单一式三份，注明包装详细信息，如纸箱号和每箱的内容。

条款2：Detailed Weight Memo showing the detail of net weight, gross weight and quantities in each package.

条款2解读：重量单详注每件包装货物的毛重、净重和数量。

条款3：Detailed Packing List in triplicate showing the complete inner packing specification and contents of each package.

条款3解读：装箱单一式三份，详细说明货物内部的包装规格及内容。

条款4：Original Packing List plus three copies indicating detailed packing of each carton.

条款4解读：装箱单正本一份，副本三份，详注每箱包装的细节。

条款5：Packing List duly signed by beneficiary in five copies.

条款5解读：由受益人签署的装箱单一式五份。

小试牛刀 条款解读

你来试一试？

条款：Packing List in triplicate indicating the following:

（1）Packing: In seaworthy cartons size is 30CM×30CM×40CM/CTN.

（2）Net Weight: 20KGS per carton.

（3）Gross Weight: 21KGS per carton.

5. 常用包装单据词汇及其含义

常用包装单据词汇及其含义见表4-1。

表4-1 常用包装单据词汇及其含义

序　号	英文表述	中文含义
1	in two copies	一式两份
2	Marks&Numbers	唛头
3	Package	包装
4	Gross Weight	毛重
5	Net Weight	净重
6	Measurement	尺寸、体积
7	Packing and Weight List	装箱单、重量单
8	CBM	立方米
9	Carton	纸箱

任务实施

黄欣缮制完发票后，业务员顾青开始着手准备包装单据，可是包装单据有装箱单、重量单、规格单、尺码单、中性包装单等种类，如何确定本业务需要的包装单据类型？首先要解读销售合同和信用证中有关于包装单据的条款内容，依据这些条款要求确定包装单据的类型；然后根据业务要求缮制相应的包装单据。

第一步：选择包装单据的类型

方法：查看销售合同和信用证，找到信用证中有关包装单据的相关条款，依据业务的实际要求选择合适的包装单据类型。

信用证要求：

DOCUMENTS REQUIRED　　　*46A:
+PACKING LIST: 1 ORIGINAL AND 2 COPIES INDICATING DETAILED PACKING OF EACH CARTON.

选择结果：装箱单　　PACKING LIST

第二步：获取装箱单缮制要求

信用证要求：

DOCUMENTS REQUIRED *46A:

+PACKING LIST: 1 ORIGINAL AND 2 COPIES INDICATING DETAILED PACKING OF EACH CARTON.

份数

每箱的包装细节

获取的装箱单缮制要求：

1）装箱单份数：一正两副。

2）包装要求：每箱的包装细节。

任务评价

任务评价表

评价项目	评价标准	满分	得分
包装单据的含义、种类及作用	能清晰地理解包装单据的含义，掌握包装单据的种类和作用	20分	
信用证条款	能清晰地理解和解读信用证中的条款内容	25分	
包装单据缮制要求	能依据业务内容获取完整的包装单据缮制要求	30分	
职业操作规范	能养成精益求精的职业素养，能诚信操作、严谨操作	25分	
合计		100分	

必备知识

1. 装箱单的含义

装箱单又称包装单、花色码单、码单等，用以说明货物包装细节，在出口结汇中，除散装货物外，一般都要求提供装箱单。

装箱单暂无统一的格式，制单时可根据信用证或合同的要求及货物特点自行设计，通过对商品的包装件数、规格、唛头、重量等项目的填制，明确阐述商品的包装情况，但主要内容基本一致。在信用证支付方式下，装箱单的内容要求与信用证条款相符。

2. 装箱单缮制规范

（1）出单人

此栏同发票，填写出口商的名称与地址，制单时，应标出出口商的中英文名称和地址。一般情况下，出口商将该公司的名称、地址、电话和传真号码印在装箱单的正上方。

（2）抬头人名称与地址（To）

此栏同发票，填写进口商的名称与地址，如果信用证要求，也可以泛指“TO WHOM IT

MAY CONCER”。

（3）单据名称（Name of Document）

单据名称应用英文粗体标出“PACKING LIST”字样，须与信用证规定的名称一致。

（4）日期（Date）

此栏填写装箱单出单日期。一般与发票日期相同或略迟于发票日期。

（5）发票编号（INV. No.）

此栏填写发票号码。

（6）合同编号（S/C No.）

此栏填写此批货物相应的合同号码，合同编号应与信用证列明的一致。

（7）信用证编号（L/C No.）

信用证项下的装箱单必须填入信用证编号，其他支付方式可不填。

（8）运输资料（Transport Details）

此项填写要符合信用证的规定，并与发票相一致。

（9）唛头及件号（Shipping Marks and Numbers）

唛头填写要符合信用证的规定，并与发票的唛头相一致。

（10）货物描述和数量（Description & Quantity）

此栏应按信用证的规定填制，与发票一致。当信用证要求提供“DETAILED PACKING LIST”时，应该详细地列出有关包装的细节，如规格、型号、色泽、尺码等。若为其他支付方式，应与合同的描述相符。

（11）包装（Package）

此栏填写货物的包装种类及包装件数，如100CTNS。

（12）毛重（G.W.）

此项填写带有外包装的每件货物的毛重及货物的总毛重。

（13）净重（N.W.）

此项填写每件货物的实际净重及货物的总净重。

（14）体积（Measurement）

此项填写每件包装的体积和总体积。

（15）大写总包装件数（Total）

按照惯例，装箱单全部填写完毕后，在下方写上总包装件数的英文大写，并在开头用“SAY”，结束用“ONLY”，以防伪造内容，如“SAY ONE HUNDRED CARTONS ONLY”。

（16）签章（Signature）

出单人签章应与发票签章相符。如果信用证规定中性包装，此栏可不填。

任务实施

黄欣已经对装箱单有了一定的了解，通过信用证的解读获取了本次业务对装箱单的缮制要求。装箱单的格式大体上分为传统式和标准式，接下来黄欣需要确定装箱单格式，根据装箱单缮制的要点及规范完成装箱单的缮制。

第一步：选择装箱单格式

装箱单由出口商自行拟制，无统一格式，但基本内容和缮制方法大致相同。在缮制装箱单的过程中，外贸人员采用较多的装箱单可以归为两类，即传统式装箱单（见图4-3）和标准式装箱单（见图4-4）。制单人员可以根据使用的需要进行选择参考。

****

PACKING LIST

TO:

DATE:

INV. NO.:

S/C NO.:

L/C NO.:

TRANSPORT DETAILS:

Marks&Nos.	Description&Quantity	Package	G.W.	N.W.	Measurement	

图4-3　传统式装箱单

<table>
<tr><td colspan="3">Issuer:</td><td colspan="4">装箱单
PACKING LIST</td></tr>
<tr><td colspan="3" rowspan="3">Transport Details:</td><td colspan="2">INVOICE NO.</td><td colspan="2">DATE</td></tr>
<tr><td colspan="2">Terms of Payment</td><td colspan="2">L/C NO.</td></tr>
<tr><td colspan="4">Country of Origin</td></tr>
<tr><td>Marks and Numbers</td><td>Number and Kind of Package
Description of Goods</td><td>Quantity</td><td>Package</td><td>G.W.</td><td>N.W.</td><td>Meas.</td></tr>
<tr><td></td><td></td><td></td><td></td><td></td><td></td><td></td></tr>
</table>

图4-4　标准式装箱单

第二步：解读装箱单缮制要点及规范

装箱单缮制要点如图4-5所示。

1. 装箱单的出单人

****

****

****

3. 单据名称

PACKING LIST

TO: 2. 抬头

4. 日期 DATE:

INV. NO.: 5. 发票编号

6. 合同编号 S/C NO.:

L/C NO.: 7. 信用证编号

TRANSPORT DETAILS:

8. 运输资料

MARKS & NOS.	DESCRIPTION&QUANTITY	PACKAGE	G.W.	N.W.	MEASUREMENT
9. 唛头及件号	10. 货物描述和数量	11. 包装	12. 毛重	13. 净重	14. 体积

15. 大写总包装件数

16. 签章

图4-5 装箱单缮制要点

装箱单的缮制规范参见本任务“必备知识”部分。

第三步：依据任务要求缮制装箱单

1）从信用证中获取交易的基本信息并填入选择的装箱单中。

2）结合装箱单的缮制要点及规范，完善装箱单（见图4-6）。

无锡特锐思国际贸易有限公司
WUXI TERUISI INTERNATIONAL TRADE CO., LTD
NO. 27 XUEQIAN ROAD, WUXI, CHINA

PACKING LIST

TO : FASHION FORCE CO., LTD
P.O.BOX 8935 NEW TERMINAL, ALTA,
VISTA OTTAWA, CANADA

DATE: MAY 15, 2023
INV. NO.: TX202315
S/C NO.: 23JA7031KL
L/C NO.: G/FO-7752807

TRANSPORT DETAILS:
SEA FREIGHT
FROM SHANGHAI PORT CHINA TO OTTAWA, CANADA

MARKS & NOS.		DESCRIPTION& QUANTINTY(PCS)	PACKAGE (CTNS)	G.W. （KGS/CTN）	N.W. （KGS/CTN）	MEASUREMENT （CBM/CTN）
	MAN'S COTTON SHIRT					
N/M	S	2,000PCS	20CTNS	22 KGS/CTN	20 KGS/CTN	0.06 CBM/CTN
	M	8,000PCS	80CTNS	22 KGS/CTN	20 KGS/CTN	0.06 CBM/CTN
	L	3,000PCS	30CTNS	22KGS/CTN	20KGS/CTN	0.06CBM/CTN
	TOTAL:	13,000PCS	130CTNS	2,860KGS	2,600KGS	7.8CBM

SAY ONE HUNDRED AND THIRTY CARTONS ONLY.

无锡特锐思国际贸易有限公司
WUXI TERUISI INTERNATIONAL TRADE CO., LTD
张灵

图4-6　缮制的装箱单

想一想

缮制装箱单的时候，如果有一箱是装不满的，该怎么写？

任务评价

任务评价表

评价项目	评价标准	满分	得分
装箱单填制规范	能清楚装箱单的要点及相应的缮制规范	30分	
缮制装箱单	能依据业务内容获取完整的装箱单缮制要求	40分	
职业操作规范	能养成细致务实意识，形成依据业务实际流程严谨缮制装箱单的职业素养	30分	
合　计		100分	

项目小结

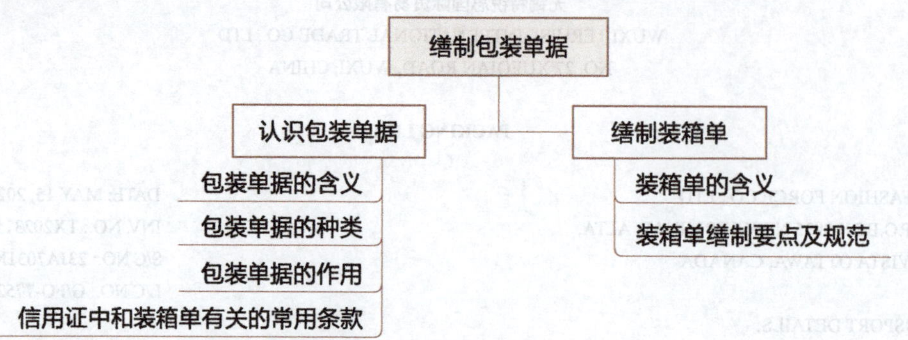

项目实训

理论部分

一、单选题

1. 《UCP600》规定，装箱单中有关货物的描述（　　）。

A. 必须与信用证中的描述一字不差

B. 必须完全与合同中的描述一致

C. 可以使用统称，并可以与信用证中有关货物的描述有所不同

D. 可以使用统称，但不得与信用证中有关货物的描述相抵触

2. 装箱单的编号应该填（　　）。

A. 发票号码　　B. 提单号码　　C. 另行编制　　D. 保险单号码

3. 信用证规定“PACKING LIST IN FIVE COPIES”，则受益人应提交的装箱单的份数是（　　）。

A. 5 份正本　　B. 1 份正本、4 份副本

C. 无须提交正本　　D. 5 份正本、5 份副本

4. 当信用证要求做成中性装箱单时，装箱单上（　　）。

A. 不应显示出口商名称，但可以签章　　B. 应显示出口商名称，但不得签章

C. 应显示出口商名称，也必须签章　　D. 不应显示出口商名称，也不得签章

5. 装箱单的唛头应按信用证或合同规定填制，如没有唛头，则填写（　　）。

A. NO　　B. YES　　C. N/M　　D. N/N

二、判断题

1. 中性装箱单要求有出口商的签章，但不能显示出口商的名称。（　　）

2. 《UCP600》规定，装箱单必须由信用证受益人签名才能生效。（　　）

3. 装箱单一般应显示货物的单价和总值。（　　）

实操部分

（一）根据信用证条款内容将正确答案填在横线上

1. 信用证条款：

APPLICANT: XYZ COMPANY, ANYTOWN

BENEFICIARY: ABC COMPANY, NANJING

DOCUMENTS REQUIRED:

PACKING LIST IN 6 COPIES.

信用证未对发票抬头做任何其他规定。

装箱单抬头应为：____________

2. 信用证条款：

APPLICANT: MIDDLEMAJN COMPANY, HONGKONG

BENEFICIARY: ABC COMPANY, NANJING

DOCUMENTS REQUIRED:

PACKING LIST IN TRIPLICATE.

信用证未对唛头做任何规定。

装箱单上的唛头应为：____________

3. 信用证条款：

APPLICANT: MIDDLEMAJN COMPANY, HONGKONG

BENEFICIARY: ABC COMPANY, NANJING

DOCUMENTS REQUIRED:

FULL SET OF CLEAN ON BOARD OCEAN B/L MADE OUT TO ORDER AND BLANK ENDORSED MARKED FREIGHT PREPAID NOTIFYING XYZ COMPANY, NEW YORK, USA.

PACKING LIST IN 6 COPIES MADE OUT TO ABOVE NOTIFY PARTY.

信用证未对发票抬头做任何其他规定。

装箱单抬头应为：____________

4. 信用证条款：

APPLICANT: XYZ COMPANY, ANYTOWN

BENEFICIARY: ABC COMPANY, NANJING

DOCUMENTS REQUIRED:

PACKING LIST IN 6 COPIES.

信用证未对装箱单出具人做任何其他规定。

装箱单的出具人应为：____________

（二）请以单证员的身份，根据所给资料，读懂信用证条款并结合自己所学的外贸单证业务知识缮制装箱单。

资料

卖　　方：WUXI TERUISI INTERNATIONAL TRADE CO., LTD
NO. 27 XUEQIAN ROAD, WUXI, CHINA

电　　话：0086-510-83116678

传　　真：0086-510-83113111

买　　方：SANTOS TRADE COMPANY LIMITED
355 SAN JOSE BOULEVARD, RIO DE JANEIRO, BRAZIL

发 票 号：WXYY1202　　发票日期：2023年10月13日

合同编号：99JA7031KL　　信用证号：G/FO-7752807

货　　名：COTTON SHIRTS

规格、数量：M　　2,000 PCS

L　8,000 PCS
XL　3,000 PCS

包　　装：每100件装1箱（PACKED IN CARTONS OF 100 PCS EACH）
唛　　头：FASHION FORCE
WXYY0739
ATTAWA, CAN
C/NO.: 1-130
毛　　重：6 KGS/CTN　　净　　重：5.5 KGS/CTN
体　　积：0.2 CBM/CTN
装 运 港：SUZHOU PORT　　目 的 港：DE JANEIRO PORT
贸易术语：FOB　　卖方法人：李浩
装运期限：最迟不晚于2023年12月31日（LATEST DATE OF SHIPMENT 231231）

****
****
****

PACKING LIST

TO:

DATE:
INV. NO.:
S/C NO.:
L/C NO.:

TRANSPORT DETAILS:

MARKS & NOS.	DESCRIPTION&QUANTITY	PACKAGE	G.W.	N.W.	MEASUREMENT

项目五

缮制原产地证书

知识目标

· 知道原产地证书的含义、种类和作用
· 清楚原产地证书的格式
· 掌握原产地证书的缮制规范

能力目标

· 熟悉信用证中有关原产地证书的条款内容
· 能掌握原产地证书的缮制要点
· 能依据业务要求缮制原产地证书

素养目标

· 在缮制原产地证书过程中逐步养成细致务实的作业习惯
· 在操作过程中培养艰苦奋斗的职业精神
· 在处理原产地证书过程中勇于承担责任

项目情境

无锡特锐思国际贸易有限公司与加拿大FASHION FORCE公司签订的男士棉衬衫的出口业务已顺利通过海关检验检疫，准予出口。出口公司经理告诉业务员顾青，为了在进口国获得关税上的优惠，出口方还必须获得原产地证书。于是，业务员顾青开始着手到当地相关机构申请原产地证书。

项目分析

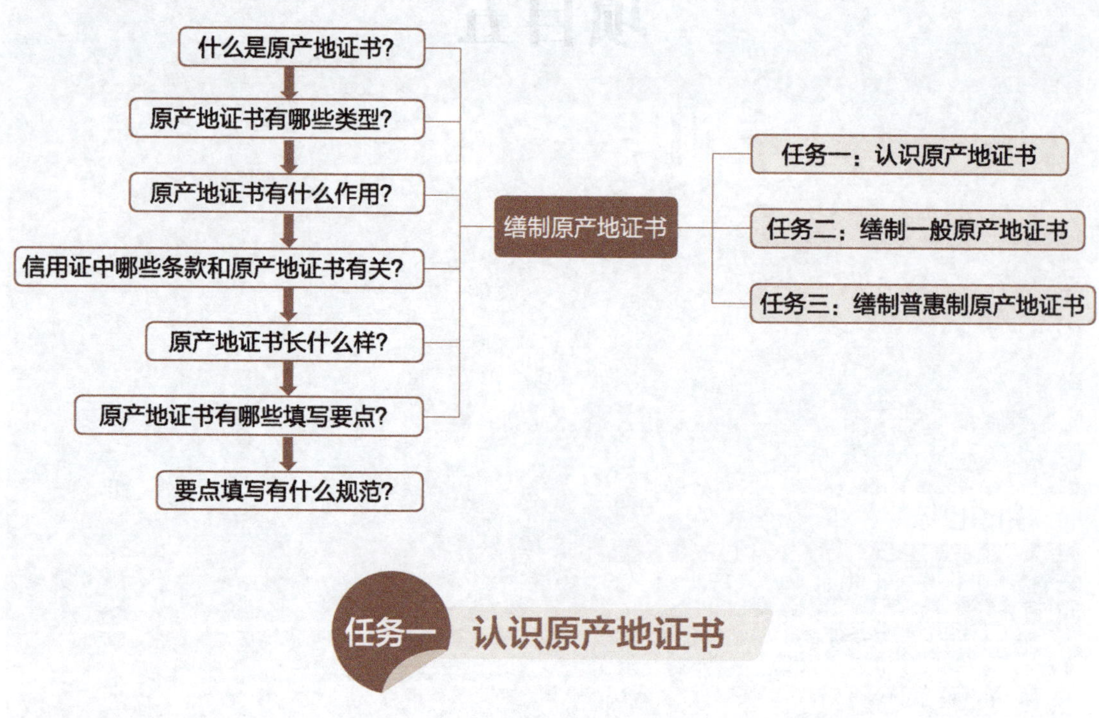

任务一 认识原产地证书

必备知识

1. 原产地证书的含义

原产地证书（Certificate of Origin）是货物出口国特定的机构出具的证明出口货物系某一国家或地区原产的一种证明文件。

2. 原产地证书的种类

原产地证书的种类主要包括一般原产地证书、普惠制原产地证书、区域性经济集团互惠原产地证书、专用原产地证书。其中，一般原产地证书、普惠制原产地证书使用较为广泛。

1）一般原产地证书（General Certificate of Origin）（见图5-1）是各国根据各自的原产地规则签发的、证明货物原产于某一特定国家或地区、享受进口国正常关税（最惠国）待遇的证明文件。

2）普惠制原产地证书（Generalized System of Preferences Certificate of Origin）（见图5-2）是发达国家给予发展中国家或地区在经济、贸易方面的一种非互利的特别优惠待遇的证明文件，即发展中国家向发达国家出口成品或半制成品时，发达国家给予的关税减免。目前，普惠制项下产品关税平均比最惠国税率低1/3，为世界关税最低、最有吸引力的一种关税制度。

<table>
<tr><td colspan="2">1. Exporter</td><td colspan="3" rowspan="2">Certificate No.
CERTIFICATE OF ORIGIN
OF
THE PEOPLE'S REPUBLIC OF CHINA</td></tr>
<tr><td colspan="2">2. Consignee</td></tr>
<tr><td colspan="2">3. Means of transport and route</td><td colspan="3" rowspan="2">5. For certifying authority use only</td></tr>
<tr><td colspan="2">4. Country/region of destination</td></tr>
<tr><td>6. Marks and numbers</td><td>7. Number and kind of packages, description of goods</td><td>8. H.S. Code</td><td>9. Quantity</td><td>10. Number and date of invoices</td></tr>
<tr><td colspan="2">11. Declaration by the Exporter
The undersigned hereby declares that the above details and statements are correct, that all the goods were produced in China and that they comply with the Rules of Origin of the People's Republic of China.

……………………………………………
Place and date, signature and stamp of authorized signatory</td><td colspan="3">12. Certification
It is hereby certified that the declaration by the exporter is correct.

……………………………………………
Place and date, signature and stamp of certifying authority</td></tr>
</table>

图5-1 一般原产地证书样本

<table>
<tr><td colspan="3">1. Goods consigned from (Exporter's name, address, country)</td><td colspan="3" rowspan="2">Reference No.
GENERALIZED SYSTEM OF PREFERENCES
CERTIFICATE OF ORIGIN
(combined declaration and certificate)
FORM A
Issued in THE PEOPLE'S REPUBLIC OF CHINA
(country)
See notes overleaf</td></tr>
<tr><td colspan="3">2. Goods consigned to (Consignee's name, address, country)</td></tr>
<tr><td colspan="3">3.Means of transport and route (as far as known)</td><td colspan="3">4. For official use</td></tr>
<tr><td>5. Item number</td><td>6. Marks and numbers</td><td>7. Number and kind of packages, description of goods</td><td>8. Origin criterion (see notes overleaf)</td><td>9. Gross weight or other quantity</td><td>10. Number and date of invoices</td></tr>
<tr><td colspan="3">11. Certification
It is hereby certified, on the basis of control out, that the declaration by the exporter is correct.

……………………………………………
Place and date, signature and stamp of certifying authority</td><td colspan="3">12. Declaration by the exporter
The undersigned hereby declares that the above details and statements are correct, that all the goods were produced in
……………………………………………
(country)
and that they comply with the origin requirements specified for those goods in the generalized system of preferences for goods exported to
……………………………………………
(importing country)
……………………………………………
Place and date, signature and stamp of certifying authority</td></tr>
</table>

图5-2 普惠制原产地证书样本

3）区域性经济集团互惠原产地证书（Reciprocal Certificate of Origin For Regional Economic Blocs）是订有区域性优惠贸易协定国家（地区）官方机构签发的享受成员方关税减免待遇的凭证，自由贸易区优惠原产地是区域性优惠原产地证书的主要形式。

4）专用原产地证书（Special Certificate of Origin）是国际组织或国家根据政治和贸易措施的需要，针对某一特殊行业的特定产品规定的原产地证书。

3. 原产地证书的作用

原产地证书是证明商品原产地的一种证明文件，是商品进入国际贸易领域的“经济国籍”，是进口国对货物确定税率待遇、进行贸易统计、实行数量限制和控制从特定国家进口的主要依据之一。原产地证书的作用包括以下几点：

1）确定税率待遇。

2）贸易统计。

3）实施进口数量控制、反倾销、反补贴。

4）控制从特定国家进口货物，确定是否准予。

5）贸易结汇。

想一想

你知道各种原产地证书的适用范围吗？

4. 信用证中和原产地证书有关的常用条款

条款1：Photocopy of Original Certificate of Chinese origin.

条款1解读：中国原产地证书正本复印件。

条款2：Certificate of Origin issued by C.C.P.I.T. certifying that all goods are entirely of national origin of exporting country.

条款2解读：由中国国际贸易促进委员会签发的原产地证书，证明所有货物的原产地均为出口国。

条款3：DOCUMENTS REQUIRED: GSP FORM A……

条款3解读：单证要求：普惠制原产地证书……

条款4：Certificate of Origin issued and signed by beneficiary in five copies.

条款4解读：由受益人签发的原产地证书一式五份。

条款5：Certificate of Origin GSP FORM A issued by official authorities.

条款5解读：官方签发的普惠制原产地证书。

小试牛刀 条款解读

你来试一试？

条款A：Certificate of Origin issued and signed by customs in 1 original and 1 copy.

条款B：Certificate of Origin certifying goods of origin in China, issued and signed by customs.

【小试牛刀】解析

5. 常用原产地证书单据词汇及其含义见表5-1

表5-1 常用原产地证书单据词汇及其含义

序 号	英文表述	中文含义
1	Certificate of Origin	原产地证书
2	GSP FORM A	普惠制原产地证书
3	official authorities	官方
4	photocopy of original……	正本复印件
5	exporting country	出口国
6	C.C.P.I.T.	中国国际贸易促进委员会
7	importing country	进口国
8	declaration by the exporter	出口商声明
9	issued by	由……签发
10	Signed Certificate of Origin	已签署的原产地证书

任务实施

业务员顾青开始着手到当地相关机构申请原产地证书，可是原产地证书有一般原产地证书、普惠制原产地证书、区域性经济集团互惠原产地证书、专用原产地证书等种类，如何确定本业务所需要的原产地证书类型？

第一步：选择原产地证书的类型

方法：查看合同和信用证，找到信用证中有关原产地证书的相关条款，依据业务的实际要求选择合适的原产地证书种类。

信用证要求：

DOCUMENTS REQUIRED *46A:
+ CERTIFICATE OF ORIGIN OR GSP FORM A IN 1 ORIGINAL AND 2 COPIES ISSUED OR LEGALIZED BY THE CHAMBER OF COMMERCE ATTESTING THAT GOODS ARE OF CHINESE ORIGIN.

CERTIFICATE OF ORIGIN OR GSP FORM A

选择结果：一般原产地证书或普惠制原产地证书

第二步：获取原产地证书缮制要求

信用证要求：

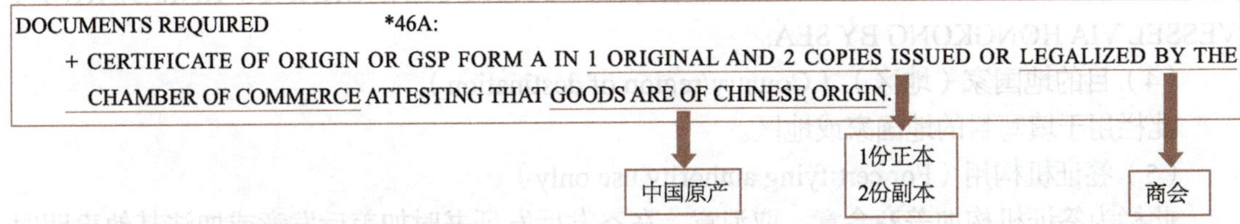
DOCUMENTS REQUIRED *46A:
+ CERTIFICATE OF ORIGIN OR GSP FORM A IN 1 ORIGINAL AND 2 COPIES ISSUED OR LEGALIZED BY THE CHAMBER OF COMMERCE ATTESTING THAT GOODS ARE OF CHINESE ORIGIN.

获取原产地证书的缮制要求：

1）签署要求：一般原产地证书或普惠制原产地证书由商会签署。

2）发票份数：一正两副。

3）出证机构：商会。

4）原产地：中国。

任务评价

任务评价表

评价项目	评价标准	满　分	得　分
原产地证书的含义、种类及作用	能清晰理解原产地证书的含义，掌握原产地证书的种类和作用	20分	
原产地证相关的信用证条款	能清晰理解和解读信用证中的条款内容	25分	
原产地证书类型和原产地证书缮制要求	能依据业务内容获取完整的原产地证书缮制要求	30分	
职业操作规范	能养成细致务实的职业素养，能规范操作、安全操作	25分	
合　计		100分	

任务二 缮制一般原产地证书

必备知识

1. 一般原产地证书的含义

在我国，一般原产地证书是指“中华人民共和国出口货物原产地证书”，签证依据为《中华人民共和国进出口货物原产地条例》及《中华人民共和国非优惠原产地证书签证管理办法》。

2. 一般原产地证书缮制规范

（1）出口方（Exporter）

此栏用于填写出口方的名称、地址及国家（地区）。

（2）收货方（Consignee）

此栏用于填写最终收货方的名称、详细地址及国家（地区）。一般应填写最终收货人名称，即提单通知人或信用证上特别声明的收货人，如最终收货人不明确或为中间商时可填“TO ORDER”字样。收货方通常是外贸合同中的买方或信用证上规定的提单通知人。如信用证规定所有单证收货人一栏留空，在这种情况下，此栏应加注“TO WHOM IT MAY CONCERN”或“TO ORDER”，但此栏不得留空。若需填写转口商，则在收货人后加VIA，加转口商名称、地址和国别。

（3）运输方式和路线（Means of transport and route）

此栏用于填写装运港和目的港、运输方式。若经转运，还应注明转运地。例如：通过海运，由上海港经香港港转运至汉堡港，应填为：FROM SHANGHAI TO HAMBURG BY VESSEL VIA HONGKONG BY SEA.

（4）目的地国家（地区）（Country/region of destination）

此栏用于填写目的地国家或地区。

（5）签证机构用（For certifying authority use only）

此栏为签证机构加盖商会章、取消章，在签发后发证书时加盖后发章或加注其他声明时使用的。申领单位应将此栏留空。

（6）唛头（Marks and numbers）

此栏用于填写唛头。没有唛头时，填“N/M”，此栏不得留空。

（7）包装件数、种类与货物描述（Number and kind of packages, description of goods）

此栏用于填写商品名称、包装数量及种类等。如同批货物有不同品种，则要有总包装箱数。在商品名称后须加上大写的英文数字并用括号加上阿拉伯数字及包装种类或度量单位。本栏的末行要加上表示结束的符号（**************），以防加添内容。

（8）商品编码（H.S. Code）

此栏用于填写与报关单一致的四位数及以上的H.S.编码。同一份证书包含多种商品的，应将相应H.S.编码全部填写到本栏。本栏不得留空。

（9）数量（Quantity）

此栏用于填写出口货物的量值及相应的计量单位。以重量计量的货物，必须注明毛重或净重；如果只有毛重时，则需要填“G.W.”。

（10）发票号码及日期（Number and date of invoices）

此栏用于填写发票号码及日期。为避免对月份、日期的误解，月份一律用英文表述，如2023年4月15日，则为：APRIL 15，2023。

（11）出口方声明（Declaration by the exporter）

此栏由申领单位已在签证机构注册的人员签字并加盖企业中英文印章，同时填写申领地点和日期，该栏日期不得早于发票日期。

（12）签证机构签字、盖章（Certification）

此栏用于签证机关签字、盖章，并填写签证日期和地点。该栏日期不能早于发票日期和申请日期。

任务实施

黄欣已经对一般原产地证书有了一定的了解，通过信用证的解读获取了本次业务对原产地证书的缮制要求：缮制一般原产地证书或者普惠制原产地证书。接下来，黄欣根据信用证要求确定使用一般原产地证书，根据一般原产地证书缮制的要点及规范完成一般原产地证书的缮制。

第一步：了解一般原产地证书格式

我国的一般原产地证书（见图5-3）由中国海关或中国国际贸易促进委员会（中国国际商会）签发，格式如图5-3所示。

<table>
<tr><td colspan="2">1. Exporter</td><td colspan="3" rowspan="2">Certificate No.
CERTIFICATE OF ORIGIN
OF
THE PEOPLE'S REPUBLIC OF CHINA</td></tr>
<tr><td colspan="2">2. Consignee</td></tr>
<tr><td colspan="2">3. Means of transport and route</td><td colspan="3" rowspan="2">5. For certifying authority use only</td></tr>
<tr><td colspan="2">4. Country/region of destination</td></tr>
<tr><td>6. Marks and numbers</td><td>7. Number and kind of packages, description of goods</td><td>8. H.S. Code</td><td>9. Quantity</td><td>10. Number and date of invoices</td></tr>
<tr><td colspan="2">11. Declaration by the exporter
The undersigned hereby declares that the above details and statements are correct, that all the goods were produced in China and that they comply with the Rules of Origin of the People's Republic of China.
....
Place and date, signature and stamp of authorized signatory</td><td colspan="3">12. Certification
It is hereby certified that the declaration by the exporter is correct.
....
Place and date, signature and stamp of certifying authority</td></tr>
</table>

图5-3　一般原产地证书样本

第二步：解读一般原产地证书缮制要点及规范

一般原产地证书缮制要点如图5-4所示。

<table>
<tr><td colspan="2">1.Exporter
出口方</td><td colspan="3" rowspan="2">Certificate No.
CERTIFICATE OF ORIGIN
OF
THE PEOPLE'S REPUBLIC OF CHINA</td></tr>
<tr><td colspan="2">2.Consignee
收货方</td></tr>
<tr><td colspan="2">3. Means of transport and route
运输方式和路线</td><td colspan="3" rowspan="2">5. For certifying authority use only
签证机构用</td></tr>
<tr><td colspan="2">4.Country/region of destination
目的地国家（地区）</td></tr>
<tr><td>6. Marks and numbers
唛头</td><td>7. Number and kind of packages, description of goods
包装件数、种类与货物描述</td><td>8. H.S. Code
商品编码</td><td>9. Quantity
数量</td><td>10. Number and date of invoices
发票号码及日期</td></tr>
<tr><td colspan="2">11. Declaration by the exporter
The undersigned hereby declares that the above details and statements are correct, that all the goods were produced in China and that they comply with the Rules of Origin of the People's Republic of China.
出口方声明
……………………………………
Place and date, signature and stamp of authorized signatory</td><td colspan="3">12. Certification
It is hereby certified that the declaration by the exporter is correct.
签证机构签字、盖章
……………………………………
Place and date, signature and stamp of certifying authority</td></tr>
</table>

图5-4 一般原产地证书缮制要点

一般原产地证书的缮制规范见本任务“必备知识”部分。

第三步：依据任务要求缮制一般原产地证书

1）从信用证中获取交易的基本信息并填入选择的一般原产地证书中。

2）结合一般原产地证书的缮制要点及规范，缮制一般原产地证书（见图5-5）。

<table>
<tr><td colspan="2">1. Exporter
WUXI TERUISI INTERNATIONAL TRADE CO., LTD
NO. 27 XUEQIAN ROAD, WUXI, CHINA</td><td colspan="3" rowspan="2">Certificate No. 08321211
CERTIFICATE OF ORIGIN
OF
THE PEOPLE'S REPUBLIC OF CHINA</td></tr>
<tr><td colspan="2">2. Consignee
FASHION FORCE CO., LTD
P.O.BOX 8935 NEW TERMINAL, ALTA,
VISTA OTTAWA, CANADA</td></tr>
<tr><td colspan="2">3. Means of transport and route
FROM SHANGHAI, CHINA TO OTTAWA, CANADA BY SEA</td><td colspan="3" rowspan="2">5. For certifying authority use only</td></tr>
<tr><td colspan="2">4. Country/region of destination
CANADA</td></tr>
<tr><td>6. Marks and numbers
N/M</td><td>7. Number and kind of packages, description of goods
MAN'S COTTON SHIRT
TOTAL: ONE HUNDRED AND THIRTY（130）CARTONS ONLY
****
L/C NO. G/FO-7752807</td><td>8. H.S. Code
6304.9121</td><td>9. Quantity
13,000PCS</td><td>10. Number and date of invoices
TX202315
MAY 15, 2023</td></tr>
<tr><td colspan="2">11. Declaration by the exporter
The undersigned hereby declares that the above details and statements are correct, that all the goods were produced in China and that they comply with the Rules of Origin of the People's Republic of China.
（此处盖企业中英文对照章）
黄欣
SHANGHAI, CHINA MAY 24, 2023
……………………………………
Place and date, signature and stamp of authorized signatory</td><td colspan="3">12. Certification
It is hereby certified that the declaration by the exporter is correct.
（此处盖海关/贸促会章）
孙静
SHANGHAI, CHINA MAY 25, 2023
……………………………………
Place and date, signature and stamp of certifying authority</td></tr>
</table>

图5-5 缮制的一般原产地证书

任务评价

任务评价表

评价项目	评价标准	满　分	得　分
一般原产地证书缮制规范	能清楚一般原产地证书的要点及相应的缮制规范	30分	
缮制一般原产地证书	能依据业务内容获取完整的一般原产地证书缮制要求	40分	
职业操作规范	能养成艰苦奋斗意识，形成依据业务实际流程严谨缮制一般原产地证书的职业素养	30分	
	合　计	100分	

缮制普惠制原产地证书

必备知识

1. 普惠制原产地证书的含义

普惠制（GSP）是发达国家（给惠国）给予发展中国家或地区（受惠国）在经济、贸易方面的一种非互利的特别优惠待遇。普惠制原产地证书是根据普惠制给惠国的原产地规则和有关要求，由受惠国的授权机构签发的一种优惠原产地证书，是出口产品享受普惠制关税优惠的官方证明文件。我国的普惠制原产地证书统一由海关签发。

2. 普惠制原产地证书缮制规范

（1）出口方（Goods consigned from）

此栏用于填写出口方的名称、地址及国家（地区）。

（2）收货方（Goods consigned to）

此栏用于填写最终收货方的名称、详细地址及国家（地区）。一般应填写最终收货人名称，即提单通知人或信用证上特别声明的收货人。当最终收货人不明确或为中间商时，可填“TO ORDER”字样。收货方通常是外贸合同中的买方或信用证上规定的提单通知人。如信用证规定所有单证收货人一栏留空，在这种情况下，此栏应加注“TO WHOM IT MAY CONCERN”或“TO ORDER”，不得留空。

（3）运输方式和路线（Means of transport and route）

此栏用于填写装运港和目的港、运输方式。若经转运，还应注明转运地。例如，通过海运由上海港经香港转运至汉堡港，应填：FROM SHANGHAI TO HAMBURG BY VESSEL VIA HONGKONG BY SEA。

（4）供签证局使用（For official use）

此栏由签证局填写，申请单位应将此栏留空。

（5）商品顺序号（Item number）

此栏用于填写项目编号。在收货人、运输条件相同的情况下，如同批出口货物有不同品种，则可按不同品种分列“1”“2”“3”等。

（6）唛头（Marks and numbers）

此栏用于填写与实际货物和发票上相同的唛头。

（7）包装件数、种类与货物描述（Number and kind of packages, description of goods）

此栏用于填写包装件数、种类与商品说明。商品名称等项列完后，应在末行加上截止线*** *** *** *** ***，以防加添内容。

（8）原产地标准（Origin criterion）

此栏用于填写原产地标准。如果本商品完全是出口国自产的，不含任何进口成分，出口到所有给惠国，填写“P”。

如果出口商品有进口成分，出口到欧盟、挪威、瑞士和日本，填“W”，其后加上出口产品的H.S.编码。发往加拿大的商品，只填“F”即可；发往澳大利亚、新西兰的商品，此栏可以留空。

（9）毛重或其他数量（Gross weight or other quantity）

此栏用于填写毛重或其他数量。以重量计算的则填毛重，只有净重的，填净重亦可，但要标上N.W.（NET WEIGHT）。

（10）发票号码及日期（Number and date of invoices）

此栏用于填写发票号码及日期。

（11）签证当局证明（Certification）

此栏用于填写商检局签证地点、日期。商检局签证人经审核后在此栏（正本）签名，盖签证印章。本栏日期不得早于发票日期和申报日期，而且应早于货物出运日期。

（12）出口商声明（Declaration by the exporter）

在生产国横线上填写“中国”（CHINA），在进口国横线上填最终进口国。另外，申请单位应授权专人在此栏手签，标上申报地点、日期，并加盖申请单位的中英文印章。本证书一律不准涂改，不得加盖校对章。

3. 欧盟等32国对中国取消普惠制待遇

1）2014年瑞士取消对中国的普惠制待遇。

2）2019年日本取消对中国的普惠制待遇。

3）2021年10月，俄罗斯、白俄罗斯、哈萨克斯坦等欧亚经济联盟成员取消对中国的普惠制待遇。

4）2021年12月，欧盟27国、英国、加拿大、土耳其、乌克兰、列支敦士登共32国不再给予中国普惠制待遇，给予中国普惠制待遇的国家还剩3个：澳大利亚、新西兰和挪威。

议一议

你知道欧盟等32国为什么取消对中国的普惠制待遇吗？

任务实施

黄欣已经对普惠制原产地证书有了一定的了解，通过信用证的解读获取了本次业务对普惠制原产地证书的缮制要求：缮制一般原产地证书或者普惠制原产地证书。接下来，黄欣根据信用证要求确定使用普惠制原产地证书，获取普惠制原产地证书缮制的要点及规范，完成普惠制原产地证书的缮制。

第一步：了解普惠制原产地证书格式

我国的普惠制原产地证书由中国海关签发，格式如图5-6所示。

<table>
<tr><td colspan="3">1. Goods consigned from (Exporter's name, address, country)</td><td colspan="3" rowspan="2">Reference No.
GENERALIZED SYSTEM OF PREFERENCES
CERTIFICATE OF ORIGIN
(combined declaration and certificate)
FORM A
Issued in THE PEOPLE'S REPUBLIC OF CHINA
(country)
See notes overleaf</td></tr>
<tr><td colspan="3">2. Goods consigned to (Consignee's name, address, country)</td></tr>
<tr><td colspan="3">3. Means of transport and route (as far as known)</td><td colspan="3">4. For official use</td></tr>
<tr><td>5. Item number</td><td>6. Marks and numbers</td><td>7. Number and kind of packages, description of goods</td><td>8. Origin criterion (see notes overleaf)</td><td>9. Gross weight or other quantity</td><td>10. Number and date of invoices</td></tr>
<tr><td colspan="3">11. Certification
It is hereby certified, on the basis of control out, that the declaration by the exporter is correct.
……………………………………
Place and date, signature and stamp of certifying authority</td><td colspan="3">12. Declaration by the exporter
The undersigned hereby declares that the above details and statements are correct, that all the goods were produced in
……………………………………
(country)
and that they comply with the origin requirements specified for those goods in the generalized system of preferences for goods exported to
……………………………………
(importing country)
……………………………………
Place and date, signature and stamp of certifying authority</td></tr>
</table>

图5-6　普惠制原产地证书样本

第二步：解读普惠制原产地证书缮制要点及规范

普惠制原产地证书缮制要点如图5-7所示。

<table>
<tr><td colspan="3">1. Goods consigned from (Exporter's name, address, country)
出口方</td><td colspan="3" rowspan="2">Reference No.
GENERALIZED SYSTEM OF PREFERENCES
CERTIFICATE OF ORIGIN
(combined declaration and certificate)
FORM A
Issued in THE PEOPLE'S REPUBLIC OF CHINA
(country)
See notes overleaf</td></tr>
<tr><td colspan="3">2. Goods consigned to (Consignee's name, address, country)
收货方</td></tr>
<tr><td colspan="3">3. Means of transport and route (as far as known)
运输方式和路线</td><td colspan="3">4. For official use
供签证局使用</td></tr>
<tr><td>5. Item number
商品顺序号</td><td>6. Marks and numbers
唛头</td><td>7. Number and kind of packages, description of goods
包装件数、种类与货物描述</td><td>8. Origin criterion (see notes overleaf)
原产地标准</td><td>9. Gross weight or other quantity
毛重或其他数量</td><td>10. Number and date of invoices
发票号码及日期</td></tr>
<tr><td colspan="3">11. Certification
It is hereby certified, on the basis of control out, that the declaration by the exporter is correct.
签证当局证明
……………………………………
Place and date, signature and stamp of certifying authority</td><td colspan="3">12. Declaration by the exporter
The undersigned hereby declares that the above details and statements are correct, that all the goods were produced in
出口商声明
……………………………………
(country)
and that they comply with the origin requirements specified for those goods in the generalized system of preferences for goods exported to
……………………………………
(importing country)
……………………………………
Place and date, signature and stamp of certifying authority</td></tr>
</table>

图5-7　普惠制原产地证书缮制要点

普惠制原产地证书的缮制规范见本任务“必备知识”部分。

第三步：依据任务要求缮制普惠制原产地证书

1）从信用证中获取交易的基本信息并填入选择的普惠制原产地证书中。

2）结合普惠制原产地证书的缮制要点及规范，缮制普惠制原产地证书（见图5-8）。

<table>
<tr><td colspan="3">1. Goods consigned from (Exporter's name, address, country)
WUXI TERUISI INTERNATIONAL TRADE CO., LTD
NO. 27 XUEQIAN ROAD, WUXI, CHINA</td><td colspan="4" rowspan="2">Reference No.:245805114
GENERALIZED SYSTEM OF PREFERENCES
CERTIFICATE OF ORIGIN
(combined declaration and certificate)
FORM A
Issued in THE PEOPLE'S REPUBLIC OF CHINA
(country)
See notes. overleaf</td></tr>
<tr><td colspan="3">2. Goods consigned to (Consignee's name, address, country)
FASHION FORCE CO., LTD
P.O.BOX 8935 NEW TERMINAL, ALTA,
VISTA OTTAWA, CANADA</td></tr>
<tr><td colspan="3">3. Means of transport and route (as far as known)
FROM SHANGHAI, CHINA TO OTTAWA, CANADA BY SEA</td><td colspan="4">4. For official use</td></tr>
<tr><td>5. Item number</td><td>6. Marks and numbers</td><td colspan="2">7. Number and kind of packages, description of goods</td><td>8. Origin criterion (see notes overleaf)</td><td>9. Gross weight or other quantity</td><td>10. Number and date of invoices</td></tr>
<tr><td>1</td><td>N/M</td><td colspan="2">MAN'S COTTON SHIRT
TOTAL: ONE HUNDRED AND THIRTY (130) CARTONS ONLY
*************************</td><td>“P”</td><td>G. W.
2,860KGS</td><td>TX202315
MAY 15, 2023</td></tr>
<tr><td colspan="3">11. Certification
It is hereby certified, on the basis of control out, that the declaration by the exporter is correct

中华人民共和国
上海
FORM A
海关
（印章）

SHANGHAI, CHINA, MAY 24, 2023 孙静
....
Place and date, signature and stamp of certifying authority</td><td colspan="4">12. Declaration by the Exporter
The undersigned hereby declares that the above details and statements are correct, that all the goods were produced in
CHINA
....
(country)
and that they comply with the origin requirements specified for those goods in the generalized system of preferences for goods exported to
CANADA
....
(importing country)
无锡特锐思国际贸易有限公司
（印章）
SHANGHAI, CHINA, MAY 25, 2023 黄欣
....
Place and date, signature and stamp of certifying authority</td></tr>
</table>

图5-8 缮制的普惠制原产地证书

任务评价

任务评价表

评价项目	评价标准	满分	得分
普惠制原产地证书填制规范	能清楚普惠制原产地证书的要点及相应的缮制规范	20分	
欧盟等32国对中国取消普惠制待遇	能够了解普惠制政策，从而正确缮制普惠制原产地证书	20分	
缮制普惠制原产地证书	能依据业务内容获取完整的普惠制原产地证书缮制要求	40分	
职业操作规范	能养成勇担责任意识，形成依据业务实际流程规范缮制原产地证书的职业素养	20分	
合计		100分	

项目小结

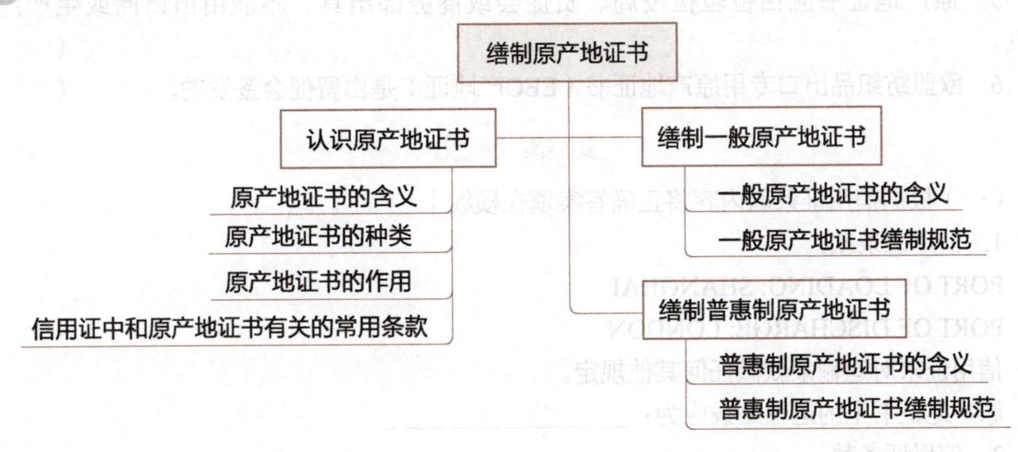

项目实训

理论部分

一、选择题

1. GSP Form A是（　　）。

A. 品质证书　　B. 普惠制原产地证书

C. 重量证书　　D. 动植物检疫证书

2. 出口业务中，国外客户往往要出口方提供“GSP产地证”。在我国，这种证书的签发机构是（　　）。

A. 商会　　B. 行业公会　　C. 贸促会　　D. 海关

3. 下列属于区域性经济集团互惠原产地证书的有（　　）。

A. FORM E　　B. FORM B　　C. FORM P　　D. FORM F

E. FORM N

4. 根据海关规定，出口企业最迟于货物出运（　　）天前，向海关申请办理一般原产地证书。

A. 10　　B. 7　　C. 5　　D. 3

5. 对美国出口的原产地证书又称“美国产地证”，是指向美国出口（　　）时，出口商给进口商提供的一种原产地证书，作为进口清关的单据之一。

A. 日用品　　B. 化工品　　C. 电子产品　　D. 纺织品

6. 普通产地证的缩写为（　　）。

A. B/L　　B. P/I　　C. C/O　　D. S/C

二、判断题

1. 普惠制原产地证书的签证日期不得早于发票日期和申报日期，而应早于货物的出运日期。（　　）

2. 出口货物发货人只能向中国国际贸易促进委员会及其地方分会申领一般原产地证书。（　　）

3. 原产地证书必须显示发货人或出口商的名称。（　　）

4. 普惠制原产地证书中“发货人”一栏可以填写受惠国的出口商或中间商。（ ）

5. 原产地证书应由检验检疫局、贸促会或商务部出具，不能由出口商或生产厂家出具。（ ）

6. 欧盟纺织品出口专用原产地证书（EEC产地证）是由贸促会签发的。（ ）

实 操 部 分

（一）根据信用证条款内容将正确答案填在横线上

1. 信用证条款：

PORT OF LOADING: SHANGHAI

PORT OF DISCHARGE: LONDON

信用证未对运输条款做任何其他规定。

原产地证书上的运输路线应为：________________

2. 信用证条款：

DESCRIPTION OF GOODS: TOYS

PACKING: 350CTNS

信用证未对货物描述条款的表述做任何其他规定。

原产地证书上的货物描述应为：________________

3. 信用证条款：

SHIPMENT FROM: NANJING, CHINA

FOR TRANSPORTATION TO: NEW YORK, USA

信用证未对运输条款做任何其他规定。

原产地证书上的运输路线应为：________________

4. 信用证条款：

APPLICANT: SHANGHAI OVERSEAS COMPANY LTD

8/F,NO.8 ZHONGSHAN XI ROAD, SHANGHAI, CHINA

BENEFICIARY: TOMSON TRADING COMPANY LTD

18 HAYWARD WAY, EI MONTE, LONDON, ENGLAND

原产地证书上的目的国应为：________________

（二）请以单证员身份，根据所提供资料，缮制原产地证书。

信用证

EXPORTER: WUXI TERUISI INTERNATIONAL TRADE CO., LTD

NO. 27 XUEQIAN ROAD, WUXI, CHINA

CONSIGNEE: JOHNSON’S S.A.

NO.1034 SOUTHEAST STREET, SANTIAGO, CHILE

COVERING: 5,000PCS COTTON TEA TOWELS MADE IN CHINA

SHIPMENT: FROM SHANGHAI, CHINA TO SANTIAGO, CHILE BY SEA VIA HONGKONG ON JUNE 10, 2023

PACKING: IN SEAWORTHY CARTONSOF 50PCS EACH

GROSS WEIGHT: 21KGS PER CARTON TOTAL 2,100KGS

INVOICE NO.: WL99051 DATE: JUNE 5,2010

CERTIFICATE NO.: 1066

SHIPPING MARKS: JOHNSON/SANTIAGO/NO.1-100

DOCUMENTS REQUIRED:

…………

PHOTOCOPY OF ORIGINAL CERTIFICATE OF CHINESE ORIGIN.

<table>
<tr><td colspan="2">1. Exporter</td><td colspan="4" rowspan="2">Certificate No.
CERTIFICATE OF ORIGIN
OF
THE PEOPLE'S REPUBLIC OF CHINA</td></tr>
<tr><td colspan="2">2. Consignee</td></tr>
<tr><td colspan="2">3. Means of transport and route</td><td colspan="4" rowspan="2">5. For certifying authority use only</td></tr>
<tr><td colspan="2">4. Country/region of destination</td></tr>
<tr><td>6. Marks and numbers</td><td>7. Number and kind of packages, description of goods</td><td>8. H.S. Code</td><td>9. Quantity</td><td colspan="2">10. Number and date of invoices</td></tr>
<tr><td colspan="2">11. Declaration by the Exporter
The undersigned hereby declares that the above details and statements are correct, that all the goods were produced in China and that they comply with the Rules of Origin of the People's Republic of China.
……………………………………………………………
Place and date, signature and stamp of authorized signatory</td><td colspan="4">12. Certification
It is hereby certified that the declaration by the exporter is correct.
……………………………………………………………
Place and date, signature and stamp of certifying authority</td></tr>
</table>

项目六

缮制检验检疫证书

知识目标

- 了解出入境检验检疫的概念
- 掌握出入境检验检疫的内容和范围
- 掌握检验检疫证书（品质证书）的缮制规范

能力目标

- 熟悉信用证中有关检验检疫证书的条款内容
- 会办理出境检验检疫手续
- 能依据业务要求缮制检验检疫证书（品质证书）

素养目标

- 在缮制检验检疫证书过程中自觉维护国家和企业利益，具有较强的责任感和全局意识
- 在操作过程中逐步培养规则意识和流程意识，养成小心谨慎的作业习惯
- 在处理检验检疫证书过程中锻炼和对接部门的沟通协调能力

项目情境

无锡特锐思国际贸易有限公司的单证员黄欣接到市场部美洲市场负责人张灵的通知，23JA7031KL号销售合同中的货物基本准备就绪，可以为货物出运做准备了。黄欣接到通知后，着手各项申报工作，前期做好了商业发票、装箱单等单据，于是黄欣接下来要获取出口检验检疫所需单据。

项目分析

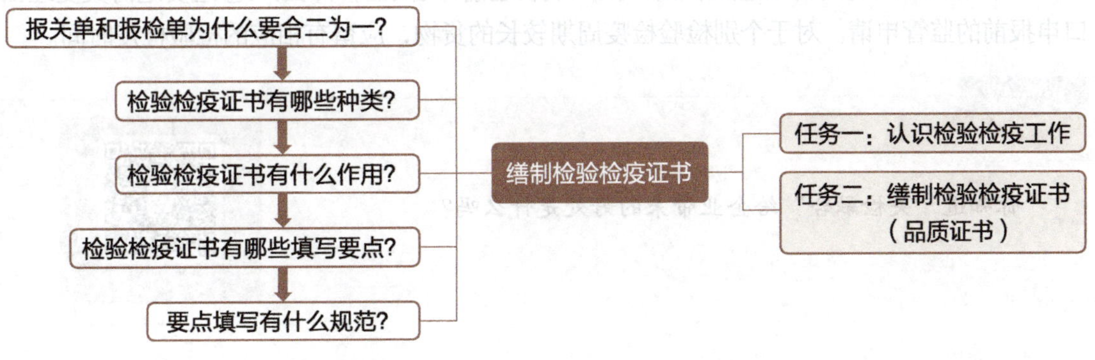

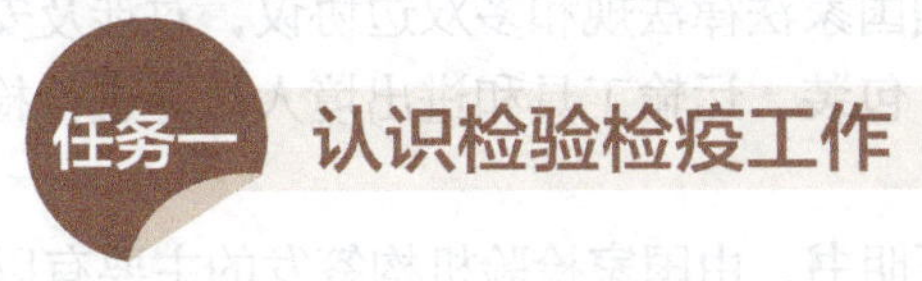

任务一　认识检验检疫工作

必备知识

1. 出入境检验检疫概述

出入境检验检疫是指检验检疫机构对出入境货物的质量、数量、重量、包装、安全、卫生以及装运条件等进行检验，并对涉及人、动物、植物的传染病、病虫害、疫情等进行检疫的工作。

自2018年4月20日起，原出入境检验检疫系统统一以海关名义对外开展工作，海关总署层面设卫生检疫司、动植物检疫司、进出口食品安全局、商品检验司，分管原“出入境检验检疫系统”相关职能，口岸一线旅检、查验和窗口岗位实现统一上岗、统一着海关制服、统一佩戴关衔。

“关检合并”后，检验检疫工作和海关工作合并，形成了统一的作业队伍及流程，关检双方的布控查验系统同步进行。

自2018年8月1日起，海关对进出口货物实行整合申报，报关单、报检单合并为一张报关单。此次整合申报项目是关检业务融合标志性的改革举措，改变企业原有报关流程和作业模式，实现报关报检“一张大表”货物申报。

2. 出入境检验检疫的范围

1）法律、行政法规规定必须由海关实施检验检疫的商品。

2）有关国际条约规定须经海关检验检疫的出入境货物，国际社会缔结的有关国际贸易的国际条约、公约或协定明确规定由其他检验机构检验的除外。

3）对法定检验目录范围外的商品，按照《进出口商品抽查检验管理办法》要求，制定并公布抽查检验计划，实施抽查检验和监督管理的商品。

4）对外贸易合同约定须凭海关签发的检验检疫证书进行交接、结算的商品。

如对外贸易合同有相关约定，则我国发货人须向海关报检，在商品检验检疫合格的前提下申请签发合同所要求的检验检疫证书，提供给国外收货人以履行合同义务。

3. 常见出境货物检验检疫证书与报检时间

一般来说，出境货物最迟应在出口报关或装运前7天报检，并由产地/组货地海关受理出口申报前的监管申请。对于个别检验检疫周期较长的货物，应留有相应的检验检疫时间。

议一议

你知道“关检融合”给企业带来的好处是什么吗？

4. 常见检验检疫证书的类别

检验检疫证书是海关依据国家法律法规和多双边协议，对涉及安全、卫生、健康、环境保护和反欺诈的出入境货物、包装、运输工具和进出境人员等进行检验、检疫、鉴定及监督管理后签发的证明文书。

我国进出口商品的检验证明书，由国家检验机构签发的主要有以下几种：

1）品质证书（Certificate of Quality）。此证书证明付运的商品品质符合出口销售合约的规定。品质证书样本如图6-1所示。

2）数量/重量检验证书（Inspection Certificate of Quantity/Weight）。此证书证明付运的商品与提单/发票/保险证明书上注明的数量/重量一致，付运散装货物时通常要随附此证明书。

3）价值证明书（Certificate of Value）。此证书是作为进口国管理外汇和征收关税的凭证。在发票上签盖商检机构的价值证明章与价值证明书具有同等效力。

4）产地检验证书（Certificate of Origin）。此证书也称为产地证明书，是出口商品在进口国通关输入和享受减免关税优惠待遇和证明商品产地的凭证。

5）卫生检验证书（Health Certificate，Sanitary Inspection Certificate）。此证书证明含有动物、蛋类产品、添加剂、可容许除害剂残渣等成分的食品（如肠衣、罐头、冻鱼、冻虾、食品、蛋品、乳制品、蜂蜜等）在装运时状况良好，适宜食用。兽医（卫生）证书样本如图6-2所示。

6）消毒检验证书（Disinfection Inspection Certificate）。此证书证明出口动物产品经过消毒处理，适用于猪鬃、马尾、皮张、山羊毛、羽毛、人发等商品。

7）温度检验证书（Inspection Certificate of Temperature）。此证书是证明出口冷冻商品温度的证书。如国外仅需证明货物温度，不一定要单独的温度检验证书，可将测温结果列入品质证书。

8）熏蒸证书（Fumigation Certificate，Inspection Certificate of Fumigation）。此证书证明进口的新鲜园艺产品（如粮谷、油籽、豆类、皮张等）或装运用的实木包装材料（木材与植物性填充物）已经过检疫处理，没有受活虫蛀蚀。

由动植物检疫机构出具的检验证明书主要有以下几种：

1）植物检疫证书（Plant Health Certificate）。此证书证明付运的食品（如水果、蔬菜、园艺产品等）已经过查验，确证没有沾染害虫或植物疾病。

2）动物检疫证书（Veterinary Certificate）。此证书是证明出口动物产品或食品经过检疫合格的证件，适用于冻畜肉、冻禽、禽畜罐头、冻兔、皮张、毛类、绒类、猪鬃、肠衣等出口商品。

3）生丝品级及公量检验证书（Inspection Certificate for Raw Silk Classification and Conditioned Weight）。此证书是出口生丝的专用证书，其作用相当于品质证书和数量/重量检验证书。

我国进出口商品的检验证明书，由非官方检验机构签发的主要有以下几种：

1）出口商/生产厂家检验证明书（Inspection Certificate Issued by Exporter/Manufaturer）。此证书是由生产厂家自行缮制的证明文件，以此证明产品质量符合对方要求。

2）瑞士SGS检验证书（Inspection Certificate of Societe Generale de Surveillance S.A.）。SGS是瑞士通用公证行的英文简称，是专门从事国际商品检验、测试和认证的集团公司，是一个在国际贸易中有一定影响力的民间独立检验机构。SGS 是一个综合性的检验机构，可进行各种物理、化学和冶金分析，包括进行破坏性和非破坏性试验，向委托人提供一套完整的数量和质量检验以及有关的技术服务，提供装运前的检验服务，提供各种与国际贸易有关的诸如商品技术、运输、仓储等方面的服务，监督与购销、贸易、原材料、工业设备、消费品迁移有关联的全部或部分商业贸易及操作过程。

3）日本OMIC检验证书（Inspection Certificate Issued by OMIC）。OMIC是日本海外货物检验株式会社。它是一家具有比较完善的检验技术和设备的国际性股份有限检验公司。其主要检验业务是工业品检验，化肥、化学品、医药品检验，矿产品检验和农作物土特产品检验。此外，OMIC还接受日本政府指定的国外检验业务。

4）法国BV检验证书（Inspection Certificate Issued by BV）。必维国际检验集团（Bureau Veritas，BV）除了提供船舶检验入级外，还在各种工业领域提供广泛的质量检验、认证、咨询、监理和公证等服务，特别是在汽车、航空航天、清洁发展机制（CDM）、电子、食品等行业中拥有较大优势。

小知识

申领检验检疫证书的步骤是什么？

第一步：需要申领检验检疫证书的出口企业，应在属地海关完成注册手续。

第二步：企业根据出口产品及目的地不同，在“单一窗口”向属地海关进行检验检疫申报时，勾选适用的出口检验检疫证书。

第三步：海关依法对申报货物实施检验检疫合格评定，并签发相应的出口检验检疫证书。

海关完成注册手续后，根据出口产品及目的地的不同，在进行检验检疫申报时勾选适用的出口检验检疫证书，海关依法对申报货物实施检验检疫合格评定，并签发相应的出口检验检疫证书。

中华人民共和国出入境检验检疫
ENTRY-EXIT INSPECTION AND QUARANTINE
OF THE PEOPLE'S REPBULIC OF CHINA

品质证书 编号 No.:
QUALITY CERTIFIACATE

发货人
Consignor ______

收货人
Consignee ______

品名 Description of Goods ______ 报检数量/重量 Quantity/Weight Declared ______ 包装种类及数量 Number and Type of Packages ______ 运输工具 Means of Conveyance	标记及号码 Mark&No.

印章 签证地点Place of Issue ______ 签证日期Date of Issue ______
Official Stamp 授权签字人Authorized Officer ______ 签名Signature ______

图6-1 品质证书样本

中华人民共和国出入境检验检疫
ENTRY-EXIT INSPECTION AND QUARANTINE
OF THE PEOPLE'S REPUBLIC OF CHINA
兽医（卫生）证书 编号 No.:
VETERINARY (HEALTH) CERTIFICATE
发货人名称及地址
Name and Address of Consignor

收货人名称及地址
Name and Address of Consignee ______

品名
Description of Goods ______

报检重量 Weight Declared ______ 产地 Place of Origin ______ 包装种类及数量 Number and Type of Packages ______ 集装箱号 Container No. ______ 铅封号 Seal No.	标记及号码 Mark No.

加工厂名称、地址及编号（如果适用）
Name Address and approval No. of the approved Establishment (if applicable)

启运地 到达国家及地点
Place of Despatch ______ Country and Place of Destination ______

运输工具 发货日期
Means of Conveyance ______ Date of Despatch ______

图6-2 兽医（卫生）证书样本

5. 信用证中和检验检疫证书有关的常用条款

条款1：Certificate of inspection issued by applicant and signed by Mr. Hu Jia, stating that goods are inspected and approved.

条款1解读：检验证书由开证申请人出具并由Hu Jia先生签名，标明货物已检验放行。

条款2：Inspection (health) certificate from Beijing Customs People's Republic of China stating goods are fit for human being.

条款2解读：由北京海关签发的（健康）检验证书须标明货物对人类是健康的。

任务实施

黄欣接到通知后，开始着手准备需要的检验检疫证书。常见的出口检验检疫证书有品质证书、卫生检验证书、健康证书、兽医（卫生）证书、植物检疫证书、熏蒸/消毒证书等，黄欣应当如何获取相关内容呢？首先要解读销售合同和信用证中有关商品的条款内容，依据这些条款要求确定报检的类型，然后根据业务要求进行申领。

第一步：查看商品是否需要签发检验检疫证书

方法：查看合同和信用证，找到信用证和合同中与检验检疫有关的条款，依据业务的实际要求选择合适的证书类型。

信用证条款中有涉及检验检疫证书条款：

DOCUMENTS REQUIRED *46A:
+ QUALITY CERTIFICATE ISSUED BY THE BENEFICIARY OF THE L/C CERTIFYING GOODS ARE IN STRICT ACCORDANCE WITH DRAWINGS.

选择结果：品质证书

第二步：获取检验检疫证书缮制要求

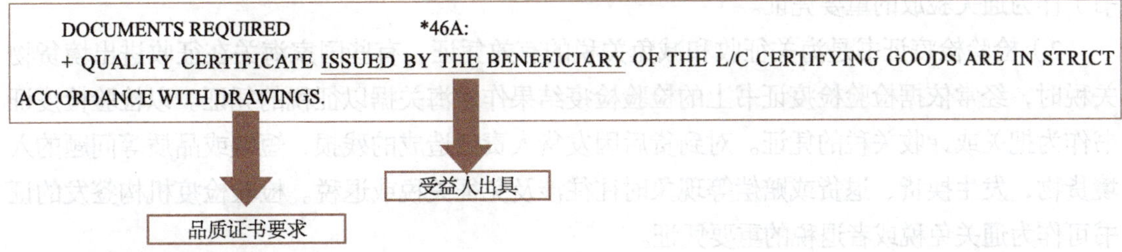

获取的检验检疫证书要求：

1）出具要求：品质证书由受益人出具。

2）品质证书要求：由信用证受益人出具的品质证书证明货物与图纸完全一致。

需要申领检验检疫证书的出口企业需要在属地海关完成注册手续后，根据出口产品及目的地的不同，在进行检验检疫申报时勾选适用的出口检验检疫证书，海关依法对申报货物实施检验检疫合格评定，并签发相应的出口检验检疫证书。

任务评价

任务评价表

评价项目	评价标准	满分	得分
出口报检的含义及作用	能清晰地理解出口报检的含义，掌握出口报检的作用	20分	
信用证条款	能清晰地理解和解读信用证中的条款内容	25分	
出口报检要求	能依据业务内容获取完整的出口报检要求	30分	
职业操作规范	能养成一丝不苟、精益求精的职业素养，能规范操作、安全操作	25分	
合计		100分	

任务二 缮制检验检疫证书（品质证书）

必备知识

1. 检验检疫证书的含义

检验检疫证书是海关依据国家法律法规和多双边协议对涉及安全、卫生、健康、环境保护和反欺诈的出入境货物、包装、运输工具和进出境人员等进行检验、检疫、鉴定及监督管理后签发的证明文书。

2. 检验检疫证书的作用

1）检验检疫证书是出入境货物通关的重要凭证。有些出境货物，尤其是涉及社会公益、安全、卫生、检疫、环保等方面的货物，入境国家的海关将依据该国家法令或政府规定的要求，凭检验检疫机构签发的证书（包括品质、植检、兽医、健康卫生、熏蒸消毒等证书）作为通关验放的重要凭证。

2）检验检疫证书是海关征收和减免关税的有效凭证。有些国家海关在征收进出境货物关税时，经常依据检验检疫证书上的检验检疫结果作为海关据以征税的凭证。以检验检疫证书作为把关或计收关税的凭证。对到货后因发货人责任造成的残损、短缺或品质等问题的入境货物，发生换货、退货或赔偿等现象时往往涉及免征关税或退税。检验检疫机构签发的证书可作为通关免税或者退税的重要凭证。

3）检验检疫证书是履行交接、结算及进口国准入的有效证件。

4）检验检疫证书是议付货款的有效证件。在国际贸易中，签约中的买方往往在合同和信用证中规定，以检验检疫证书作为交货付款的依据之一。

5）检验检疫证书是明确责任的有效证件。在发生商务纠纷或争议时，检验检疫机构签发的证书是证明事实状态，明确责任归属的重要凭证。

6）检验检疫证书是办理索赔、仲裁及诉讼的有效证件。对入境货物，经检验检疫机构检验检疫发现残损、短少或与合同、标准不符的，检验检疫机构不予签发检验证书。

买方在合同规定的索赔有效期限内，凭检验检疫机构签发的检验证书，向卖方提出索赔或换货、退货。属保险人、承运人责任的，也可以凭检验检疫机构签发的检验证书提出索赔。相关方也可以依据检验检疫机构签发的证书进行仲裁。检验检疫证书在诉讼时是举证的有效证明文件。

7）检验检疫证书是办理验资的有效证明文件。价值鉴定证书是证明投资各方投入财产价值量的有效依据。

3. 检验检疫证书（品质证书）的缮制规范

（1）编号（No.）

关检合一后，此栏由检验受理人（即海关）来填写。

（2）发货人（Consignor）

此栏用于填写出口合同中供货商的英文名称。如信用证无特殊规定，此栏填写卖方的单位名称。

（3）收货人（Consignee）

如信用证无特殊规定，此栏填写出口合同中购买商的英文名称。

（4）品名（Description of Goods）

此栏用于填写本批出境货物的名称。信用证方式下，品名描述必须与信用证描述一致。如为其他支付方式，应与合同描述相符。

（5）报检数量/重量（Quantity/Weight Declared）

此栏用于填写申报商品的计价数量，与商业发票相同。

（6）包装种类及数量（Number and Type of Packages）

此栏用于填写本批货物实际运输包装材料的种类及数量。货物数量应填写实际装运的数量以及包装种类和包装数量，必须与其他单据相一致。

（7）运输工具（Means of Conveyance）

此栏用于填写本批货物运载工具的名称，应与海运提单一致。

（8）标记及号码（Mark&No.）

唛头应按信用证或合同填制，并与提单、保险单等其他单据一致。如未做具体的规定，则此项填写“N/M”。

（9）签证地点（Place of Issue ）

此栏用于填写出口商海关所在地。

（10）签证日期（Date of Issue ）

此栏用于填写取得品质证书的日期。此栏日期一般应在提单日期之前。

（11）授权签字人（Authorized Officer）

此栏用于填写接受授权的当事人姓名。

（12）签名（Signature）

此栏用于填写海关签发工作人员的姓名。

任务实施

黄欣已经对检验检疫证书有了一定的了解，通过解读合同和信用证获取了本次业务对检验检疫证书的缮制要求。本次业务信用证中要求由受益人出具品质证书，证明货物与图纸完全一致。接下来黄欣需根据品质证书的缮制要点及规范完成品质证书的缮制。

1）从信用证中获取交易的基本信息并填入品质证书中。

2）结合品质证书的缮制要求，缮制品质证书（见图6-3）。

中华人民共和国出入境检验检疫

ENTRY-EXIT INSPECTION AND QUARANTINE

OF THE PEOPLE'S REPBULIC OF CHINA

品质证书　　编号 No.:

QUALITY CERTIFIACATE

发货人
Consignor　WUXI TERUISI INTERNATIONAL TRADE CO., LTD

收货人
Consignee　T FASHION FORCE CO., LTD

品名
Description of Goods　MAN'S COTTON SHIRT

标记及号码
Mark&No.: N/M

报检数量/重量
Quantity/Weight Declared　13,000PCS

包装种类及数量
Number and Type of Packages　130CTNS

运输工具
Means of Conveyance

印章
Official Stamp

签证地点Place of Issue

授权签字人Authorized Officer

签证日期Date of Issue

签名Signature

图6-3　缮制检验检疫证书（品质证书）

任务评价

任务评价表

评价项目	评价标准	满　分	得　分
检验检疫证书缮制规范	能清楚检验检疫证书的要点及相应的缮制规范	20分	
检验检疫证书的作用	能清晰地理解不同种类检验检疫证书的作用	20分	
缮制检验检疫证书	能依据业务内容获取完整的检验检疫证书缮制要求	40分	
职业操作规范	在缮制检验检疫证书的过程中，能自觉维护国家和企业利益，具有较强的责任感和全局意识，养成系统思维意识，形成依据业务实际流程规范缮制检验检疫证书的职业素养	20分	
合　计		100分	

项目小结

缮制检验检疫证书

- 认识检验检疫工作
  - 出入境检验检疫概述
  - 出入境检验检疫的范围
  - 常见出境货物检验检疫证书与报检时间
  - 常见检验检疫证书的类别
  - 信用证中和检验检疫证书有关的常用条款
- 缮制检验检疫证书（品质证书）
  - 检验检疫证书的含义
  - 检验检疫证书的作用
  - 检验检疫证书（品质证书）的缮制规范

项目实训

理论部分

一、单选题

1. 2018年5月以后，涉及法定检验检疫要求的出口商品申报时，企业应当在报关单随附单证栏中填写（　　）。

A. 入境货物通关单编号　　B. 检验检疫编号

C. 出境货物通关单编号　　D. 电子底账数据号

2. 免验证书的有效期为（　　）年。

A. 1　　B. 2　　C. 3　　D. 4

3. 食用性动物产品（动物源性食品）不包括（　　）。

A. 香肠　　B. 燕窝　　C. 鲜蛋　　D. 鲜奶

4. 以下各项进口商品需要入境检疫审批的是（　　）。

A. 烟叶　　B. 甘薯　　C. 麦麸　　D. 以上都需要

5. 申请出国或出境（　　）年以上的中国籍公民应当进行出入境人员健康检疫。

A. 1　　B. 2　　C. 3　　D. 4

二、多选题

1. 我国出入境检验检疫的作用包括（　　　）。

A. 是国家主权的体现

B. 是国家管理职能的体现

C. 是保证我国对外贸易顺利进行和持续发展的需要

D. 是保护农林牧渔业生产安全和人体健康的需要

E. 是国家安全的保障

2. 我国的出入境检验检疫通过（　　　），使检验检疫工作受到法律保护，使所签发的证件具有法律效力。

A. 国家以法律形式从根本上确定检验检疫的法律地位

B. 中国出入境检疫机构依法具有执法主体地位

C. 出入境检验检疫法规已形成相对完整的法律体系，奠定了依法施检的执法基础

D. 中国检验检疫法律法规具有完备的监管程序，保证法律的有效实施

E. 主管部门监管

3. 属于法律、行政法规规定必须要进行检验检疫的有（　　）。

A. 列入《海关实施检验检疫的进出境商品目录》的货物

B. 进出境集装箱

C. 装载动植物的装载容器

D. 来自疫区的植物产品

E. 礼品

三、判断题

1. 经主管海关初验的出入境商品，因各种原因需要进行第二次检验时称重验。（　　）

2. 出境铝制货物包装容器应当加施IPPC专用标识。（　　）

3. 出境野生捕捞水生动物的货主或者其代理人可在水生动物出境3天前向出境口岸海关提出出口申报前监管申请。（　　）

4. 依据隔离条件、技术水平和运作方式，隔离检疫圃分为国家隔离检疫圃、专业隔离检疫圃和地方隔离检疫圃三类。（　　）

5. 旅客携带自己的宠物犬或者宠物猫入境的，该宠物不需要进行检验检疫。（　　）

实操部分

案例分析：

我国某出口食品企业向美国出口9千克枸杞粉样品，在美国通关时，因检出未申报的亚硫酸盐而被美国食药厅通报。该样品在出口时以植物提取物名义进行申报，被视为工业品而未办理报检手续。这一行为属于逃避法定检验检疫，当地海关依法对其处以货值20%的罚款。

试分析该案发生的原因，并说明当地海关的处理依据。

项目七

缮制报关单

知识目标

· 熟悉出口报关的程序
· 识记出口报关单的含义和作用
· 理解出口报关单的缮制要点
· 掌握出口报关单的缮制规范
· 掌握出口报关所需提交的单据

能力目标

· 熟悉信用证中有关出口报关单的条款内容
· 能依据信用证正确缮制出口报关单
· 会配合海关完成出口报关作业
· 能依据业务要求缮制出口报关单

素养目标

· 在缮制出口报关单的过程中逐步养成小心谨慎的作业习惯
· 在操作过程中逐步培养规则意识和流程意识
· 在处理出口报关单的过程中锻炼和对接部门的沟通协调能力

项目情境

无锡特锐思美洲市场的单证员黄欣接到市场负责人张灵的通知，23JA7031KL号销售合同中的货物基本准备就绪，可以为货物出运做准备了。黄欣接到通知后，着手各项申报工作，前期做好了商业发票、装箱单、原产地证书等单据，接下来准备填写出口报关单。

项目分析

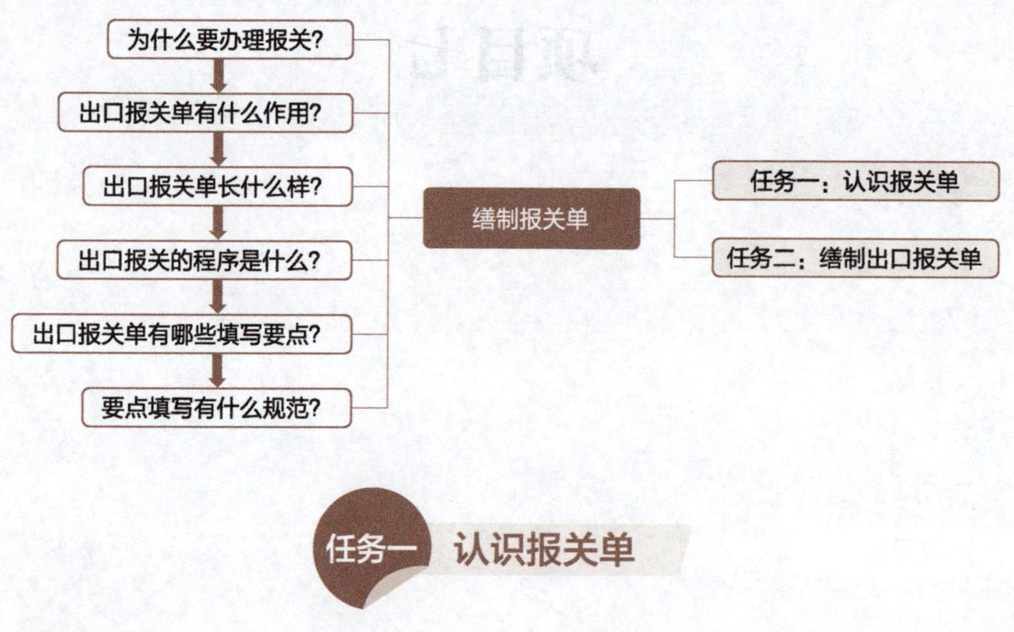

任务一 认识报关单

必备知识

1. 报关的含义

报关是进出口收发货人、进出境运输工具负责人、进出境货物的所有人或代理人向海关办理货物、运输工具、物品进出境手续及相关海关事务的过程。

在海关办理规定的海关手续，是我国运输工具、货物、物品进出境的基本规则，也是进出境运输工具负责人、进出境物品所有人或者他们的代理人向海关办理货物、物品或运输工具进出境手续及相关海关事务的过程。

进出口货物的收发货人、报关企业办理报关手续，必须依法在海关注册备案，成为报关单位。

2. 报关单位注册备案方式

（1）注册备案申请

企业通过中国国际贸易单一窗口（https://www.singlewindow.cn/#/）在“企业资质”窗口中填写相关信息，并向海关提交。同时，企业还需要办理报关人员的备案，在“单一窗口”完成相关业务办理，填写报关人员备案信息。

（2）提交申请材料

提交加盖企业印章的报关单位情况登记表、营业执照复印件、对外贸易经营者备案登记表复印件以及其他海关要求的文件。

（3）海关审核发放证书

海关在收取企业的申请材料后进行审核，对于未通过的企业，应一次性告知企业需要补正的全部内容。审核通过的企业，予以注册备案，向企业核发“中华人民共和国海关报关单位注册登记证书”，自动体现企业报关、报检两项资质。

3. 报关单的含义

报关单是一种法律文书，是由进出口单位或者进出口代理公司填写的，主要是为了向海关申报进出口货物的实际情况。海关在监管货物进出口、征收相关费用、办理对应外贸业务的过程中，报关单是一个很重要的凭证。

出口报关单样本如图7-1所示。

中华人民共和国海关出口货物报关单

预录入编号：　　　　　　　　　　　　海关编号：

境内发货人	出境关别		出口日期		申报日期		备案号	
境外收货人	运输方式		运输工具名称及航次号		提运单号			
生产销售单位	监管方式		征免性质		许可证号			
合同协议号	贸易国（地区）		运抵国（地区）		指运港		离境口岸	
包装种类	件数	毛重（千克）	净重（千克）	成交方式	运费	保费	杂费	
随附单证及编号 随附单证 1：			随附单证 2：					
标记唛码及备注								
项号	商品编号	商品名称及规格型号	数量及单位	单价/总价/币制	原产国（地区）	最终目的国（地区）	境内货源地	征免
特殊关系确认：	价格影响确认：		支付特许权使用费确认：		自报自缴：			
申报人员	申报人员证号		电话 兹声明以上内容承担如实申报、依法纳税之法律责任 申报单位（签章）				海关批注及签章	

图7-1　出口报关单样本

4. 出口报关的程序

（1）出口申报

申报是报关员进行出口报关的第一步，也是整个报关工作的关键。通常所说的“报关”，是指进出境车辆的负责人、进出口货物及产品的收发货人或其代理人，在进出口货物通过海关监管口岸时，在海关规定的期限内，以书面或电子数据交换方式向海关报告其进出口货物的情况，并附相关货物和商业单证，请求海关查验放行，并对所报告内容的真实性和准确性承担法律责任。

出口货物出境时，发货人应在货物装船前24小时向海关提出申报。具体来说，发货人在出口货物进入仓库或码头、车站、机场或邮局等场所前24小时向海关申报。申报内容包括出口货物的公司名称、收发货单位、申报的物品、运输方式、贸易类型、贸易国家（地区）和货物的实际状况（主要是名称、规格、数量、重量、价格等）。

（2）海关查验

查验是指报关单位依法确定进出口货物的种类、运输工具和货物产地、货物状况、数量和价值，对报关单上的相关内容填写完毕后，海关依法对货物实施行政检查。通过海关查验，可以防止以次充好、非法进出口和走私、违规、偷逃关税的行为，保证关税按适当税率计算，从而维护对外贸易的正常进行。

进出口货物，除海关总署因特殊原因免于海关查验的货物外，均须接受海关查验。对进出口货物的查验应在海关当局确定的时间和地点进行，通常在进出口码头、车站、机场、邮局或其他海关监管场所进行。对于散装货物、危险货物和鲜活品的进出口，如果提出申请，可以在作业地点进行查验。在特殊情况下，经申请并征得海关同意，也可派员到指定场所以外的工厂、仓库或建筑工地，在指定时间查验货物，并按规定收取费用。

（3）缴纳关税

出口关税是海关根据国家有关政策和法规对可出口货物征收的，其主要目的是控制某些货物的盲目出口。目前，除少数商品外，大多数商品都是免税出口的。

关税是一种百分比税，计算方法是以出口货物的离岸价格为应税价格，税率为货物应税价格的一个百分比。

纳税人应在海关出具完税证明后，在规定期限内向指定银行缴纳关税。逾期未缴纳税款的，海关除依法追缴税款外，还应当依照法律、法规的规定征收滞纳金。

（4）海关放行

放行是指接受出口货物的报关单，并在核实报关单、检验货物和按照法律规定征收关税后，海关决定终止对出口货物现场监管的行为。

海关放行后，出口商可对该批货物进行处置，办理装运。

5. 全国通关一体化

全国通关一体化是海关以企业分类管理和风险分析为基础，按照风险等级对进出口货物实施分类，直接对企业联网申报的报关单及随单附证的电子数据进行无纸审核、验放处理的通关管理模式。

海关总署建立直管的风险防控中心（上海、青岛、黄埔）和税收征管中心（北京、天津、上海、广州），实行全国海关风险防控、税收征管等关键业务集中、统一、智能处置，全国海关按同一执法口径和监管标准实施监管。

由于企业报关和税款自报自缴手续的风险主要在口岸通关现场处置，而税收风险主要在货物放行后处置，因此这种新型通关管理模式称为“一次申报、分步处置”

根据企业信用资质，实行企业自报、自缴税款，自行打印税单。海关受理企业申报，对税收风险实施前置风险分析，放行前验估，放行后批量审核、稽查等全过程管理。

与进出境报关有关的协同监管制度改革主要是创新隶属海关运行机制。根据隶属海关功能化建设的需要，衔接全国通关一体化改革，完善协调配合机制。

任务实施

黄欣接到通知后，开始着手准备出口报关单，可是向海关进行申报的时候，不能仅携带出口报关单，那么如何确定需要携带的单据呢？填制出口报关单的要求又是什么呢？

第一步：明确出口报关随附单据

一般情况下，报关申报需要随附单证主要有以下8种：合同、发票、装箱清单、载货清单（舱单）、提（运）单、代理报关授权委托协议、出口许可证件、海关总署规定的其他出口单证。

国际贸易“单一窗口”无纸化申报目前区分进口、出口申报环节，可简化申报部分随附单证。出口申报环节无须提交合同、发票、装箱清单、载货清单（舱单）。出口环节需要提交的随附单证有4种：提（运）单、代理报关授权委托协议、进出口许可证件、海关总署规定的其他进出口单证。注意：海关审核时如有需要，相关随附单证仍需提交。例如，海关在审核时，需要核查货物知识产权状况的，企业应当提交货物知识产权合法使用证明材料。

第二步：获取出口报关单缮制要求

1）出口报关单的填制必须真实，做到“两个相符”：一是单证相符，即所填报关单各栏目的内容必须与合同、发票、装箱单、提单以及许可证件等随附单据相符；二是单货相符，即所填报关单各栏目的内容必须与实际出口货物情况相符，尤其是货物的品名、规格、数量、价格等栏目的内容必须真实，不得出现差错，更不能出现伪报、瞒报、虚报等现象。

2）对于分单填报需要注意：不同批文或不同合同、同批货物中不同贸易方式、不同备案号、不同提单、不同征免税性质、不同运输方式或同运输方式但不同航次。一份原产地证书对应一份报关单。对于分项填报需要注意：不同项号下的商品编号不同、名称不同、原产国/目的国不同。一张报关单最多填报5项税号的货物，一份报关单最多填报20项。

3）已向海关申报的进出口货物报关单，如原申报内容与实际进出口货物不一致且有正当理由的，可以向海关递交申请，审核批准后，对原申报项目进行更改或撤销。

想一想

2023年6月，武清海关为某公司的一批建筑玻璃签发了首份出口菲律宾的RCEP原产地证书。你知道为什么海关可以签发原产地证书吗？

【想一想】解析

任务评价

任务评价表

评价项目	评价标准	满　分	得　分
出口报关单的含义及作用	能清晰地理解出口报关单的含义及作用	20分	
出口报关程序	能清晰地理解出口报关的相关步骤	25分	
出口报关单缮制要求	能依据业务内容获取完整的出口报关单缮制要求	30分	
职业操作规范	能养成一丝不苟、精益求精的职业素养，能规范操作、安全操作	25分	
合　计		100分	

任务二 缮制出口报关单

必备知识

1. 报关报检企业资质一次注册

2018年后，企业报关报检资质合并，报关员与报检员资质合并，企业只需要通过备案，即可同时具备报关报检资质。

2. 出口报关单缮制规范

（1）预录入编号

预录入编号指预录入报关单的编号，一份报关单对应一个预录入编号，由系统自动生成。报关单预录入编号为18位，其中第1～4位为接受申报海关的代码（海关规定的“关区代码表”中相应海关代码），第5～8位为录入时的公历年份，第9位为进出口标志（“1”为进口，“0”为出口；集中申报清单“I”为进口，“E”为出口），后9位为顺序编号。

（2）海关编号

海关编号指海关接受申报时给予报关单的编号，一份报关单对应一个海关编号，由系统自动生成。报关单海关编号为18位，其中第1～4位为接受申报海关的代码（海关规定的“关区代码表”中相应海关代码），第5～8位为海关接受申报的公历年份，第9位为进出口标志（“1”为进口，“0”为出口；集中申报清单“I”为进口，“E”为出口），后9位为顺序编号。

（3）境内发货人

境内发货人指填报在海关备案的对外签订并执行出口贸易合同的中国境内法人、其他组织名称及编码。编码填报18位法人和其他组织统一社会信用代码，没有统一社会信用代码的，填报其在海关的备案编码。

（4）出境关别

根据货物实际出境的口岸海关，填报海关规定的“关区代码表”中相应口岸海关的名称及代码。

（5）出口日期

出口日期指运载出口货物的运输工具办结出境手续的日期，在申报时免予填报。无实际出境的货物，填报海关接受申报的日期。

出口日期为8位数字，顺序为年（4位）、月（2位）、日（2位）。

（6）申报日期

申报日期指海关接受出口货物发货人、受委托的报关企业申报数据的日期。以电子数据报关单方式申报的，申报日期为海关计算机系统接受申报数据时记录的日期。以纸质报关单方式申报的，申报日期为海关接受纸质报关单并对报关单进行登记处理的日期。本栏目在申报时免予填报。

申报日期为8位数字，顺序为年（4位）、月（2位）、日（2位）。

（7）备案号

填报出口货物发货人、生产销售单位在海关办理加工贸易合同备案或征、减、免税审核确认等手续时，海关核发的加工贸易手册、海关特殊监管区域和保税监管场所保税账册、征免税证明或其他备案审批文件的编号。一份报关单只允许填报一个备案号。

（8）境外收货人

境外收货人通常指签订并执行出口贸易合同中的买方或合同指定的收货人。

填报境外收货人的名称及编码。名称一般填报英文名称，检验检疫要求填报其他外文名称的，在英文名称后填报，以半角括号分隔。对于互认国家（地区）AEO企业，编码填报AEO编码，填报样式为“国别（地区）代码+海关企业编码”，如新加坡AEO企业SG123456789012（新加坡国别代码+12位企业编码）；对于非互认国家（地区）AEO企业等其他情形，编码免予填报。

特殊情况下无境外收货人的，名称及编码填报“NO”。

（9）运输方式

运输方式包括实际运输方式和海关规定的特殊运输方式，前者指货物实际出境的运输方式，按出境所使用的运输工具分类；后者指货物无实际出境的运输方式，按货物在境内的流向分类。

根据货物实际出境的运输方式或货物在境内流向的类别，按照海关规定的“运输方式代码表”选择填报相应的运输方式。

（10）运输工具名称及航次号

填报载运货物出境的运输工具名称或编号及航次号。填报内容应与运输部门向海关申报的舱单（载货清单）所列相应内容一致。

直接在出境地或采用全国通关一体化通关模式办理报关手续的报关单填报要求如下：

1）水路运输：填报船舶编号（来往港澳小型船舶为监管簿编号）或者船舶英文名称。

2）公路运输：启用公路舱单前，填报该跨境运输车辆的境内行驶车牌号，深圳提前报关模式的报关单填报境内行驶车牌号+“/”+“提前报关”。启用公路舱单后，免予填报。

3）铁路运输：填报车厢编号或交接单号。

4）航空运输：填报航班号。

5）邮件运输：填报邮政包裹单号。

6）其他运输：填报具体运输方式名称，如管道、驮畜等。

（11）提运单号

填报出口货物提单或运单的编号。一份报关单只允许填报一个提单或运单号，一票货物对应多个提单或运单时，应分单填报。

1）水路运输：填报出口提单号。有分提单的，填报出口提单号+“*”+分提单号。

2）公路运输：启用公路舱单前，免予填报；启用公路舱单后，填报出口总运单号。

3）铁路运输：填报运单号。

4）航空运输：填报总运单号+“_”+分运单号；无分运单的，填报总运单号。

5）邮件运输：填报邮运包裹单号。

（12）生产销售单位

生产销售单位填报出口货物在境内的生产或销售单位的名称，包括自行出口货物的单位和委托进出口企业出口货物的单位。

（13）监管方式

监管方式是以国际贸易中进出口货物的交易方式为基础，结合海关对进出口货物的征税、统计及监管条件综合设定的海关对进出口货物的管理方式。其代码由4位数字构成，前两位是按照海关监管要求和计算机管理需要划分的分类代码，后两位是参照国际标准编制的贸易方式代码。

根据实际对外贸易情况，按海关规定的“监管方式代码表”选择填报相应的监管方式简称及代码。一份报关单只允许填报一种监管方式。

（14）征免性质

根据实际对外贸易情况，按海关规定的“征免性质代码表”选择填报相应的征免性质简称及代码，持有海关核发的“征免税证明”的，按照“征免税证明”中批注的征免性质填报。一份报关单只允许填报一种征免性质。

加工贸易货物报关单按照海关核发的“加工贸易手册”中批注的征免性质简称及代码填报。

（15）许可证号

填报出口许可证、两用物项和技术出口许可证、两用物项和技术出口许可证（定向）、纺织品临时出口许可证、出口许可证（加工贸易）、出口许可证（边境小额贸易）的编号。

免税品经营单位经营出口退税国产商品的，免予填报。

一份报关单只允许填报一个许可证号。

（16）合同协议号

填报出口货物合同（包括协议或订单）编号。未发生商业性交易的，免予填报。

免税品经营单位经营出口退税国产商品的，免予填报。

（17）贸易国（地区）

发生商业性交易的出口填报售予国（地区）。未发生商业性交易的，填报货物所有权拥有者所属的国家（地区）。

按海关规定的“国别（地区）代码表”选择填报相应的贸易国（地区）中文名称及代码。

（18）运抵国（地区）

运抵国（地区）填报出口货物离开我国关境直接运抵或者在运输中转国（地区）未发生任何商业性交易的情况下最后运抵的国家（地区）。

不经过第三国（地区）转运的直接运输出口货物，以出口货物的指运港所在国（地区）为运抵国（地区）。

经过第三国（地区）转运的出口货物，如在中转国（地区）发生商业性交易，则以中转国（地区）作为运抵国（地区）。

按海关规定的“国别（地区）代码表”选择填报相应的运抵国（地区）中文名称及代码。

无实际出境的货物，填报“中国”及代码。

（19）指运港

指运港填报出口货物运往境外的最终目的港；最终目的港不可预知的，按尽可能预知的目的港填报。

根据实际情况，按海关规定的“港口代码表”选择填报相应的港口名称及代码。指运港在“港口代码表”中无港口名称及代码的，可选择填报相应的国家名称及代码。

无实际出境的货物，填报“中国境内”及代码。

（20）离境口岸

离境口岸填报装运出境货物的跨境运输工具离境的第一个境内口岸的中文名称及代码；

采取多式联运跨境运输的，填报多式联运货物最初离境的境内口岸中文名称及代码；过境货物填报货物离境的第一个境内口岸的中文名称及代码；从海关特殊监管区域或保税监管场所离境的，填报海关特殊监管区域或保税监管场所的中文名称及代码。其他无实际出境的货物，填报货物所在地的城市名称及代码。

（21）包装种类

填报出口货物的所有包装材料，包括运输包装和其他包装，按海关规定的“包装种类代码表”选择填报相应的包装种类名称及代码。运输包装指提运单所列货物件数单位对应的包装，其他包装包括货物的各类包装，以及植物性铺垫材料等。

（22）件数

填报出口货物运输包装的件数（按运输包装计）。特殊情况填报要求如下：

1）舱单件数为集装箱的，填报集装箱个数。

2）舱单件数为托盘的，填报托盘数。

不得填报为“0”，裸装货物填报为“1”。

（23）毛重（千克）

填报出口货物及其包装材料的重量之和，计量单位为千克，不足1千克的填报为“1”。

（24）净重（千克）

填报出口货物的毛重减去外包装材料后的重量，即货物本身的实际重量，计量单位为千克，不足1千克的填报为“1”。

（25）成交方式

根据出口货物实际成交价格条款，按海关规定的“成交方式代码表”选择填报相应的成交方式代码。

无实际出境的货物，进口填报CIF，出口填报FOB。

（26）运费

填报出口货物运至我国境内输出地点装载后的运输费用。

运费可按运费单价、总价或运费率三种方式之一填报，注明运费标记（运费标记“1”表示运费率，“2”表示每吨货物的运费单价，“3”表示运费总价），并按海关规定的“货币代码表”选择填报相应的币种代码。

免税品经营单位经营出口退税国产商品的，免予填报。

（27）保费

填报出口货物运至我国境内输出地点装载后的保险费用。

保费可按保险费总价或保险费率两种方式之一填报，注明保险费标记（保险费标记“1”表示保险费率，“3”表示保险费总价），并按海关规定的“货币代码表”选择填报相应的币种代码。

免税品经营单位经营出口退税国产商品的，免予填报。

（28）杂费

填报成交价格以外的、按照《中华人民共和国进出口关税条例》相关规定应计入完税价格或应从完税价格中扣除的费用。可按杂费总价或杂费率两种方式之一填报，注明杂费标记（杂费标记“1”表示杂费率，“3”表示杂费总价），并按海关规定的“货币代码表”选择填报相应的币种代码。

应计入完税价格的杂费填报为正值或正率，应从完税价格中扣除的杂费填报为负值或负率。

免税品经营单位经营出口退税国产商品的，免予填报。

（29）随附单证及编号

根据海关规定的“监管证件代码表”和“随附单据代码表”选择填报除《中华人民共和国海关进出口货物报关单填制规范》第十六条规定的许可证件以外的其他出口许可证件或监管证件、随附单据代码及编号。

本栏目分为随附单证代码和随附单证编号两栏。其中，随附单证代码栏按海关规定的“监管证件代码表”和“随附单证代码表”选择填报相应证件代码；随附单证编号栏填报证件编号。

（30）标记唛码及备注

标记唛码中除图形以外的文字、数字，无标记唛码的填报“N/M”。与本报关单有关联关系的，同时在业务管理规范方面又要求填报的备案号，填报在电子数据报关单中“关联备案”栏。

（31）项号

分两行填报。第一行填报报关单中的商品顺序编号；第二行填报备案序号，专用于加工贸易及保税、减免税等已备案、审批的货物，填报该项货物在“加工贸易手册”或“征免税证明”等备案、审批单证中的顺序编号。有关优惠贸易协定项下报关单填制要求按照海关总署相关规定执行。

（32）商品编号

填报由10位数字组成的商品编号。前8位为《中华人民共和国进出口税则》和《中华人民共和国海关统计商品目录》确定的编码；第9、10位为监管附加编号。

（33）商品名称及规格型号

分两行填报。第一行填报出口货物规范的中文商品名称，第二行填报规格型号。

（34）数量及单位

分三行填报。

第一行按出口货物的法定第一计量单位填报数量及单位，法定计量单位以《中华人民共和国海关统计商品目录》中的计量单位为准。

凡列明有法定第二计量单位的，在第二行按照法定第二计量单位填报数量及单位。无法定第二计量单位的，第二行为空。

成交计量单位及数量填报在第三行。

（35）单价

填报同一项号下出口货物实际成交的商品单位价格。无实际成交价格的，填报单位货值。

（36）总价

填报同一项号下出口货物实际成交的商品总价格。无实际成交价格的，填报货值。

（37）币制

按海关规定的“货币代码表”选择相应的货币名称及代码填报，如“货币代码表”中无实际成交币种，需将实际成交货币按申报日外汇折算率折算成“货币代码表”列明的货币填报。

（38）原产国（地区）

原产国（地区）依据《中华人民共和国进出口货物原产地条例》《中华人民共和国海关关于执行〈非优惠原产地规则中实质性改变标准〉的规定》以及海关总署关于各项优惠贸易协定原产地管理规章规定的原产地确定标准填报。同一批出口货物的原产地不同的，分别填报原产国（地区）。出口货物原产国（地区）无法确定的，填报“国别不详”。

按海关规定的“国别（地区）代码表”选择填报相应的国家（地区）名称及代码。

（39）最终目的国（地区）

最终目的国（地区）填报已知的出口货物的最终实际消费、使用或进一步加工制造国家（地区）。不经过第三国（地区）转运的直接运输货物，以运抵国（地区）为最终目的国（地区）；经过第三国（地区）转运的货物，以最后运往国（地区）为最终目的国（地区）。同一批出口货物的最终目的国（地区）不同的，分别填报最终目的国（地区）。出口货物不能确定最终目的国（地区）时，以尽可能预知的最后运往国（地区）为最终目的国（地区）。

按海关规定的《国别（地区）代码表》选择填报相应的国家（地区）名称及代码。

（40）境内货源地

境内货源地填报出口货物在境内的产地或原始发货地。出口货物产地难以确定的，填报最早发运该出口货物的单位所在地。

海关特殊监管区域、保税物流中心（B型）与境外之间的进出境货物，境内目的地/境内货源地填报本海关特殊监管区域、保税物流中心（B型）所对应的境内地区。

按海关规定的“国内地区代码表”选择填报相应的国内地区名称及代码。境内目的地还需要根据“中华人民共和国行政区划代码表”选择填报其对应的县级行政区名称及代码。无下属区县级行政区的，可选择填报地市级行政区。

（41）征免

按照海关核发的“征免税证明”或有关政策规定，对报关单所列每项商品选择海关规定的“征减免税方式代码表”中相应的征减免税方式填报。

加工贸易货物报关单根据《加工贸易手册》中备案的征免规定填报；《加工贸易手册》中备案的征免规定为“保金”或“保函”的，填报“全免”。

（42）特殊关系确认

根据《中华人民共和国海关审定进出口货物完税价格办法》（以下简称《审价办法》）第十六条，填报确认进出口行为中买卖双方是否存在特殊关系。

（43）价格影响确认

根据《审价办法》第十七条，填报确认纳税义务人是否可以证明特殊关系未对进口货物的成交价格产生影响。

（44）支付特许权使用费确认

根据《审价办法》第十一条和第十三条，填报确认买方是否存在向卖方或者有关方直接或者间接支付与进口货物有关的特许权使用费，且未包括在进口货物的实付、应付价格中。

（42）（43）（44）三项确认出口货物免予填报，加工贸易及保税监管货物（内销保税货物除外）免予填报。

（45）自报自缴

出口企业、单位采用“自主申报、自行缴税”（自报自缴）模式向海关申报时，填报“是”；反之则填报“否”。

（46）申报单位

自理报关的，填报出口企业的名称及编码；委托代理报关的，填报报关企业名称及编码。编码填报18位法人和其他组织统一社会信用代码。

报关人员填报在海关备案的姓名、编码、电话，并加盖申报单位印章。

（47）海关批注及签章

供海关作业时签注。

任务实施

黄欣已经对出口报关单有了一定的了解，通过查询海关要求，得知需要以下方法才能填写出口报关单的内容。

1）打开中国国际贸易单一窗口登录界面，插入法人卡，单击“卡介质”，输入密码，单击“登录”单一窗口系统。

2）单击“全部应用”—“标准版应用”—“货物申报”。

黄欣打开中国国际贸易单一窗口，按照步骤，结合前文的出口报关单缮制要求，缮制出口报关单（见图7-2）。

中华人民共和国海关出口货物报关单

预录入编号：23182091000431903　　海关编号：23182091000431903

境内发货人 无锡特锐思国际贸易有限公司	出境关别 吴淞海关2203	出口日期 20230615	申报日期 20230614	备案号			
境外收货人 FASHION FORCE CO., LTD SG123456789012	运输方式 水路运输	运输工具名称及航次号	提运单号				
生产销售单位 无锡特锐思国际贸易有限公司	监管方式 一般贸易	征免性质 一般征税	许可证号				
合同协议号 23JA7031KL	贸易国（地区） 加拿大	运抵国（地区） 加拿大	指运港 渥太华	离境口岸 上海			
包装种类 纸箱	件数 130	毛重（千克） 2,860	净重（千克） 2,600	成交方式 CIF	运费	保费	杂费
随附单证及编号 随附单证1：发票、合同、装箱单	随附单证2：						
标记唛码及备注 N/M							

项号	商品编号	商品名称及规格型号	数量及单位	单价/总价/币制	原产国（地区）	最终目的国（地区）	境内货源地	征免
	63025900	男士棉衬衫						
01		S	440千克 20箱	1,000/20,000/美元	中国	加拿大	无锡	照章
02		M	1,760千克 80箱	1,000/80,000/美元	中国	加拿大	无锡	照章
03		L	660千克 30箱	1,000/30,000/美元	中国	加拿大	无锡	照章

特殊关系确认：否	价格影响确认：否	支付特许权使用费确认：否	自报自缴：否
申报人员	申报人员证号	电话 兹声明以上内容承担如实申报、依法纳税之法律责任 申报单位（签章）	海关批注及签章

图7-2　缮制出口报关单

任务评价

任务评价表

评价项目	评价标准	满分	得分
出口报关单缮制规范	能清楚出口报关单的要点及相应的缮制规范	20分	
出口报关单的作用	能清晰地理解出口报关单的作用	20分	
缮制出口报关单	能依据业务内容获取完整的出口报关单缮制要求	40分	
职业操作规范	能养成系统思维意识，形成依据业务实际流程规范缮制出口报关单的职业素养	20分	
合计		100分	

项目小结

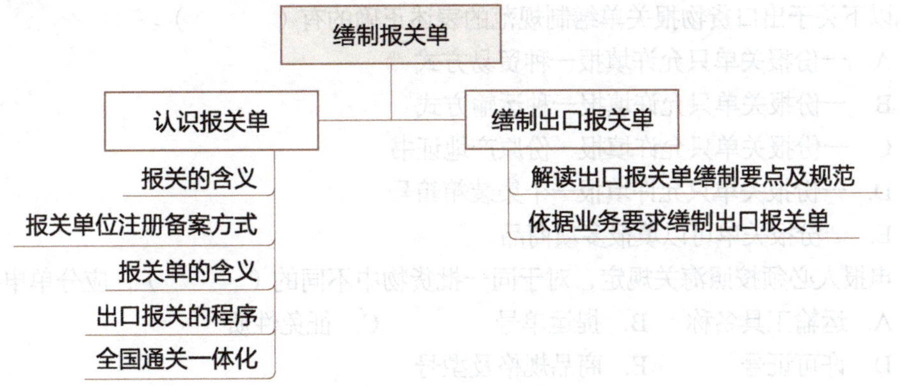

项目实训

理论部分

一、单选题

1. 如果报关企业受其委托人的要求，向海关报关时发生伪报或瞒报行为，由海关按照法律规定追究（ ）的经济责任。

A. 委托人　　B. 报关企业

C. 报关员　　D. ABC都有责任

2. 在海关作业新模式中，将分散式审单变为集中审单，由（ ）审单中心集中审单后业务现场海关接单，并按指令查验放行。

A. 隶属海关　　B. 直属海关　　C. 海关总署　　D. 中国电子口岸

3. 报关企业代理出口商报关时，递交给海关的“报关录入凭单”上盖（ ）单位公章，递交给海关的“预录入报关单”盖（ ）单位公章。

A. 出口商，报关企业　　B. 出口商，出口商

C. 报关企业，出口商　　D. 报关企业，报关企业

4. 按照《中华人民共和国海关法》规定，通过设立海关的地点进境或出境的（ ）是不需要办理报关手续的。

A. 货物　　B. 运输工具　　C. 物品　　D. 人员

5. 关于报关单的份数，正确叙述是（　　）。

A. 一份电子出口报关单最多填报 20 项商品

B. 一份纸质出口报关单最多填报 20 项商品

C. 一份纸质出口报关单可允许附带最多 1 张纸质报关单

D. 一份纸质出口报关单可允许附带最多 2 张纸质报关单

6. 海关接受申报时给予报关单的编号称为（　　）。

A. 预录入编号　　B. 海关编号　　C. 备案号　　D. 项号

7. 出口货物报关单中的商品名称及规格型号栏目，按照海关规定应分上下两行填报。其中，第一行填报出口货物规范的中文名称，必要时加注（　　）。

A. 英文　　B. 日文　　C. 原文　　D. 中文说明

二、多选题

1. 以下关于出口货物报关单缮制规范的表述正确的有（　　）。

A. 一份报关单只允许填报一种贸易方式

B. 一份报关单只允许填报一种运输方式

C. 一份报关单只允许填报一份原产地证书

D. 一份报关单只允许填报一个集装箱箱号

E. 一份报关单可以填报多项商品

2. 申报人必须按照海关规定，对于同一批货物中不同的（　　），应分单申报。

A. 运输工具名称　　B. 提运单号　　C. 征免性质

D. 许可证号　　E. 商品规格及型号

三、判断题

1. 对于一般出口货物来说，海关放行意味着海关手续已经全部办结。（　　）

2. 滞报金计征起始日为运输工具申报进境之日起第15日，截止日为海关接受申报之日（即申报日期），起始日计入滞报期间，但截止日不计入滞报期间。（　　）

3. 一份出口货物报关单填报商品超过20项时，必须分单填报。（　　）

实操部分

请根据以下资料以报关员身份缮制出口货物报关单。

买　　方：TAKAMRA TRADING CORPORATION
　　　　　36-234 OTOLE MACHI TOKYO JAPAN

电　　话：081-246-568　　　　传　　真：081-246-567

代　　码：5034586734

卖　　方：SHENHUA IMPORT & EXPORT TRADE CORPORATION
　　　　　1016 JIANGSU ROAD SHANGHAI CHINA

电　　话：021-63228456　　　　传　　真：021-63228455

货　　名：彩色显示器　　　　商品编码：1180.8111

规格数量：12′100 PCS, 14′800 PCS, 18′600 PCS

单　　价：12′USD 25.00/PC, 14′USD 25.00/PC, 18′USD 25.00/PC
　　　　　CIF SHANGHAI

包　　装：每一台装一箱（PACKED IN ONE CARTON OF 1 PC EACH）
支付方式：信用证　　　　　　　　运输工具名称：HDAXI V.022
装 运 地：上海港（SHANGHAI）　　目 的 地：东京港（TOKYO）
装运期限：最迟不晚于2023年7月6日（LATSET DATE OF SHIPMENT 230706）
报关口岸：上海海关　　　　　　　提单编号：COS081S
到岸日期：2023年7月5日　　　　　卸货日期：2023年7月5日
商品用途：自营内销　　　　　　　购货合同号：ST27894
分批装运：允许　　　　　　　　　转　　运：不允许
开证行名称：MITSUBISHI BANK　　索赔有效期：2年
报检单位登记号：2612Q　　　　　海关注册号：301871242

中华人民共和国海关出口货物报关单

预录入编号：　　　　　　　　　　海关编号：

<table>
<tr><td>境内发货人</td><td colspan="2">出境关别</td><td colspan="2">出口日期</td><td colspan="2">申报日期</td><td>备案号</td></tr>
<tr><td>境外收货人</td><td colspan="2">运输方式</td><td colspan="2">运输工具名称及航次号</td><td colspan="3">提运单号</td></tr>
<tr><td>生产销售单位</td><td colspan="2">监管方式</td><td colspan="2">征免性质</td><td colspan="3">许可证号</td></tr>
<tr><td>合同协议号</td><td colspan="2">贸易国（地区）</td><td colspan="2">运抵国（地区）</td><td colspan="2">指运港</td><td>离境口岸</td></tr>
<tr><td>包装种类</td><td>件数</td><td>毛重（千克）</td><td>净重（千克）</td><td>成交方式</td><td>运费</td><td>保费</td><td>杂费</td></tr>
<tr><td colspan="8">随附单证及编号
随附单证 1：　　　　　　　　随附单证 2：</td></tr>
<tr><td colspan="8">标记唛码及备注</td></tr>
<tr><td colspan="8">项号　商品编号　商品名称及规格型号　数量及单位　单价/总价/币制　原产国（地区）　最终目的国（地区）　境内货源地　征免</td></tr>
<tr><td colspan="8"></td></tr>
<tr><td colspan="8"></td></tr>
<tr><td colspan="8"></td></tr>
<tr><td colspan="8">特殊关系确认：　　价格影响确认：　　支付特许权使用费确认：　　自报自缴：</td></tr>
<tr><td colspan="7">申报人员　　申报人员证号　　电话
兹声明以上内容承担如实申报、依法纳税之法律责任
申报单位（签章）</td><td>海关批注及签章</td></tr>
</table>

项目八

缮制保险单据

知识目标

· 熟悉保险条款中的除外责任

能力目标

· 会计算保险金额和保费
· 会选择合适的保险种类
· 能根据信用证和合同填写保险单和办理保险手续

素养目标

· 培养真诚守信的岗位理念
· 培养服务新发展格局的能力，提升对数字贸易的适应能力
· 树立建设贸易强国的目标和自信

项目情境

无锡特锐思国际贸易有限公司的单证员黄欣在完成出口报关单后，在装运之前着手准备投保事宜。依据流程，她需要根据信用证制作保险单，并随附商业发票、装箱单等单据向中国人民财产保险股份有限公司上海分公司办理投保手续。

项目分析

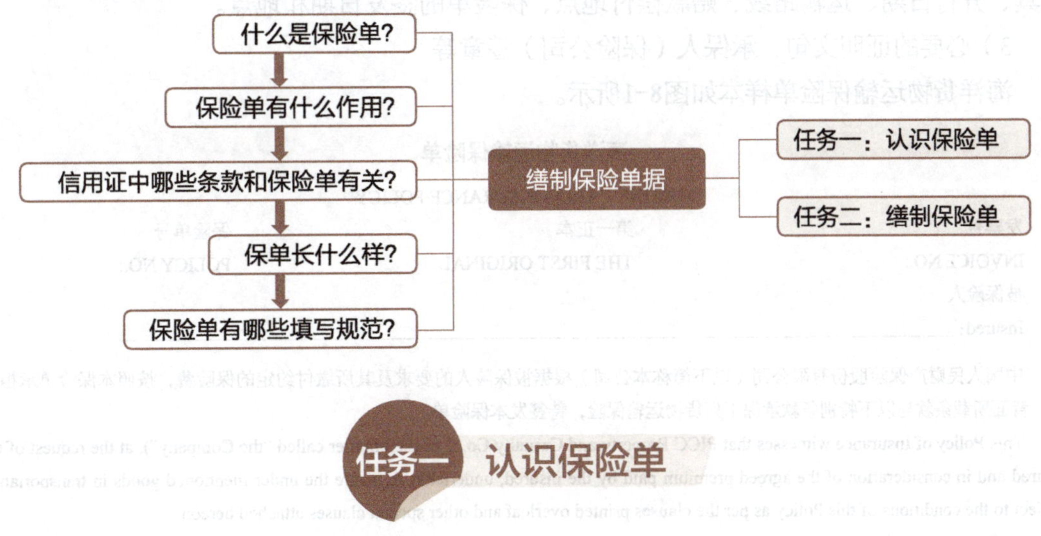

任务一　认识保险单

必备知识

1. 保险单概述

（1）保险单的含义

保险单（Insurance Policy）是保险公司对被保险人的承保证明，也是双方权利和义务的契约，在被保货物遭受损失时，保险单是被保险人索赔的主要依据，也是保险公司理赔的主要依据。

保险单一般一式五联，第一联为正本（Original），第二联为复联（Duplicate），其余三联均为副本（Copy）。在实际业务中，可根据信用证和合同规定要求多份正本保单（一般最多三份），但每份正本上必须分别印有“第一正本”（The First Original）、“第二正本”（The Second Original）及“第三正本”（The Third Original），以示区别。

（2）保险单的种类

1）保险单（Insurance Policy）：俗称大保单，是一种独立的保险合同，一旦货物遭受损失，承保人和被保险人都要按照保险条款和投保险别来分清货损责任归属，处理索赔。

2）保险凭证（Insurance Certificate）：是一种简化的保险单，与保险单具有同等的法律效力，故又称为小保单，在实际工作中较少使用。

3）联合凭证（Combined Certificate）：是比保险凭证更简化的保险单据。

4）预约保险单（Open Policy）：是保险人与被保险人双方预先签订的、较长期限的一揽子保险合同，合同规定了保险货物的范围、保险险别、保险责任、费率等，货物一经装运，保险公司自动承保。这种事先预约的保险合同在我国的货物进出口中被广泛运用。

5）保险批单（Endorsement）：是专门用于修改保险单的一种修改书。

（3）保险单的基本内容

尽管保险单的格式各不相同，但所要填制的内容却差不多，主要包括以下几个项目：

1）发票号码、保险单号码、被保险人名称和地址。

2）被保险货物描述、包装及数量、保险金额、承保险别、保费、运输标记、装载运输工具、开行日期、运输路线、赔款偿付地点、保险单的签发日期和地点。

3）必要的证明文句、承保人（保险公司）签章等。

海洋货物运输保险单样本如图8-1所示。

海洋货物运输保险单

MARINE CARGO INSURANCE POLICY

发票号 第一正本 保险单号

INVOICE NO.: THE FIRST ORIGINAL POLICY NO.:

被保险人

Insured: ______________________________

中国人民财产保险股份有限公司（以下简称本公司）根据被保险人的要求及其所缴付约定的保险费，按照本保险单承担险别、背面所载条款与以下特别条款承保下列货物运输保险，特签发本保险单。

This Policy of Insurance witnesses that PICC Property and Casualty Co., Ltd (hereinafter called "the Company"), at the request of the insured and in consideration of the agreed premium paid by the insured, undertakes to insure the under mentioned goods in transportation subject to the conditions of this Policy as per the clauses printed overleaf and other special clauses attached hereon.

标　　记 MARKS & NOS.	包装及数量 QUANTITY	保险货物项目 DESCRIPTION OF GOODS	保险金额 AMOUNT INSURED

总保险金额

Total Amount Insured:

保费 费率 装载运输工具

Premium Rate Per Conveyance S.S.

开航日期 自 至

Slg. on or abt. From To

承保险别

Conditions:

所保货物如发生本保险单项下可能引起索赔的损失或损坏，应立即通知本公司下述代理人查勘。如有索赔，应向本公司提交保险单正本（本保险单共有 2 份正本）及有关文件。如一份正本已用于索赔，其余正本则自动失效。

In the event of damage which may result in a claim under this policy, immediate notice must be given to the company agent as mentioned here under. Claims, if any, one of the original policies which has been issued in 2 original(s) together with the relevant documents shall be surrendered to be company. If one of the original policies has been accomplished, the others to be void.

赔款偿付地点

CLAIM PAYABLE AT______________________

DATE______________________

中国人民财产保险股份有限公司××分公司

PICC PROPERTY AND CASUALTY CO., LTD

××BRANCH

图8-1 海洋货物运输保险单样本

2. 信用证中和保险单有关的常用条款

条款1：Insurance policy in duplicate endorsed in bank for 110 percent of the invoice covering ocean marine cargo clauses all risks as per PICC showing claims payable in London, England in the currency of the drafts indicating premium.

条款1解读：保险单一式两份，由银行背书，保险金额为发票金额的110%，涵盖中国人民财产保险股份有限公司规定的海运货物一切险条款，显示以表示保险费的汇票货币在英国伦敦索赔。

条款2：Insurance policy in duplicate endorsed in blank for 110% of the invoice value covering FPA as per CIC 1/1/1981 indicating premium.

条款2解读：保险单一式两份，空白背书，保险金额为发票金额的110%，根据1981年1月1日实施的CIC保险条例投保平安险，注明保费。

条款3：Insurance policy in duplicate for at least 110 pct of the invoice value covering all risks as per institute cargo clause dated 1/1/1982 warehouse to warehouse clause included.

条款3解读：保险单一式两份，保险金额至少为发票金额的110%，根据1982年1月1日实施的协会货物条款，包括“仓到仓”条款，涵盖所有风险。

小试牛刀 条款解读

你来试一试？

条款A：Insurance to be effected by buyer.

条款B：Insurance policy/certificate plus 10 pct above the CIF value blank endorsed covering all risks and war risk as per CIC of PICC dated 1/1/2010 including warehouse to warehouse clause.

3. 常用保险单据词汇及其含义

常用保险单据词汇及其含义见表8-1。

表8-1 常用保险单据词汇及其含义

序号	英文表述	中文含义
1	insured	被保险人
2	amount insured	保险金额
3	premium	保险费
4	date of commencement	启运日期
5	per conveyance	装载运输工具
6	conditions	承保险别
7	claim payable	赔款偿付
8	issuing date	出单日期

任务实施

黄欣接到通知后，开始着手准备保险单。可是保险单有保险单、保险凭证、联合凭证、预约保险单等种类，黄欣应当如何准备呢？首先要解读销售合同和信用证中关于保险单的条款内容，依据这些条款要求确定保险单的类型，然后根据业务要求缮制相应的保险单。

第一步：确定保险单的类型

方法：查看销售合同和信用证，找到信用证中关于保险单的条款，依据业务的实际要求选择合适的保险单种类。

信用证要求：

DOCUMENTS REQUIRED *46A:
+INSURANCE POLICY IN 1 ORIGINAL AND 2 COPIES TO BE EFFECTED BY THE SELLER, COVERING ALL RISKS AND WAR RISKS UP TO OTTAWA.

选择结果：保险单

第二步：获取保险单缮制要求

信用证要求：

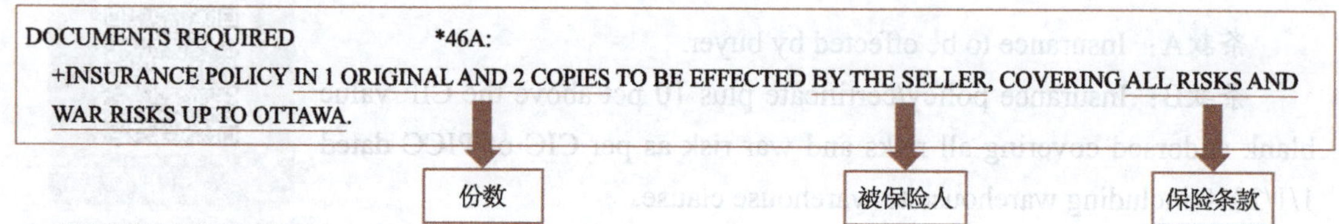
DOCUMENTS REQUIRED *46A:
+INSURANCE POLICY IN 1 ORIGINAL AND 2 COPIES TO BE EFFECTED BY THE SELLER, COVERING ALL RISKS AND WAR RISKS UP TO OTTAWA.

获取的保险单缮制要求：

1）保险单份数：一正两副。

2）保险单被保险人：受益人。

3）保险条款：依据OTTAWA条款承保一切险和战争险。

任务评价

任务评价表

评价项目	评价标准	满　分	得　分
保险单的含义、种类及基本内容	能清晰地理解保险单的含义，掌握保险单的种类和基本内容	20分	
信用证条款	能清晰地理解和解读信用证中的条款内容	25分	
保险单类型和保险单缮制要求	能依据业务内容获取完整的保险单缮制要求	30分	
职业操作规范	能养成一丝不苟、精益求精的职业素养，能规范操作、安全操作	25分	
合　计		100分	

任务二 缮制保险单

必备知识

保险单缮制规范如下：

1）发票号码（Invoice No.）：填写发票号码。

2）保险单号码（Policy No.）：填写保险公司指定号码。

3）被保险人（Insured）：如信用证无特别规定，保险单的被保险人应是信用证的受益人，即卖方。

4）保险货物项目（Description of Goods）：填写货物名称，此栏允许填写货物总称。

5）标记（Marks and Nos.）：保险单唛头应与发票、提单等一致，也可只填“AS PER INVOICE NO. ***”。

6）包装及数量（Quantity）：以包装件数计价的，则填最大包装的总件数；以毛重或净重计价的，可填件数及毛重或净重；如果是裸装货物，则表示其件数即可；如果是散装货物，则表示其重量，并在其后注明“IN BULK”字样。

7）保险金额（Amount Insured）：一般按照发票金额的110%投保，信用证项下的保险单必须按信用证规定办理。按惯例，保险公司采用“进一法”后取整数。

8）总保险金额（Total Amount Insured）：保险金额的大写数字，以英文表示，末尾应加“ONLY”，以防涂改。

9）保费（Premium）：一般已由保险公司印就“AS ARRANGED”（如约定）字样。

10）开航日期（Date of Commencement）：一般填写提单的签发日期，也可填写提单签发日前后各五天之内任何一天的日期，或填“AS PER B/L DATE”。

11）装载运输工具（Per Conveyance）：填写装载运输船的船名。

12）启运地和目的地（From…To…）：填写启运地和目的地名称。

13）承保险别（Conditions）：本栏系保险单的核心内容，填写时应注意保险的险别及文句与信用证严格一致，即使信用证中有重复语句，为了避免混乱和误解，最好按信用证规定的顺序填写。

14）货损检验及理赔代理人（Surveying and Claim Settling Agent）：一般选择目的港或目的港附近有关机构为货损检验、理赔代理人，并详细注明代理人的地址。

15）赔款偿付地点（Claim Payable at）：此栏按合同或信用证要求填制。如果信用证中未列明确，一般将目的港作为赔款偿付地点。

16）日期（Date）：保险单的签发日期。由于保险公司提供“仓至仓”（Warehouse to Warehouse）服务，因此要求保险手续在货物离开出口方仓库前办理。保险单的日期也应是货物离开出口方仓库前的日期，必须早于提单日期。

17）投保地点（Place）：一般为装运港（地）的名称。

18）签章（Authorized Singature）：由保险公司签字或盖章以示保险单正式生效。

任务实施

黄欣已经对保险单有了一定的了解，通过解读信用证条款获取了本次业务对保险单的缮制要求。接下来，黄欣需要根据保险单缮制的要求，完成保险单的缮制。

第一步：获取保险单缮制要点

海洋货物运输保险单

MARINE CARGO INSURANCE POLICY

2. 保险单号码

发票号 1. 发票号码　　第一正本　　保险单号

INVOICE NO.:　　THE FIRST ORIGINAL　　POLICY NO.:

被保险人 3. 被保险人

Insured:

中国人民财产保险股份有限公司（以下简称本公司）根据被保险人的要求及其所缴付约定的保险费，按照本保险单承担险别、背面所载条款与以下特别条款承保下列货物运输保险，特签发本保险单。 4. 保险公司名称

This Policy of Insurance witnesses that PICC Property and Casualty Co., Ltd (here in after called "the Company"), at the request of the insured and in consideration of the agreed premium paid by the insured, undertakes to insure the under mentioned goods in transportation subject to the conditions of this Policy as per the clauses printed overleaf and other special clauses attached hereon.

标　记 MARKS & NOS.	包装及数量 QUANTITY	保险货物项目 DESCRIPTION OF GOODS	保险金额 AMOUNT INSURED
5. 标记	6. 包装及数量	7. 保险货物项目	8. 保险金额

总保险金额 9. 总保险额

Total Amount Insured:

保费 10. 保费　　费率 11. 保险费率　　装载运输工具 12. 装载运输工具

Premium　　Rate　　Per Conveyance S.S.

开航日期 13. 开航日期　　自 14. 启运地　　至 15. 目的地

Slg. on or abt.　　From　　To

承保险别 16. 承保险别

Conditions:

所保货物如发生本保险单项下可能引起索赔的损失或损坏，应立即通知本公司下述代理人查勘。如有索赔，应向本公司提交保险单正本（本保险单共有 2 份正本）及有关文件。如一份正本已用于索赔，其余正本则自动失效。

In the event of damage which may result in a claim under this policy, immediate notice must be given to the company agent as mentioned here under. Claims, if any, one of the original policies which has been issued in 2 original(s) together with the relevant documents shall be surrendered to be company. If one of the original policies has been accomplished, the others to be void.

赔款偿付地点

CLAIM PAYABLE AT 17. 赔款偿付地点

DATE 18. 出单日期

中国人民财产保险股份有限公司××分公司

PICC PROPERTY AND CASUALTY CO., LTD

××BRANCH

19. 盖章和签字

第二步：依据任务要求缮制保险单

1）从信用证中获取交易的基本信息并填入选择的保险单中。

2）结合前一步中保险单的缮制要点，缮制保险单。

海洋货物运输保险单

MARINE CARGO INSURANCE POLICY

发票号 第一正本 保险单号

INVOICE NO.: TX202315 THE FIRST ORIGINAL POLICY NO.:

被保险人

Insured: WUXI TERUISI INTERNATIONAL TRADE CO., LTD

中国人民财产保险股份有限公司（以下简称本公司）根据被保险人的要求及其所缴付约定的保险费，按照本保险单承担险别、背面所载条款与以下特别条款承保下列货物运输保险，特签发本保险单。

This Policy of Insurance witnesses that PICC Property and Casualty Co., Ltd (here in after called "the Company"), at the request of the insured and in consideration of the agreed premium paid by the insured, undertakes to insure the under mentioned goods in transportation subject to the conditions of this Policy as per the clauses printed overleaf and other special clauses attached hereon.

标 记 MARKS & NOS.	包装及数量 QUANTITY	保险货物项目 DESCRIPTION OF GOODS	保险金额 AMOUNT INSURED
N/M	130CTNS	MAN'S COTTON SHIRT L/C No.G/FO-7752807	USD143, 000

总保险金额

Total Amount Insured: SAY U.S. DOLLARS ONE HUNDRED AND FORTY THREE THOUSAND ONLY.

保费 费率 装载运输工具

Premium AS ARRANDGED Rate Per Conveyance S.S.

开航日期 自 至

Slg. on or abt. From SHANGHAI To OTTAWA

承保险别

Conditions: ALL RISKS AND WAR RISKS UP TO OTTAWA.

所保货物如发生本保险单项下可能引起索赔的损失或损坏，应立即通知本公司下述代理人查勘。如有索赔，应向本公司提交保险单正本（本保险单共有 2 份正本）及有关文件。如一份正本已用于索赔，其余正本则自动失效。

In the event of damage which may result in a claim under this policy, immediate notice must be given to the company agent as mentioned here under. Claims, if any, one of the original policies which has been issued in 2 original(s) together with the relevant documents shall be surrendered to be company. If one of the original policies has been accomplished, the others to be void.

赔款偿付地点

CLAIM PAYABLE AT OTTAWA, CANADA IN USD

DATE JUN.13, 2023

中国人民财产保险股份有限公司××分公司

PICC PROPERTY AND CASUALTY CO., LTD

××BRANCH

任务评价

任务评价表

评价项目	评价标准	满　分	得　分
保险单缮制规范	能清楚保险单的要点及相应的缮制规范	20分	
信用证条款解读	能清晰地理解和解读信用证中的条款内容	20分	
缮制保险单	能依据业务内容获取完整的保险单缮制要求	40分	
职业操作规范	能养成系统思维意识，形成依据业务实际流程规范缮制保险单的职业素养	20分	
合　计		100分	

项目小结

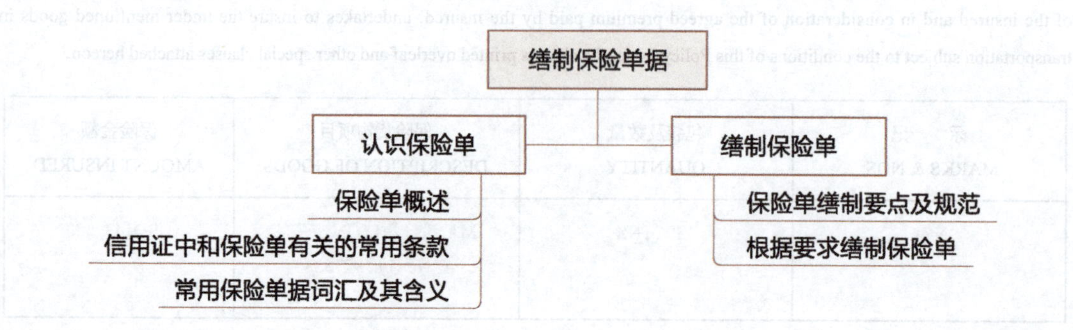

项目实训

理论部分

一、单选题

1. 转让保险单时，如信用证未明确规定背书方式，应采用（　　）。

A. 空白背书　　B. 记名背书

C. 记名指示背书　　D. 不必背书

2. 按照《INCOTERMS 2010》，CIF贸易术语条件下，卖方最低应负责投保的险别是（　　）。

A. 水渍险　　B. 平安险

C. 一切险　　D. 一切险加战争险

3. 根据我国海洋运输货物保险条款的规定，“一切险”包括（　　）。

A. 平安险加 11 种一般附加险　　B. 一切险加 11 种一般附加险

C. 水渍险加 11 种一般附加险　　D. 11 种一般附加险加特殊附加险

根据以下资料回答4～8题：

2023年10月，法国某公司（卖方）与中国某公司（买方）在上海订立了买卖200台电子计算机的合同，每台CIF上海1000美元，以不可撤销的信用证支付，2023年12月在马赛港交货。2023年11月15日，中国银行上海分行（开证行）根据买方指示向卖方开出了金额为20万美元的不可撤销信用证，委托马赛的一家法国银行通知并议付此信用证。2023年12月20日，卖方将200台计算机装船并获得信用证要求的提单、保险单、发票等单据后，即到该法国议付行议付。经审查，单证相符，银行即将货款议付给卖方。与此同时，载货船离开马赛港10天后，由于在航行途中遇上特大暴雨和暗礁，货船及货物全部沉入大海。此时开证行已收到了议付行寄来的全套单据，买方也已得知所购货物全部灭失的消息。中国银行上海分行拟拒绝偿付议付行已议付的货款，理由是其客户不能得到所期待的货物。

4. 买方的损失如何得到补偿？（　　）

A. 买方可凭保险单及有关载货船舶沉没的证明到保险公司索赔

B. 买方不可向保险公司索赔

C. 买方向卖方索赔

D. 买方向开证行索赔

5. 由于航行途中遇上特大暴雨和暗礁，货船及货物全部沉入大海的损失属于（　　）。

A. 实际损失　　B. 推定损失　　C. 共同海损　　D. 部分损失

6. 本案例中信用证要求的提单、保险单、发票等单据中属于官方单证的是（　　）。

A. 提单　　B. 保险单　　C. 发票　　D. 以上都不是

7. 投保单上的投保金额为发票金额的（　　）以上，需要征得保险公司同意方可投保。

A. 110%　　B. 130%　　C. 100%　　D. 105%

8. 保险的赔付地点一般填写（　　）。

A. 启运港（地）　　B. 目的港（地）

C. 投保人所在地　　D. 保险公司所在地

9. 甲公司与日本公司签订了一批金额10万美元CIF KOBE的工艺品出口合同，付款方式为：30% T/T（USD30,000.00），70%信用证（USD70,000.00）。来证中对保险加成未做规定，按惯例，则保险单据上保险金额应为（　　）。

A. USD100,000.00　　B. USD110,000.00

C. USD77,000.00　　D. USD70,000.00

10. 我方按CIF条件成交出口一批货物，卖方投保时，按（　　）投保是合理的。

A. 平安险＋水渍险　　B. 一切险＋偷窃、提货不着险

C. 平安险＋一切险　　D. 水渍险＋偷窃、提货不着险

11. 下列不属于一般附加险别的是（　　）。

A. 淡水、雨淋险　　B. 短量险

C. 钩损险　　D. 黄曲霉素险

12. 我国海运货物保险条款中，不适用“仓至仓条款”的险别是（　　）。

A. WAR RISKS　　B. FPA

C. WPA　　D. ALL RISKS

13. 以下关于保险凭证的叙述正确的是（　　）。
    A. 俗称“小保单”，是一种简化的保险单
    B. 既有正面内容，又有背面条款
    C. 与保险单具有同等效力
    D. 在实务中，保险凭证可以代替保险单

14. 根据国际惯例，保险金额的计算公式为（　　）。
    A. CIF C5×110%　　B. FOB 价 ×110%
    C. CIF 价 ×110%　　D. CFR 价 ×110%

二、多选题

1. 英国保险业ICC六种险别中，（　　）是可以单独投保的。
   A. ICC 恶意损害险　　B. ICC A
   C. ICC B　　D. ICC C
   E. ICC 战争险、罢工险

2. 我国海洋运输货物保险条款中的基本险别包括（　　）。
   A. 平安险　　B. 战争险　　C. 水渍险　　D. 一切险
   E. 罢工险

3. 以下关于保险单的作用说法正确的有（　　）。
   A. 物权凭证　　B. 索赔证明　　C. 保险合同　　D. 货物收据
   E. 以上均正确

4. 为防止运输途中货物被偷窃，应投保（　　）。
   A. 偷窃、提货不着险　　B. 一切险
   C. 一切险加保偷窃险　　D. 水渍险加保偷窃险
   E. 平安加保偷窃险

5. 在未规定具体唛头的情况下，保险单唛头一栏可填写（　　）。
   A. 发票上的唛头　　B. As per Invoice No.
   C. N/M　　D. N/N
   E. M/M

6. 以下属于一切险所承保的责任范围的有（　　）。
   A. 淡水雨淋险　　B. 钩损险　　C. 拒收险　　D. 渗漏险
   E. 战争险

7. 根据我国海洋运输货物保险条款的规定，基本险有（　　）。
   A. 水渍险　　B. 战争险　　C. 平安险　　D. 一切险
   E. 罢工险

8. 根据《UCP 600》的分类，保险单据包括（　　）。
   A. 保险单　　B. 保险凭证
   C. 预约保险单　　D. 投保声明
   E. 保费收据

三、判断题

1. 出口交易中采用D/P方式，出口人投保了“卖方利益险”，货物安全到达目的港，但遭到进口人的拒付，出口人即可凭保险单向保险公司索赔。（　）

2. 保险单出具后，如需要补充或变更保险内容，保险公司可根据投保人的请求出具修改保险内容的凭证，该项凭证称为批单。（　）

3. 按国际保险市场惯例，大保单与小保单具有同等法律效力。（　）

4. 按CFR术语进口时，我方在国内投保了一切险，保险公司承担的风险起讫应为“仓至仓”。（　）

5. 按我国习惯做法，如以CFR和FOB贸易术语成交，进口商在接到国外出口商发来的装船通知后，即应填制投保单或预约保险公司投保。（　）

6. 在国际贸易中，外贸公司向保险公司投保一切险后，在运输途中由于任何外来原因所造成的货损，均可以向保险公司索赔。（　）

7. 银行不接受出单日期迟于装船或发运或接受监管之日的保险单据。（　）

8. 保险加成的目的是用来弥补进口人经营管理费用或其利润的损失。（　）

实操部分

【业务背景】

无锡进出口贸易公司向日本大阪公司出口的货物已经装备完毕，现需要单证员根据业务进展情况办理保险业务。请以单证员身份，根据所提供资料，缮制保险单。

【操作资料】

卖　　方：WUXI IMPORT & EXPORT TRADE CORPORATION
225 ZHONGSHAN ROAD, WUXI, CHINA

电　　话：86-510-82246888　　传　　真：86-510-82246777

买　　方：TAKADA CORPORATION
6-7, KAWARAMACHI, OSAKA, JAPAN

电　　话：81-75-657888　　传　　真：81-75-657899

货　　名：体育用品（SPORT GOODS）

发 票 号：90H288134　　发票日期：2023年4月12日

合同编号：WXW245　　信用证号：HK7JH89

数　　量：100个纸箱　　单　　价：USD120.00/CTN

装 运 港：上海　　目 的 港：大阪（OSAKA PORT）

船名及航次：MINHAII V.27　　装运期限：最迟不得晚于2023年4月20日

预计到达目的港时间：2023年4月25日

保　　险：按发票金额的110%投保一切险（FOR 110 PERCENT OF THE INVOICE VALUE COVERING ALL RISKS AS PER PICC DATE 1/1/1981）

保险单号：SH02/31002011　　保险单签发日期和地点：2023年4月15日于上海

海洋货物运输保险单

MARINE CARGO INSURANCE POLICY

发票号 第一正本 保险单号

INVOICE NO.: THE FIRST ORIGINAL POLICY NO.:

被保险人

Insured: ______________________________

中国人民财产保险股份有限公司（以下简称本公司）根据被保险人的要求及其所缴付约定的保险费，按照本保险单承担险别、背面所载条款与以下特别条款承保下列货物运输保险，特签发本保险单。

This Policy of Insurance witnesses that PICC Property and Casualty Co., Ltd (hereinafter called "the Company"), at the request of the insured and in consideration of the agreed premium paid by the insured, undertakes to insure the under mentioned goods in transportation subject to the conditions of this Policy as per the clauses printed overleaf and other special clauses attached hereon.

标　记 MARKS & NOS.	包装及数量 QUANTITY	保险货物项目 DESCRIPTION OF GOODS	保险金额 AMOUNT INSURED

总保险金额

Total Amount Insured:

保费 费率 装载运输工具

Premium Rate Per Conveyance S.S.

开航日期 自 至

Slg. on or abt. From To

承保险别

Conditions:

所保货物如发生本保险单项下可能引起索赔的损失或损坏，应立即通知本公司下述代理人查勘。如有索赔，应向本公司提交保险单正本（本保险单共有2份正本）及有关文件。如一份正本已用于索赔，其余正本则自动失效。

In the event of damage which may result in a claim under this policy, immediate notice must be given to the company agent as mentioned here under. Claims, if any, one of the original policies which has been issued in 2 original(s) together with the relevant documents shall be surrendered to be company. If one of the original policies has been accomplished, the others to be void.

赔款偿付地点

CLAIM PAYABLE AT ______________________________

DATE ______________________________

中国人民财产保险股份有限公司××分公司

PICC PROPERTY AND CASUALTY CO., LTD

××BRANCH

项目九

缮制运输单据

知识目标

- 了解托运单据、海运提单、航空运单的含义和作用
- 清楚托运单据、海运提单、航空运单的缮制要点
- 掌握托运单据、海运提单、航空运单的缮制规范

能力目标

- 掌握订舱的流程
- 熟悉信用证中常用运输条款的表述方式
- 能依据信用证正确缮制相关运输单据

素养目标

- 在缮制运输单据的过程中逐步养成细致严谨的工作态度和习惯
- 在操作过程中逐步培养规则意识和流程意识
- 在处理运输单据的过程中锻炼与对接部门工作人员沟通协调的能力

项目情境

2023年5月22日，无锡特锐思国际贸易有限公司的单证员黄欣接到市场部美洲市场负责人张灵的通知，23JA7031KL号销售合同中的货物已做好相应出运准备，可以着手安排订舱相关工作。黄欣接到通知后，便与货运代理公司联系，了解订舱的流程，并按照货运代理公司提供的模版填制货运委托书。

项目分析

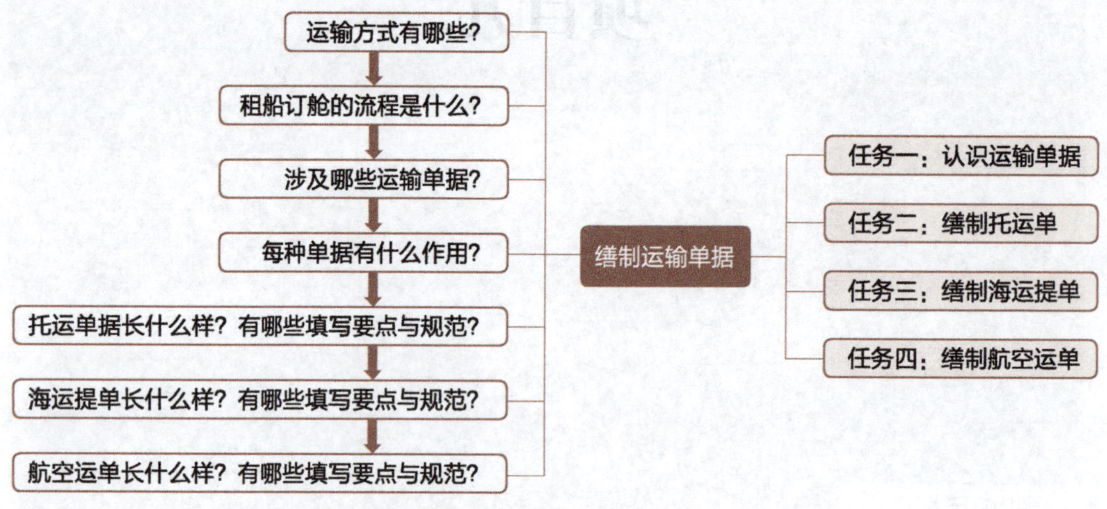

任务一 认识运输单据

必备知识

1. 租船订舱的流程

租船订舱的流程如图9-1所示。

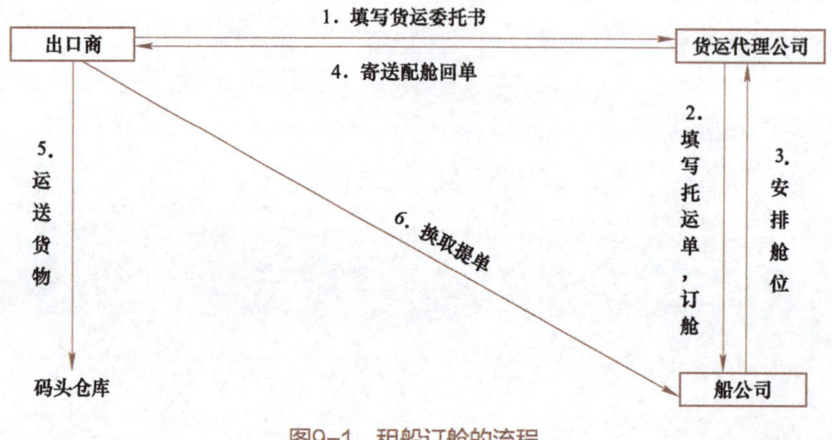

图9-1 租船订舱的流程

1）出口商在备妥货物、落实信用证后即可填写货运委托书并交给货运代理，委托其办理租船订舱手续。

2）货运代理公司根据出口商的货运委托书填写托运单，以自己的名义向船公司订舱托运。

3）船公司在收到托运单后，着手安排舱位，并在托运单上加填船名、航次、运输编号（此号即为关单号，货物装船后，该关单号即为提单号），在托运单的装货联（第五联）上加盖订舱确认章，而此联即为“配舱回单”。

4）货运代理公司在收到船公司的配舱回单后，将此单寄送给出口商，并通知其装货时间。

5）出口商在指定时间将货物运至码头仓库，装船完毕后由船长或大副根据装货的实际情况签发大副收据。

6）出口商凭此收据向船公司或其代理换取提单。

2. 场站收据

场站收据（Dock Receipt，D/R）又称港站收据或码头收据，是国际集装箱运输专用出口货运单证。它是由承运人委托CY（集装箱堆场）、CFS（集装箱货运站）或内陆CFS在收到FCL（整箱货）或LCL（拼箱货）后，签发给托运人的证明已收到托运货物并对货物开始负有责任的凭证。场站收据一般是在托运人口头或书面订舱，与船公司或船代达成货物运输协议，船代确认订舱后由船代交托运人或货运代理公司填制，在承运人委托的码头堆场、CFS或内陆CFS收到FCL或LCL后签发生效，托运人或其代理人可凭场站收据向船代换取已装船或待装船提单。场站收据样本如图9-2所示。

（1）场站收据的作用

场站收据是一份综合性单证，它把货物托运单（订舱单）、装货单（关单）、大副收据、理货单、配舱回单、运费通知等单证汇成一份，这对于提高集装箱货物托运效率和流转速度有很大意义。一般认为，场站收据的功能作用有以下几方面：

1）船公司或船代确认订舱并在场站收据上加盖有报关资格的单证章后，将场站收据交给托运人或其代理人，意味着运输合同开始执行。

2）是出口货运报关的凭证之一。

3）是承运人已收到托运货物并对货物开始负有责任的证明。

4）是换取海运提单或联运提单的凭证。

5）是船公司、港口组织装卸、理货、配载的资料。

6）是运费结算的依据。

7）如信用证中有规定，可作为向银行结汇的单证。

（2）场站收据的组成

场站收据是集装箱运输的重要的出口单证，其组成格式在许多资料上说法不一。不同的港、站使用的场站收据有所不同，联数有7、10、12不等。这里以10联单格式为例说明场站收据的组成情况。

第1联：集装箱货物托运单——货主留底，白色。

第2联：集装箱货物托运单——船代留底，白色。

第3联：运费通知（1），白色。

第4联：运费通知（2），白色。

第5联：场站收据副本——装货单（关单），白色。

第6联：场站收据副本——大副联，粉红色。

第7联：场站收据（正本联），淡黄色。

第8联：货运代理留底，白色。

第9联：配舱回单（1），白色。

第10联：配舱回单（2），白色。

标准格式为12联的场站收据，其第11、12联供仓库收货和点数使用。标准格式为7联的场站收据，无上述第1、3、4、10联，但增加集装箱理货留底联。

（3）场站收据的流转程序

在集装箱货物出口托运过程中，场站收据要在多个机构和部门之间流转。在流转过程中，场站收据涉及的相关方有托运人、货运代理、船代、海关、堆场、理货公司、船长或大副等。现以十联单为例说明场站收据的流转过程及程序。

1）发货人或代理填制场站收据一式十联，留下第1联（发货人留底联），将其余9联送船代订舱。

2）船代接受场站收据第2～10联，经编号后自留第2联（船代留底联）、第3联[运费计收联（1）]、第4联[运费计收联（2）]，并在第5联（关单联）上盖章确认订舱，然后退回发货人或代理第5～10联。

3）发货人或货运代理将第5～10联送海关报关，海关核对无误后在第5联（关单联）上盖章放行。

托运人或代理的出口货物一般要求在装箱前24小时向海关申报，海关在场站收据上加盖放行章后方可装箱，必须经海关同意并在装船前24小时将海关盖章的场站收据送交收货的场站业务员。

4）海关在第5联盖章放行后，自留第9联，将其余联（第5～8联、第10联）退回发货人或代理。

5）发货人或代理负责将箱号、封志号、件数等填入第5～7联，并将货物连同第5～8联、第10联在规定时间一并送交堆场或CFS。

场站收据中出口重箱的箱号允许装箱后由货运代理公司或装箱单位正确填写，海关验放时允许无箱号，但进场完毕时必须正确填写所有箱号、封志号和箱数。

6）堆场或CFS在接收货物时进行单货核对。如果无误，则在第7联（场站收据正本）上填入实收箱数、进场完毕日期并加盖场站公章签收，然后退回发货人。堆场或CFS自留第5联（关单联）。

7）发货人凭签收的第7联到船代处换取待装船提单，或在装船后换取已装船提单。

8）货物装船时，堆场将第6、8、10联送货运代理，货运代理于货物实际装船后在第8联（货运代理联）上签收并自留。

9）等货箱全部装上船舶，外理将第6联（大副联）和第10联（空白联）交船方留存。第10联也可供有关方使用。

Shipper（发货人）	D/R NO.（编号）	第 联
Consignee（收货人）		

Notify Party（通知人）	Received by the carrier the total number of container or other packages or units stated below to be transported subject to the terms and conditions of the carrier's regular form of bill of lading (for combined transport or port to port shipment) which shall be deemed to be incorporated herein.
Pre-carriage by（前程运输） Place of Receipt（收货地点）	Date（日期）:
Ocean Vessel（船名） Port of Loading（装货港）	场站章
Port of Discharge（卸货港） Place of Delivery（交货地点）	Final Destination for the Merchant's Reference（目的地）

Container No.（集装箱号）	Seal No.（封志号） Marks & Nos.（标记与号码）	No. of Containers or Pkgs.（箱数或件数）	Kind of Packages Description of Goods（包装种类与货名）	Gross Weight 毛重（千克）	Measurement 尺码（立方米）
Total Number of Containers or Packages (in Words) [集装箱数或件数合计（大写）]					
Container No.（箱号）	Seal No.（封志号）	Pkgs.（件数）	Container No.（箱号）	Seal No.（封志号）	Pkgs.（件数）

		Received（实收）by Terminal Clerk（场站员签字）	
Freight & Charges	Prepaid at（预付地点）	Payable at（到付地点）	Place of Issue（签发地点）
	Total Prepaid（预付总额）	No. of Original B(s)/L（正本提单份数）	Booking Approved（订舱确认）

Service Type on Receiving ☐ CY ☐ CFS	Service Type on Delivery ☐ CY ☐ CFS

		Reefer Temperature Required（冷藏温度）	°F	°C
Type of Goods（种类）	☐ Ordinary（普通） ☐ Reefer（冷藏） ☐ Dangerous（危险品） ☐ Auto（裸装车辆）	危险品	Class:	
			Property:	
	☐ Liquid（液体） ☐ Live Animal（活动物） ☐ Bulk（散装）		IMDG Code Page:	
			UN No.	

图9-2 场站收据样本

3. 海运提单

（1）海运提单的性质

海运提单（Bill of Lading，B/L），简称提单（见图9-3），是承运人或其代理人签发的，证明已收到特定货物，承诺将货物运至指定目的地并交付收货人的书面凭证。同时，海运提单也是收货人在目的港据以向承运人或其代理提取货物的凭证，体现了承运人与托运人之间的相互关系。

<table>
<tr><td colspan="3">Shipper
（托运人）</td><td colspan="3" rowspan="5">B/L No.
COSCO
中国远洋运输（集团）总公司
CHINA OCEAN SHIPPING (GROUP) CO.

ORIGINAL
COMBINED TRANSPORT BILL OF LADING</td></tr>
<tr><td colspan="3">Consignee or Order
（收货人或指示）</td></tr>
<tr><td colspan="3">Notify Party
（通知人）</td></tr>
<tr><td>Pre-carriage by
（前程运输）</td><td colspan="2">Place of Receipt
（收货地点）</td></tr>
<tr><td>Ocean Vessel
（海运船只）</td><td colspan="2">Port of Loading
（装货港）</td></tr>
<tr><td>Port of Discharge
（卸货港）</td><td colspan="2">Place of Delivery
（交货地）</td><td colspan="3">Final Destination for the Merchant’s Reference
（目的地）</td></tr>
<tr><td>Marks
（唛头）</td><td>Nos. & Kinds of Pkgs
（件数和包装种类）</td><td>Description of Goods
（货物名称）</td><td>G.W.(kgs)
（毛重）</td><td colspan="2">Meas.(m³)
（体积）</td></tr>
<tr><td colspan="6">Total Number of Containers or Packages（in Words）（总件数）</td></tr>
<tr><td>Freight & Charges
（运费）</td><td>Revenue Tons
（运费吨）</td><td>Rate
（费率）</td><td>Per
（计费单位）</td><td>Prepaid
（运费预付）</td><td>Collect
（运费到付）</td></tr>
<tr><td colspan="2">Prepaid at
（预付地点）</td><td colspan="2">Payable at
（到付地点）</td><td colspan="2">Place and Date of Issue
（签单地点和时间）</td></tr>
<tr><td colspan="2">Total Prepaid
（预付总金额）</td><td colspan="2">Number of Original B(s)/L
（正本提单的份数）</td><td colspan="2" rowspan="2">Signed for the Carrier
（承运人签章）
中国远洋运输（集团）总公司
CHINA OCEAN SHIPPING (GROUP) CO.
×××</td></tr>
<tr><td colspan="2">Date
（装船日期）</td><td colspan="2">Loading on Board the Vessel by
（船名）</td></tr>
</table>

图9-3　海运提单样本

海运提单的性质主要表现在以下三个方面：

1）提单是承运人出具的货物收据，证明承运人已收到或接管提单上列明的货物。

2）提单是货物所有权的凭证，在法律上具有物权证书的作用。货物抵达目的港后，提单持有人有权凭以提货。作为商业单据，提单还可以通过背书转让，从而转让货物的所有权。

3）提单条款明确了承托双方的权利与义务、责任与豁免，是处理运输纠纷的主要依据，是运输合同的证明。

（2）海运提单的签发

1）提单签发人。提单签发人包括承运人、承运人的代理人和船长。但是，如果提单由承运人的代理人签发，则代理人必须经承运人的合法授权委托。

2）提单签发的地点和日期。提单是在大副签署的收货单与提单的各项内容核对无误后才签发的。提单的签发地点应在货物的装船港，签发日期应当是货物实际装船完毕的日期，并且与大副签署的收货单日期一致。

3）提单的份数。提单有正本（Original）和副本（Non-negotiable Copy）之分。正本提单通常为2～3份，有时可达4份，以防遗失、被窃或迟延到达或在传递过程中发生意外事故造成灭失。各份正本提单都具有同等效力，但其中一份提货后，其他各份自动失效。副本提单的份数不限，它虽然没有法律效力，不能据以提货，但却是装运港、中转港及目的港的代理人和载货船舶不可缺少的货运补充文件。

（3）海运提单的种类

海运提单的种类及其英文名称见表9-1。

表9-1　海运提单的种类及其英文名称

分 类 方 法	提 单 种 类	英 文 名 称
货物是否已装船	已装船提单	On Board B/L
	备运提单	Received for Shipment B/L
货物有无不良批注	清洁提单	Clean B/L
	不清洁提单	Unclean B/L
提单抬头	记名提单	Straight B/L
	不记名提单	Open B/L
	空白抬头提单	Blank B/L
	指示提单	Order B/L
运输方式	直达提单	Direct B/L
	转船提单	Transhipment B/L
	多式联运提单	Combined Transport B/L
提单签发人	承运人提单	Master B/L
	无船承运人提单	NVOCC B/L
	货代提单	House B/L
提单签发时间	预借提单	Advanced B/L
	倒签提单	Anti-date B/L
	顺签提单	Post-date B/L
	过期提单	Stale B/L
其他类型	全式提单	Long Form B/L
	简式提单	Short Form B/L
	舱面提单/甲板提单	On Deck B/L

4. 航空运单

航空运单（Air Way Bill）（见图9-4）是承运人或其代理人签发的货物运输单据，是承托双方的运输合同，其内容对双方都有约束力。航空运单不代表所托运货物的所有权，不可转让和凭以向银行融通资金。因此，在航空运单的收货人栏内，必须详细填写收货人的全称和地址，而不能做成指示性抬头。

航空运单的正本一式三份：一份交发货人，是承运人或其代理人接收货物的依据，发货人可凭以结算货款；一份由承运人作为记账凭证留存；一份随货同行，在货物到达目的地交付给收货人时作为核收货物的依据。此外，航空运单还可作为核收运费的依据和海关查验放行的基本单据。

Master Air Waybill Number

Shipper's Name and Address | Shipper's Account Number

Not Negotiable

Air Waybill

(Air Consignment Note)

Issued by COSCO 中远空运

COSCO INTERNATIONAL AIR FREIGHT

10F, Towercrest Plaza, No.3 Maizidian West

Tel.:86-10-64611188 Fax:86-10-64673188

Consignee's Name and Address | Consignee's Account Number

Copies 1,2, and 3 of this Air Waybill are originals and have the same validity.

it is agreed that the goods described herein are accepted in apparent good order and condition(except as noted)for carriage subject to the condiiions of conIracton on the reverse hereof. the shipper's atteniion is drawn to the noice concerning carrier's limitation of liability. shipper may increase such limitation of liability by declaring a higher value for carriage and paying a supplemental change if required.

Airport of Departure | IATA Code | Accounting Information

To | By First Carrier | Routing and Destination | to | by | to | by | Currency | CHGS Code | WT/VAL (PPD, COLL) | Other (PPD, COLL) | Declared Value for Carriag | Declared Value for Customs

Airport of Destination | Flight/Date | For Carrier Use Only | Flight/Date | Amount of Insurance | INSURANCE:If Carrier offers insurance, and such insurance is requested in accordance with the conditions thereof, indicate amount to be insured in figures in box marked 'Amount of Insurance.'

Handling Information

No. of Pieces RCP	Gross Weight	kg/lb	Rate Class Commodity Item No.	Chargeable Weight	Rate/Charge	Total	Nature and Quantity of Goods (incl. Dimensions or Volume)

Prepaid | Weight Charge | Collect

Other Charges

Valuation Charge

Tax

Accounting Information

Total Other Charges Due Agent

Total Other Charges Due Carrier

Shipper certifies that the particulars on the face hereof are correct and that insofar as any part of the consignment contains restricted articles,such part is properly described by name and is in proper condition for carriage by air according to the International Air Transport Association's Restricted Articles Regulations.

Total Prepaid | Total Collect

Signature of Shipper or his Agent

Currency Conversion Rate | CC Charges in Dest. Currency

Executed on (Date) at (Place) Signature of Issuing Branch

ORIGINAL 3 FOR SHIPPER A

图9-4 航空运单样本

5. 信用证中与运输单据有关的条款

条款1：Full set of B/L in triplicate with two non-negotiable B/L.

条款1解读：全套提单3份正本，2份副本。

条款2：Bills of Lading must evidence carrying steamer is not African and not calling at African port.

条款2解读：提单应证明载货船只不属于非洲国籍，不停泊非洲港口。

条款3：Full set of clean shipped on board Ocean Bill of Lading in triplicate, made out to order and endorsed in blank, marked freight prepaid and notify applicant.

条款3解读：全套已装船清洁提单一式三份，做成空白抬头和空白背书，标明“运费预付”，并通知开证申请人。

条款4：B/L must bear a written signature, if signed by a facsimile stamp they can not be acceptable.

条款4解读：提单必须手签，若用印章签发则拒收提单。

小试牛刀 条款解读

你来试一试?

条款A：Full set and 3 non-negotiable copies of clean on board vessel marine/ocean bills of lading made out of the order of center bank, 2222 west Olympic Blvd, Los Angeles, CA90006,USA, marked freight prepaid and notify accountee.

条款B：Full set (3/3) clean on board combined transport bills of lading consigned to order, marked “freight prepaid”, “N/M”, and must indicate container(s) number.If combined transport bill of lading is presented, must be indicate vessel name.

条款C：Bills of lading mustindicate all freight charges prepaid.

6. 运输单据常用词汇及其含义

运输单据常用词汇及其含义见表9-2。

表9-2 运输单据常用词汇及其含义

序　号	英文表述	中文含义
1	on board	已装船
2	endorsement (blank endorsement)	背书（空白背书）
3	mate’s receipt	大副收据
4	carrier	承运人
5	shipper	托运人
6	consignee	收货人
7	notify party	通知方
8	master bill of lading	主提单
9	house waybill	全程运单
10	B/N (booking note)	托运单
11	shipping order	配舱回单
12	SLI (shipper’s letter of instruction)	托运委托书

（续）

序　号	英文表述	中文含义
13	CFS (container freight station)	集装箱货运站
14	CY (container yard)	集装箱堆场
15	Issuing Carrier Agent Name and City	代理人的名字和城市
16	VOY. NO. (voyage number)	航次号
17	CTD (combined transport documents)	联合运输单据
18	lighter	驳船
19	cargo space	货舱
20	POD (port of discharge)	卸货港
21	POL (port of lading)	装货港
22	ocean vessel & voy.	船名航次号

任务实施

黄欣接到通知后，首先需明确本次业务的运输方式，然后着手准备订舱相关事宜。在货物交付和运输过程中，如货物的数量较大，可以包租整船或者整机来装运，即“租船”或“包机”；如果货物量不大，则可以租赁运输工具的部分舱位来装运，即“订舱”。这项工作既可以与实际承运人（船公司或航空公司）直接洽谈，也可以与货运代理公司洽谈，该如何确定洽谈对象呢?

第一步：确定运输方式

方法：查看销售合同和信用证，找到其中有关运输方式的相关条款。

信用证要求：

PORT OF LOADING	*44E: SHANGHAI, CHINA
PORT OF DISCHARGE	*44F: OTTAWA, CANADA

选择结果：海洋运输

第二步：选择洽谈对象

方法：①查看销售合同和信用证，找到其中有关货物种类、数量、装货港、卸货港、装运期限等相关条款；②通过互联网、电话等方式分别向实际承运人和货运代理公司询价、比价，选择合适的洽谈对象。

信用证要求：

PARTIAL SHIPMENTS	*43P: ALLOWED
TRANSSHIPMENT	*43T: NOT ALLOWED
PORT OF LOADING	*44E: SHANGHAI, CHINA
PORT OF DISCHARGE	*44F: OTTAWA, CANADA
LATEST DATE OF SHIPMENT	*44C: 20230615

↓

租赁部分舱位即可

选择结果：直接将订舱事宜委托给货运代理公司

第三步：索要货运委托书模板

方法：确定好与之合作的货运代理公司后，要求货运代理公司业务员提供货运委托书模板。

第四步：获取运输单据缮制要求

方法：查看信用证，找到其中有关货物运输的条款。

信用证要求：

DOCUMENTS REQUIRED　　*46A:

+ FULL SET (3 ORIGINALS AND 3 NON-NEGOTIABLE COPIES) CLAEAN ON BOARD, MULTIMODAL TRANSPORT BILL OF LADING ISSUED OR ENDORSED TO THE ORDER OF SHIPPER MARKED FREIGHT PREPAID AND APPLICANT'S NAME AS NOTIFY PARTY INDICATING SHIPMENT OF THE GOODS FROM SHANGHAI TO OTTAWA WITH THE VESSLE NO.

获取的运输单据缮制要求：

1）提单份数：三正三副。

2）提单要求：清洁已装船提单。

3）提单抬头：指示性提单，按照托运人指示。

4）运输路线：从中国上海到加拿大渥太华。

5）其他要求：标注运费预付、通知开证申请人。

任务评价

任务评价表

评价项目	评价标准	满分	得分
运输单据的种类、含义及作用	能清晰地理解运输单据的种类，知道各种运输单据的含义和作用	20分	
解读信用证中运输单据条款	能准确解读信用证中有关货物运输的条款	25分	
获取运输单据缮制要求	能依据业务获取完整的运输单据缮制要求	30分	
职业操作规范	能养成细致严谨的工作态度和习惯，能具备规则意识和流程意识	25分	
合　计		100分	

任务二　缮制托运单

必备知识

1. 海运货物托运单

海运货物托运单是托运人填写并盖章确认的，用于委托船公司或其代理人办理货物托运手续的凭证。不同的海运公司有不同版式的海运货物托运单，而且同一家公司也会有多种不同的托运单格式。尽管如此，托运单上所需填写的内容大致相同。

2. 航空运输托运单

航空运输托运单是航空公司或其代理人接受订舱、调拨集装基材、组织装运的依据，也是缮制航空运单的原始依据。

3. 海运货物托运单缮制规范

1）托运人（Shipper）：填写托运人的全称、街名、城市、国家名称及联系电话等信息。托运人可以是货主、货主代理人或货运代理人，但在采用信用证交易时，一般填写信用证上的受益人信息。

2）收货人（Consignee）：填写收货人的全称、街名、城市、国家名称及联系电话等内容。收货人抬头一般按照信用证中的规定进行填写；若信用证中没有规定，则可以填写记名或不记名抬头。

3）通知方（Notify Party）：填写通知人的全名、地址等相关信息。

4）船名航次（Vessel）：填写货轮的名称及航次号码。

5）配舱回单号（Shipping Order）：填写配舱回单号码

6）启运港（Loading）：对于从内陆地区送货到沿海港口的货物，启运港并不一定是其发货地点。

7）转运港（Via）：若无转运则本栏空白不填。

8）最终目的地（Final Destination）：填写最终目的地名称。

9）标记唛码（Marks & Nos.）：填写货物的唛头等内容。

10）件数（Packages）：填写货物的包装件数。

11）货物品名及规格（Description of Goods）：填写货物的名称、规格。

12）箱量（Containers）：填写各种不同规格货物的装箱情况。

13）毛重（G. W.）：填写货物的毛重。

14）尺码（Meas.）：填写货物的体积。

4. 航空运输托运单缮制规范

1）托运人姓名及地址（Shipper's Name and Add.）：通常要填写托运人的全称、街名、城市名称、国名，以及便于联系的电话号码、电传号或传真号。

2）收货人姓名及地址（Consignee's Name and Add.）：填写收货人的全称、街名、城市名称、国名（特别是在不同国家内有相同城市名称时，必须要填上国名），以及电话号码、电传号或传真号。

3）代理人的名字和城市（Issuing Carrier Agent Name and City）。

4）始发站（Airport of Departure）：填始发站机场的全称，或所在城市名称。在始发机场全称不明确的情况下，可以填写其所在城市名称。

5）到达站（Airport of Destination）：填目的地机场名称或代码。代码填写必须按照国际航空运输协会IATA规范填报。

6）货运单号码（No. of Air Waybill）：填写航空货运单的单号。

7）供承运人用（For Carrier Use Only）：本栏目下属的两栏内容均由承运人填写。

8）已预留吨位（Booked）：有需要时，可以按照计费吨位进行填写。

9）运费（Charges）：根据运费支付方式填写，预付方式填写“FREIGHT PREPAID”或“PP”，到付方式填写“FREIGHT COLLECT”或“CC”。

10）另行通知（Also Notify）：填写通知人的名字、地址等信息。

11）托运人声明的价值（Shipper's Declared Value）：一般可按发票金额填写，如果托运人不要求声明价值，则填入“NVD”（No Value Declared，无申报价值）。

12）保险金额（Amount of Insurance）：承运人为托运人代办保险时，可以填写货物的投保金额。若不代办，则填写“NIL”字样或显示×××。

13）所附文件（Documents to Accompany Air Waybill）：填随附在空运单据下前往目的地的文件名称。

14）处理情况（包括包装方式、货物标志及号码等）[Handling Information（Incl. Method of Packing Identifying Marks and No. Ect.）]：填附加的处理要求。

15）件数（No. of Packages）：填写货物的件数和包装类型。如果在本单据项下有不同种类货物运价的情况，则应当分别填写货物的件数和包装类型，并将总件数相加，包装类型统一用“PACKAGE”来表示。

16）实际毛重（Actual Gross Weight）：本栏内的重量应由承运人或其代理人在称重后填入。如托运人已经填上重量，承运人或其代理人必须进行复核。一般计量单位用千克或磅表示，当货物以千克为单位时，保留小数后一位，并按0.5进位。

17）运费类别（Rate Class）：填写货物运价种类的代码。

18）收费重量（Chargeable Weight）：本栏内的重量应由承运人或其代理人在量过货物的尺寸（以厘米为单位）并算出计费重量后填入。如托运人已经填上，承运人或其代理人必须进行复核。

19）费率（Rate/Charge）：填写货物所适用的运价类别的费率。

20）货物品名及数量（包括体积或尺寸）[Nature and Quantity of Goods（Incl. Dimensions of Volume）]：填写货物的具体名称、数量，包括货物的外包装尺寸或体积。

注意：当货物为危险货物时，要填写其标准的技术名称、危险等级和联合国的危险货物编号等。对于鲜活易腐品、活体动物等一定要填写货物的具体名称，不能用笼统品名。

21）托运人签名及盖章（Signature & Chop by Shipper）：托运人必须在本栏内签字。

任务实施

黄欣在确定好运输方式、了解了运输单据缮制要求后，便着手填制托运单。那么，托运单该如何填写呢？

第一步：解读托运单缮制要点及规范

托运单缮制要点如图9-5所示。

出口货物托运单

填制日期： 年 月 日

<table>
<tr><td colspan="3">Shipper: 1. 托运人

Tel.: 2. 电话 Fax: 3. 传真</td><td colspan="3" rowspan="2">托运条款：1. 货物的各项资料，包括唛码、件数、货名、重量、尺码、运输条款等由托运人认真填写，并对其填写的内容准确性负责。2. 运费与附加费栏，按双方协定的金额填写。3. 货物可否转船，不填写的，一律视作可转船；运费预付/到付栏不填的，一律视作预付；运输条款不填的，可视作CY/CY等条款。4. 特殊柜种托运需填写清楚特殊要求。5. 托运单必须有经办人签名及盖章。6. 货物经订舱后，由于托运单填写错误或资料不全等而产生的一切责任、费用概由托运人承担。7. 托运人填报本托运单，即表示已接受以上条款。</td></tr>
<tr><td colspan="3">Consignee: 4. 收货人</td></tr>
<tr><td colspan="3">Notify Party: 5. 通知方</td><td colspan="3">运输条款：□ CY/CY □ CY/HK □ CY/FO
□ CY/DR □ DR/DR □ DR/CY</td></tr>
<tr><td colspan="3">Vessel: 6. 船名航次</td><td colspan="3" rowspan="5">□ 需正本提单 □ 电放

海运费： □ 预付 □ 到付
文件费： 报关费：
电放费： 拖车费：
其他：</td></tr>
<tr><td colspan="3">Shipping Order: 7. 配舱回单号</td></tr>
<tr><td colspan="3">Loading: 8. 启运港</td></tr>
<tr><td colspan="3">Via: 9. 转运港</td></tr>
<tr><td colspan="3">Final Destination: 10. 最终目的地</td></tr>
<tr><td>标记唛码
Marks & Nos.</td><td>件数
Packages</td><td>货物品名及规格
Description of Goods</td><td>箱量
Containers</td><td>毛重
G. W. (KGS)</td><td>尺码
Meas.（CBM）</td></tr>
<tr><td></td><td></td><td></td><td></td><td></td><td></td></tr>
<tr><td colspan="2">拖车行名称：</td><td colspan="2">电话：</td><td colspan="2">联系人：</td></tr>
<tr><td colspan="6">如委托我司拖车、报关，请填写：
装货时间： 装货地点： 联系人：</td></tr>
<tr><td colspan="6">特别事项：
备注/Note：美国货物限重：17.2T/20'GP 19.9T/40'GP 19.9T/40'HQ；其他地区限重：21.7T/20'GP 26.6T/40'GP 26.6T/40'HQ</td></tr>
<tr><td colspan="6">托运人签名和签章：</td></tr>
</table>

图9-5 托运单缮制要点

托运单缮制规范见本任务“必备知识”部分。

第二步：依据任务要求缮制托运单据

1）从信用证中获取交易的基本信息并填入选择的托运单中。

2）结合托运单缮制要点及规范，缮制托运单（见图9-6）。

出口货物托运单

填制日期：2023年 5月22日

<table>
<tr><td colspan="3">Shipper:
WUXI TERUISI INTERNATIONAL TRADE CO.,LTD
NO. 27 XUEQIAN ROAD, WUXI ,CHINA
Tel.: 0086-510-82700788　　Fax: 0086-510-82700777</td><td colspan="3" rowspan="2">托运条款：1. 货物的各项资料，包括唛码、件数、货名、重量、尺码、运输条款等由托运人认真填写，并对其填写的内容准确性负责。2. 运费与附加费栏，按双方协定的金额填写。3. 货物可否转船，不填写的，一律视作可转船；运费预付/到付栏不填的，一律视作预付；运输条款不填的，可视作CY/CY等条款。4. 特殊柜种托运需填写清楚特殊要求。5. 托运单必须有经办人签名及盖章。6. 货物经订舱后，由于托运单填写错误或资料不全等而产生的一切责任、费用概由托运人承担。7. 托运人填报本托运单，即表示已接受以上条款。</td></tr>
<tr><td colspan="3">Consignee:
TO THE ORDER OF SHIPPER</td></tr>
<tr><td colspan="3" rowspan="2">Notify Party:
FASHION FORCE CO., LTD
P.O.BOX 8935 NEW TERMINAL, ALTA, VISTA OTTAWA, CANADA</td><td colspan="3">运输条款：☐ CY/CY ☐ CY/HK ☐ CY/FO
☐ CY/DR ☐ DR/DR ☐ DR/CY</td></tr>
<tr><td colspan="3" rowspan="2">☑ 需正本提单　☐ 电放</td></tr>
<tr><td colspan="3">Vessel: THY V.0052</td></tr>
<tr><td colspan="3">Shipping Order:THY09055589</td><td colspan="3" rowspan="4">海运费：☑ 预付　☐ 到付
文件费：　报关费：
电放费：　拖车费：
其他：</td></tr>
<tr><td colspan="3">Loading:SHANGHAI, CHINA</td></tr>
<tr><td colspan="3">Via:</td></tr>
<tr><td colspan="3">Final Destination:OTTAWA, CANADA</td></tr>
<tr><td>标记唛码
Marks & Nos.</td><td>件数
Packages</td><td>货物品名及规格
Description of Goods</td><td>箱量
Containers</td><td>毛重
G. W. (KGS)</td><td>尺码
Meas. (CBM)</td></tr>
<tr><td>N/M</td><td>130 CARTONS</td><td>MAN’S COTTON SHIRT
S
M
L</td><td>
20 CTNS
80 CTNS
30 CTNS</td><td>
22KGS/CTN
22KGS/CTN
22KGS/CTN</td><td>
0.06CBM/CTN
0.06CBM/CTN
0.06CBM/CTN</td></tr>
<tr><td colspan="2">拖车行名称：
无锡艾怡车辆运输有限公司</td><td colspan="2">电话：
0086-510-82880057</td><td colspan="2">联系人：李艾</td></tr>
<tr><td colspan="6">如委托我司拖车、报关，请填写：
装货时间：　　　装货地点：　　　联系人：</td></tr>
<tr><td colspan="6">特别事项：
备注/Note：美国货物限重：17.2T/20’GP 19.9T/40’GP 19.9T/40’HQ；其他地区限重：21.7T/20’GP 26.6T/40’GP 26.6T/40’HQ</td></tr>
<tr><td colspan="6">托运人签名和签章：
WUXI TERUISI INTERNATIONAL TRADE CO.,LTD
黄欣</td></tr>
</table>

图9-6　缮制的托运单

任务评价

任务评价表

评价项目	评价标准	满　分	得　分
海运货物托运单缮制规范	能清楚海运货物托运单的要点及相应的缮制规范	20分	
航空运输托运单缮制规范	能清楚航空运输托运单的要点及相应的缮制规范	20分	
缮制海运货物托运单	能依据业务内容获取完整的海运货物托运单缮制要求并正确缮制单据	40分	
职业操作规范	能养成系统思维意识，形成依据业务实际流程规范缮制海运货物托运单的职业素养	20分	
合　计		100分	

任务三 缮制海运提单

必备知识

1. 海运提单的含义

海运提单（Bill of Lading，B/L），简称提单，是承运人或其代理人签发的，证明已收到特定货物，承诺将货物运至指定目的地并交付收货人的书面凭证。同时，海运提单也是收货人在目的港据以向承运人或其代理提取货物的凭证，体现了承运人与托运人之间的相互关系。

2. 海运提单缮制规范

1）托运人（Shipper）：填写规范同托运单。

2）收货人（Consignee）：记名提单直接填收货人，不记名提单填“TO BEARER”，托运人指示提单填“TO ORDER”，记名指示提单填“TO THE ORDER OF×××”。不论填写何种收货人抬头，都必须与信用证中的规定一致。

3）通知方（Notify Party）：信用证方式下按信用证规定填写，但在记名提单上则没有必要填写通知人，此时可以填写“SAME AS CONSIGNEE”。

4）前程运输（Combined Transport*，Pre-carriage by）：一般填写第一程运输的船名，此栏只有在多式联运方式下才需要填写。

5）收货地点（Combined Transport*，Place of Receipt）：此栏只有在多式联运方式下才需要填写。对于从内陆地区运往沿海港口的交易，收货地点与装运港不一定为同一个地点。

6）船名航次（Ocean Vessel Voy. No.）：若是已装船提单，则在此栏填写船名和航次号。若没有航次，则允许航次空白不填。

7）装运港（Port of Loading）：填写规范同托运单。

8）卸货港（Port of Discharge）：填写规范同托运单。

9）交付地点（Combined Transport*, Place of Delivery）：此栏只有在多式联运方式下才需要填写。

注意：若收货地与交付地都空白，则表明本单据为海运提单；反之则为多式联运提单。

10）总集装箱或总包装的数量（Total Number of Containers and/or Packages (in words)：本栏需用英文大写字母来填写。一般提单上的总数量不允许做任何更改，也不允许使用更正章。

11）运费及费用（Freight & Charges）：本栏填写运费的支付方式。若托运人在装运港支付运费，则填写“FREIGHT PREPAID”；若收货人在目的港支付运费，则填写“FREIGHT COLLECT”。

12）运费吨（Revenue Tons）：本栏填写运费的计费重量。

13）费率（Rate）：由承运人填写相应的运费计费费率。

14）计费单位（Per）：填写运费的计费单位。

15）预付（Prepaid）：根据信用证中的规定填写。

16）到付（Collect）：根据信用证中的规定填写。

注意：Prepaid和Collect二者选其一，若信用证中没有做出规定，则要与交易所使用的贸易术语相匹配。

17）唛头（Marks & Nos.）：若信用证规定了唛头，则按其规定，若未规定则按双方约定或由卖方自定。无唛头则填“N/M”。此栏填写的内容必须与货物外包装上的唛头内容完全一致。

集装箱号/封箱号（Container / Seal No.）：集装箱货物要注明集装箱号码。

18）集装箱或包装数量（No. of Containers or Packages）：单位件数与包装都要与实际货物相符，并在大写合计数内填写英文大写字母，若有两种以上不同包装单位，应分别填写再合计。散装货，只填“IN BULK”。

19）货物描述（Description of Goods）：按信用证规定，并与发票等单据一致，若货物品名较多，可用总称。

20）货物毛重（Gross Weight）：若信用证无特别规定，则填写货物的实际毛重。当货物没有毛重，只有净重时，则在本栏内显示“NW *** KGS”。

21）货物体积（Measurement）：填写货物的体积，以立方米作为计量单位。

22）预付地点（Prepaid at）：注意与第11栏内容的一致性。

23）到付地点（Payable at）：注意与第11栏内容的一致性。

24）提单签发地点和签发日期（Place and Date of Issue）。

25）总预付费用（Total Prepaid）。

26）正本提单数量（No. of Original B(s)/L）：信用证方式下按信用证规定，若无规定则一般是三份。

27）承运人签字（Signed for the Carrier）。

28）提单号（B/L No.）：一般在提单右上角。

29）其他：提单上还应注明“ON BOARD”字样，正本要注明“ORIGINAL”，有时还要注明货物的交接方式，如CY-CY、CFS-CY等。

任务实施

黄欣在填制好托运单据后，即交给货运代理公司。货运代理公司为黄欣订好舱位并确定好交货时间和地点。黄欣在规定时间5月24日将货物交给承运人，承运人向黄欣签发了海运提单。由于海运提单是物权凭证，因此提单的准确性非常重要。那么，如何判断承运人签发的提单是否正确呢？黄欣需要掌握海运提单的缮制要点及规范。

第一步：解读海运提单缮制要点及规范

海运提单缮制要点及规范如图9-7所示。

1. Shipper 1. 托运人	B/L No. 28. 提单号
2. Consignee 2. 收货人	中远集装箱运输有限公司 COSCO CONTAINER LINES TLX: 33057 COSCO CN FAX: +86(021) 6545 8984 **ORIGINAL** Port-to-Port or Combined Transport **BILL OF LADING**
3. Notify Party (It is agreed that no responsibility shall attach to the carrier or his agents for failure to notify) 3. 通知方	RECEIVED in external apparent good order and condition except as otherwise noted. The total number of packages or unites stuffed in the container. The description of the goods and the weights shown in this Bill of Lading are furnished by the merchants, and which the carrier has no reasonable means of checking and is not a part of this Bill of Lading contract. The carrier has issued the number of Bills of Lading stated below, all of this tenor and date. One of the original Bills of Lading must be surrendered and endorsed or signed against the delivery of the shipment and whereupon any other original Bills of Lading shall be void. The Merchants agree to be bound by the terms and conditions of this Bill of Lading as if each had personally signed this Bill of Lading. SEE clause 4 on the back of this Bill of Lading (terms continued on the back hereof, please read carefully). *Applicable only when document used as a combined transport Bill of Lading.

4. Combined Transport * Pre-carriage by 4. 前程运输	5. Combined Transport* Place of Receipt 5. 收货地点
6. Ocean Vessel Voy. No. 6. 船名航次	7. Port of Loading 7. 装运港
8. Port of Discharge 8. 卸货港	9. Combined Transport * Place of Delivery 9. 交付地点

Marks & Nos. Container / Seal No.	No. of Containers or Packages	Description of Goods (If dangerous goods, see clause 20)	Gross Weight	Measurement
		19. 货物描述	20. 货物毛重	21. 货物体积
17. 唛头 集装箱号/封箱	18. 集装箱或 包装数量			
		Description of Contents for Shipper's Use Only (Not part of this B/L Contract)		

10. Total Number of Containers and/or Packages (in words)
Subject to Clause 7 Limitation
10. 总集装箱或总包装的数量

11. Freight & Charges	Revenue Tons	Rate	Per	Prepaid	Collect
11. 运费及费用	12. 运费吨	13. 费率	14. 计费单位	15. 预付	16. 到付
Declared Value Charge					

Ex. Rate:	Prepaid at 22. 预付地点	Payable at 23. 到付地点	Place and Date of Issue 24. 提单签发地点和日期
	Total Prepaid 25. 总预付费用	No. of Original B(s)/L 26. 正本提单数量	Signed for the Carrier, COSCO CONTAINER LINES

LADEN ON BOARD THE VESSEL
27. 承运人签字

DATE		BY	

图9-7 海运提单缮制要点及规范

第二步：依据任务要求缮制海运提单

1）从信用证中获取交易的基本信息并填入选择的海运提单中。

2）结合前一步中海运提单缮制要点及规范，缮制海运提单（见图9-8）。

1. Shipper WUXI TERUISI INTERNATIONAL TRADE CO., LTD NO. 27 XUEQIAN ROAD, WUXI, CHINA 0086-510-82700788 0086-510-82700777	B/L No. THR255348
2. Consignee TO THE ORDER OF SHIPPER	中远集装箱运输有限公司 COSCO CONTAINER LINES TLX: 33057 COSCO CN FAX: +86(021) 6545 8984 **ORIGINAL** Port-to-Port or Combined Transport **BILL OF LADING**
3. Notify Party (It is agreed that no responsibility shall attach to the carrier or his agents for failure to notify) FASHION FORCE CO., LTD P.O.BOX 8935 NEW TERMINAL, ALTA, VISTA OTTAWA, CANADA 001-613-7983503 001-613-7895307	RECEIVED in external apparent good order and condition except as otherwise noted. The total number of packages or unites stuffed in the container.The description of the goods and the weights shown in this Bill of Lading are furnished by the merchants, and which the carrier has no reasonable means of checking and is not a part of this Bill of Lading contract. The carrier has issued the number of Bills of Lading stated below, all of this tenor and date.One of the original Bills of Lading must be surrendered and endorsed or signed against the delivery of the shipment and whereupon any other original Bills of Lading shall be void. The Merchants agree to be bound by the terms and conditions of this Bill of Lading as if each had personally signed this Bill of Lading. SEE clause 4 on the back of this Bill of Lading (Terms continued on the back hereof, please read carefully). *Applicable only when document used as a combined transport Bill of Lading.
4. Combined Transport * Pre - carriage by | 5. Combined Transport* Place of Receipt	
6. Ocean Vessel Voy. No.: THY V.0052 | 7. Port of Loading: SHANGHAI CHINA	
8. Port of Discharge: OTTAWA, CANADA | 9. Combined Transport * Place of Delivery	

Marks & Nos. Container / Seal No.	No. of Containers or Packages	Description of Goods (If Dangerous Goods, See Clause 20)	Gross Weight	Measurement
N/M	130 CARTONS	MAN'S COTTON SHIRT		
		S	22KGS/CTN	0.06CBM/CTN
		M	22KGS/CTN	0.06CBM/CTN
		L	22KGS/CTN	0.06CBM/CTN
		Description of Contents for Shipper's Use Only (Not Part of This B/L Contract)		

10. Total Number of Containers and/or Packages (in words)　PACKED IN ONE HUNDRED AND THIRTY CARTONS ONLY.

Subject to Clause 7 Limitation

11. Freight & Charges	Revenue Tons	Rate	Per	Prepaid	Collect
Declared Value Charge					
Ex. Rate:	Prepaid at SHANGHAI	Payable at	Place and Date of Issue SHANGHAI, MAY 24, 2023		
	Total Prepaid	No. of Original B(s)/L THREE(3)	Signed for the Carrier, COSCO CONTAINER LINES		

LADEN ON BOARD THE VESSEL

DATE	MAY 24, 2023	BY	

图9-8　缮制的海运提单

任务评价

任务评价表

评价项目	评价标准	满分	得分
海运提单缮制规范	能清楚海运提单的要点及相应的缮制规范	20分	
缮制海运提单	能依据业务内容获取完整的海运提单缮制要求并准确完成缮制	40分	
职业操作规范	能养成系统思维意识，形成依据业务实际流程规范缮制海运提单的职业素养	40分	
合计		100分	

任务四 缮制航空运单

必备知识

1. 航空运单缮制规范

1）主运单号码（Master Air Waybill Number）：一般由11位数字组成。前三位是航空公司的IATA代码，第四位到第十位为货运单顺序号，最后一位是检测号。

2）托运人名称、地址（Shipper's Name and Address）：填写规范同航空运单。

3）收货人名称、地址（Consignee's Name and Address）：填写规范同航空运单。

4）始发站（Airport of Departure）：填写规范同航空运单。

5）IATA代码（IATA Code）：通常填写货运代理人的IATA代码，按照"代理人代码/城市代码"的规则进行填写。

6）到达站（Airport of Destination）：填写规范同航空运单。

7）第一程承运人（By First Carrier）：本栏由航空公司安排好舱位后填写，通常填写第一程航班的航班号。

8）转运（To/by）：本栏由航空公司安排好舱位后填写，通常填写中转机场、转航日期和转航的航班号。

9）财务说明（Accounting Information）：填写有关财务说明的事项。一般填写付款方式、运费支付方式等内容。

10）货币（Currency）：填写始发站所在国家的货币ISO代码。

知识链接

常用货币ISO代码

人民币CNY	港币HKD	美元USD
欧元EUR	英镑GBP	日元JPY

11）运费代码（CHGS code）：本栏一般不用填写。

12）运费（WT/VAL）：在PPD和COLL中选择。PPD是指PREPAID，预付。COLL是指COLLECT，到付。根据信用证的规定，在选中的方式下打"×"。

13）杂费（Other）：填写规范同上。

14）供运输声明价值（Declared Value for Carriage）：填写规范同航空运单。
15）供海关声明价值（Declared Value for Customs）：填写规范同航空运单。
16）航班/日期（Flight/Date）：填写航班的日期。

知识链接

《UCP600》规定，空运单据的出具日期将被视为装运日期，除非空运单据包含注有实际发运日期的专项批注，此时批注中的日期将被视为装运日期。

17）处理事项（Handling Information）。
18）件数和包装方式（No. of Pieces RCP）：填写规范同航空运单。
19）毛重（Gross Weight）：填写规范同航空运单。
20）运价种类（Rate Class）：填写规范同航空运单。
21）商品品名代号（Commodity Item No.）：填写规范同航空运单。
22）计费重量（Chargeable Weight）：填写规范同航空运单。
23）费率/费用（Rate/Charge）。
24）总费用（Total）。
25）货物品名和数量[Nature and Quantity of Goods (Incl. dimensions or volume)]。

2. 航空运单常用代码

（1）航空运价代码

航空运价代码见表9-3。

表9-3　航空运价代码

代　码	英文表述	中文含义
M	Minimum	最低运费
N	Normal Rate	45千克以下普通货物运价
Q	Quantity Rate	45千克以上普通货物运价
C	Special Commodity Rate	指定商品运价
R	Class Rate Reduction	等级货物附减运价
S	Class Rate Surcharge	等级货物附加运价
U	Unit Load Device Basic Rate	集装化设备基本运价
E	Unit Load Device Additional Rate	集装化设备附加运价
X	Unit Load Device Additional Information	集装化设备附加说明
Y	Unit Load Device Discount	集装化设备折扣

（2）操作代码

航空运输操作代码见表9-4。

表9-4　航空运输操作代码

操作代码	英文表述	中文含义
AC	Animal Container	动物容器费
AS	Assembly Service Fee	集装服务费
AW	Air Waybill Fee	货运单费
CD	Clearance Handling-Destination	目的地办理海关手续费
CH	Clearance and Handling-Origin	始发地办理海关手续费
DB	Disbursement Fee	向收货人收取的代理人代付费用
CC	Charge Collect Fee	到付运费手续费

（续）

操作代码	英文表述	中文含义
GT	Government Tax	政府税
IN	Insurance Premium	代理保险费
LA	Live Animal	活动物处理费
MA	Miscellaneous-Due Agent	代理人收取杂项费
MC	Miscellaneous-Due Carrier	承运人收取杂项费
MO	Miscellaneous	杂费
FS	Fuel Surcharge	燃油费
PK	Packaging	包装费
RA	Dangerous Goods Fee	危险品处理费
SD	Surface Charge-Destination	目的地地面费
SO	Surface Charge-Origin	发货地地面费
SD	Surface Charge- Destination	目的地仓储费
TR	Transit	过境费
TX	Taxes	税
UH	ULD Handling	集装设备处理费

任务实施

黄欣在拿到海运提单并检查无误后，完成了交货义务。但黄欣想，如果未来采用空运方式，相关单据该如何填写呢？

第一步：解读航空运单缮制要点及规范（参见前文“航空运单缮制规范”）

第二步：依据任务要求缮制航空运单

1. 背景资料

（1）Buyer: SIMON INTERNATIONAL CORPORATION
324 LICON AVENUE MONTREAL, CANADA

（2）Seller: SHANGHAI BOHAO INTERNATIONAL CORPORATION
42 XUHUI ROAD SHANGHAI, CHINA

（3）DESCRIPTIONS OF GOODS: 100% COTTON SKIRT

（4）QUANTITY: 1, 200 PCS USD 10.20/PC CPT MONTREAL

（5）PACKING: PACKED IN 1 CARTON OF 40 PCS EACH

（6）TERMS OF SHIPMENT: LATEST DATE OF SHIPMENT 231220

（7）AIRPORT OF DEPSTINATION: MONTREAL, CANADA

（8）AIRPORT OF DEPARTURE: SHANGHAI, CHINA

（9）TERMS OF PAYMENT: 30% T/T IN ADVANCE, 70% T/T AFTER CUSTOMS CLEARANCE

（10）PARTIAL SHIPMENTS: ALLOWED

（11）TRANSSHIPMENT: NOT ALLOWED

（12）H.S. CODE: 80803100

（13）MASTER AIR WAYBILL NO.: 22121256

（14）FLIGHT: MU504

（15）FLIGHT DATE: 2023-12-12

（16）RATE: USD 50.00

（17）G.W.: 10KG/CTN

（18）VOL: 0.12CBM/CTN

2. 单证实操

根据资料信息，缮制航空运单（见图9-9）。

Master Air Waybill Number
23121256

Shipper's Name and Address	Shipper's Account Number	Not Negotiable **Air Waybill** (Air Consignment Note) Issued by　COSCO 中远空运 **COSCO INTERNATIONAL AIR FREIGHT** 10F, Towercrest Plaza, No.3 Maizidian West Tel.:86-10-64611188　Fax:86-10-64673188
SHANGHAI BOHAO INTERNATIONALCORPORATION 42 XUHUI ROAD SHANGHAI, CHINA		
Consignee's Name and Address	Consignee's Account Number	Cpies 1,2, and 3 of this Air Waybill are originals and have the same validity.
SIMON INTERNATIONAL CORPORATION 324 LICON AVENUE MONTREAL ,CANADA		It is agreed that the goods described herein are accepted in apparent good order and condition(except as noted)for carriage SUBJECT TO THE CONDIIIONS OF CONTRACT ON THE REVERSE HEREOF. THE SHIPPER'S ATTENIION IS DRAWN TO THE NOICE CONCERNING CARRIERS' LIMITATION OF LIABILITY.Shipper may increase such limitation of liability by declaring a higher value for carriage and paying a supplemental change if required.
Airport of Departure SHANGHAI	IATA Code	Accounting Information FREIGHT PREPAID

To	By First Carrier	Routing and Destination	to	by	to	by	Currency	CHGS Code	WT/VAL PPD	WT/VAL COLL	Other PPD	Other COLL	Declared Value for Carriage	Declared Value for Customs
		MU504					CNY			X		X	NVD	NCV

Airport of Destination	Flight/Date	For Carrier Use On	Flight/Date	Amount if insurance	INSURANCE:If Carrier offers insurance, and such insurance is requested in accordance with the conditions thereof, indicate amount to be insured in figures in box marked 'Amount of Insurance'.
MONTREAL	MU504		12 DEC 2023	NIL	

Handling Information

No. of Pieces RCP	Gross Weight	kg/ lb	Rate Class Commodity Item No.	Chargeable Weight	Rate/Charge	Total	Nature and Quantity of Goods (incl. dimensions or volume)
30CTNS	300	kg	Q	300	50	1500	100% COTTON SKIRT VOL:3.6CBM

Prepaid	Weight Charge	Collect	Other Charges
	Valuation Charge		
AS ARRANGED			
	Tax		Accounting Information
	Total Other Charges Due Agent		Shipper certifies that the particulars on the face hereof are correct and that insofar as any part of the consignment contains restricted articles,such part is properly described by name and is in proper condition for carriage by air according to the International Air Transport Association's Restricted Articles Regulations.
	Total Other Charges Due Carrier		
Total Prepaid		Total Collect	Signature of Shipper or his Agent
Currency Conversion Rate		CC Charges in Dest. Currency	12 DEC ,2023 SHANGHAI CHEN LIN Executed on (Date) at (Place) Signature of Issuing Branch

ORIGINAL 3 FOR SHIPPER A

图9-9　缮制的航空运单

任务评价

任务评价表

评价项目	评价标准	满　分	得　分
航空运单缮制规范	能清楚航空运单的要点及相应的缮制规范	20分	
缮制航空运单	能依据业务内容获取完整的航空运单缮制要求并准确完成缮制	40分	
职业操作规范	能养成系统思维意识，形成依据业务实际流程规范缮制航空运单的职业素养	40分	
合　计		100分	

项目小结

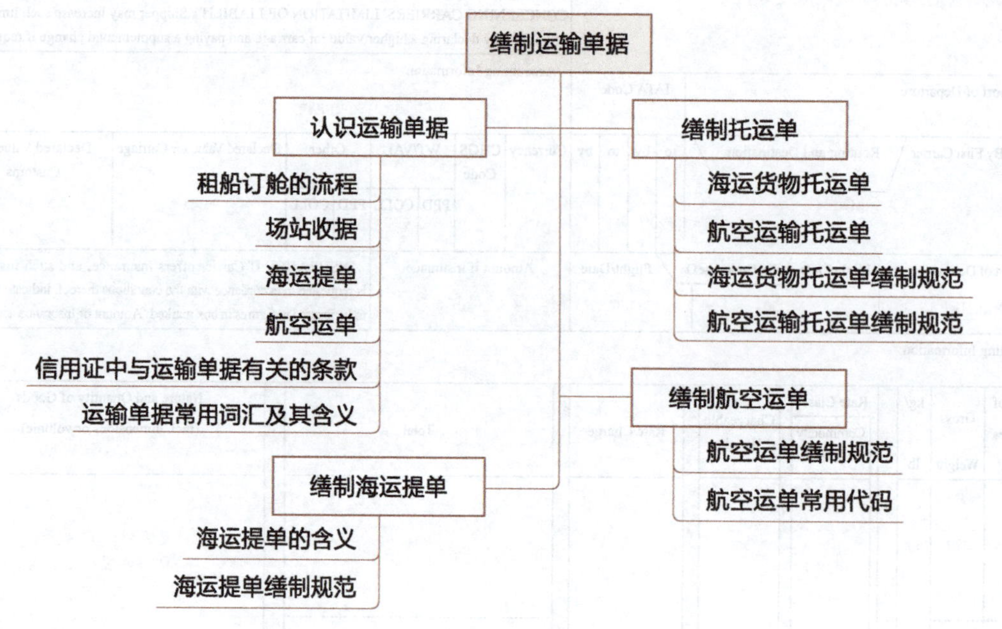

项目实训

理 论 部 分

一、单选题

1. 海运提单的抬头是指提单的（　　）。

A. Shipper　　B. Consignee　　C. Notify Party　　D. Voyage No.

2. 各种运输单据中，能同时具有货物收据、运输合同和物权凭证作用的是（　　）。

A. 铁路运单　　B. 航空运单　　C. 海运提单　　D. 海运单

3. 根据《UCP600》，受益人超过提单签发日期后21天才交到银行议付的提单称为（　　）。

A. 过期提单　　B. 倒签提单　　C. 预借提单　　D. 转船提单

4. 在托收项下，单据的缮制通常以（　　）为依据。如有特殊要求，应参照相应的文件或资料。

A. 信用证　B. 发票　C. 合同　D. 提单

5. 以下关于海运提单的说法不正确的是（　　）。

A. 海运提单是货物收据　B. 海运提单是运输合约证明

C. 海运提单是无条件支付命令　D. 海运提单是物权凭证

6. 多式联运提单的签发人应（　　）。

A. 对运输全程负责

B. 对第一程运输负责

C. 接受第二程运输承运人的委托向原货主负责

D. 对第二程运输负责

7. 下列表示“已装船提单”的日期的是（　　）。

A. 货于3月10日送交船公司　B. 货于4月2日开始装船

C. 货于4月8日全部装完　D. 货于4月28日抵达日本

8. 国际港口Amsterdam、Manila、Hongkong所在国家代码依次为（　　）。

A. PH、HL、CN　B. HL、PH、CN　C. PH、CN、HL　D. HL、CN、PH

9. “空白抬头，空白背书”提单是指（　　）。

A. 提单正面“Consignee”一栏空白，由托运人在提单背面签字

B. 提单正面“Consignee”一栏空白，无须背书

C. 提单正面“Consignee”一栏填“To Order”，由托运人在提单背面签字

D. 提单正面“Consignee”一栏填写“To Bearer”，无须背书

10. 在集装箱运输中，能够实现“门到门”运输的集装箱货物交接方式是（　　）。

A. LCL/LCL　B. FCL/FCL　C. LCL/FCL　D. FCL/LCL

11. A mate’s receipt is issued by（　　）。

A. the mate/the master　B. the shipowner

C. the shipper　D. the consignee

12. Pusan is the main port of（　　）。

A. Japan　B. England　C. Korea　D. France

13. 根据《UCP600》的规定，以下标注在提单上的内容可以被银行接收的是（　　）。

A. Shipped on deck　B. The goods may be carried on deck

C. Five cartons are broken　D. Six bags are wet

14. 根据《UCP600》的解释，如信用证条款未明确规定是否“允许分批装运”“允许转运”，则应理解为（　　）。

A. 允许分批装运，但不允许转运　B. 允许分批装运和转运

C. 允许转运，但不允许分批装运　D. 不允许分批装运和转运

15. 信用证条款中，“Latest date of shipment”的意思是（ ）。
A. 信用证到期日 B. 信用证最晚交单日
C. 信用证最早交单日 D. 信用证最迟装运日

二、多选题

1. 指示性提单的收货人一栏中可以做成（ ）。
A. To ABC Co. Only B. To order
C. To order of issuing bank D. To the bearer
E. To order of shipper
2. 集装箱运输的主要交接方式有（ ）。
A. 整箱 / 整箱（FCL/FCL） B. 整箱 / 拼箱（FCL/LCL）
C. 拼箱 / 整箱（LCL/FCL） D. 拼箱 / 拼箱（LCL/LCL）
3. 国际标准化组织推荐的运输标志，应包括的内容有（ ）。
A. 收货人名称的缩写和简称 B. 参考号（订单号、发票号）
C. 目的地 D. 件号或箱单
E. 信用证号
4. 因租船订舱和装运而产生的单据有（ ）。
A. Shipping Note B. As per Invoice NO. ...
C. Mate's Receipt D. Bill of Lading
E. Commercial Invoice
5. 海运提单做成指示抬头时，提单收货人一栏可以填写成（ ）。
A. To order of shipper B. To order of issuing bank
C. To issuing bank D. To order
E. To hold
6. 提单中的发货人Shipper一栏内通常可以记载（ ）。
A. 销售合同下的供应商 B. 代表供应商与承运人签订合同的人
C. 将货物交给承运人的人 D. 与托运人订立合同的人
E. 买卖合同下的购货商
7. 出口货物托运人缮制货物托运委托书的依据有（ ）。
A. 外销出舱单 B. 销售合同 C. 信用证 D. 配舱回单
E. 场站收据
8. 根据《UCP600》的规定，如果海运提单表面注明承运人名称，则（ ）。
A. 签署人需要表明其身份
B. 签署人不需要表明其身份
C. 若为代理人签署，还必须表明被代理人身份
D. 若为代理人签署，不须表明被代理人身份
E. 视情况而定

9. 不是物权凭证的运输单据有（　　）。

A. 海运提单　　B. 空运单据　　C. 快递收据　　D. 不可转让海运单

E. 铁路运单

10. 买方和银行通常不接受的提单有（　　）。

A. 已装船提单　　B. 备运提单　　C. 不清洁提单　　D. 过期提单

E. 指示提单

三、判断题

1. 提单的收货人栏在填写"To order fo shipper"内容情况下，提单需要做背书。（　）

2. 海运提单的签发日期应早于保险单的签发日期。（　）

3. 如果信用证规定"FROM CHINESE MAIN PORT TO NEW YORK"，则提单的装运港一栏应填写"CHINESE MAIN PORT"，以符合单证一致的要求。（　）

4. 提单的签发人通常应为托运人。（　）

5. 货物装船后，托运人凭船公司的装货单换取已装船提单。（　）

6. 提单上载明"货于4月8日全部装完"表示的是"已装船提单"的日期。（　）

7. 提单在法律上具有物权凭证的作用，在国际贸易中，提单可以通过背书进行转让，转让也就意味着转让货物的所有权。（　）

8. 信用证要求海运提单货物运抵LATTAKIA PORT IN TRANSIT TO MAMASCUS，提单实际显示：PORT OF DISCHAGE:LATTAKINA; PLACE OF DELEVERY: DAMASCUS (SYRIA)。因此与信用证对海运提单的要求不符。（　）

9. 货物装船后，托运人凭装货单（S/O）向承运人或其代理人换取提单（B/L）。（　）

10. 如买卖合同规定的装运条款为"Shipment during June/July in two equal lots"，这表明出口人必须在6月、7月两个月内每月各装一批，每一批数量相等。（　）

实操部分

一、论述题

1. 某提单显示：Shipper: U.T.I. Co., Ltd

Consignee: To Order of Shipper

Notify Party: XYZ Co., Ltd

请问：（1）该提单是否可以转让？如果可以转让，通过什么方式进行转让？

（2）该提单应由谁背书？

2. 某出口商收到信用证，证上规定以下条款：

Applicant: Ivention I&E Corporation

No.4-5Nimo Street, Shanghai China

Beneficiary: A.B.C. Import and Export Corp.

NO.12 Lander Street, New York U.S.A.

Full sets of clean on board marine Bill of Lading made out to order of shipper and blank endorsed and marked freight collect notify applicant.

请问：（1）该提单的发货人、收货人、通知人如何填制？

（2）提单上运费的支付方式如何填制？

二、制单题

请以单证员的身份，根据所给信用证，读懂信用证条款并结合自己所学的单证业务知识缮制海运提单。

资料一：信用证

ISSUING BANK: NATIONAL BANK, AUSTRALIA NO.145 FIRST ROAD NAGOYA, JAPAN

L/C NO.: 88776652, DATE: MAR. 11TH, 2022

BENEFIGIARY: JIANGSU DONGHUA FOOD CO., LTD

NO. 26 ZHONGSHAN ROAD LIANYUNGANG, CHINA

APPLICANT: JEANS TRADING CO.

NO.111 AVENUE, NEW YORK, USA

SHIPMENT: FROM SHANGHAI TO NEW YORK, NOT LATER THAN MAR. 31ST, 2023

PARTIAL SHIPMENTS: ALLOWED

TRANSSHIPMENT: ALLOWED

COVERING: 3000 CANS CANNED MEAT

SHIPPING MARKS: N/M

THE GOODS ARE PACKED IN 210 CASES

GROSS WEIGHT: 3300KGS

MEASUREMENT: 76.43m^3

OCEAN VASEEL: YUANHANG VOY. NO.: V.336W

DOCUMENTS REQUIRED:

……

+FULL SET OF CLEAN ON BOARD OCEAN BILLS OF LADING MADE OUT TO ORDER OF ISSUING BANK AND BLANK ENDORSED MARKED FREIGHT PREPAID AND NOTIFY ISSUING BANK.

资料二：其他制单材料，货物装运日期：2023-03-20。

<table>
<tr><td colspan="2">1. Shipper</td><td colspan="2" rowspan="3">中远集装箱运输有限公司
COSCO CONTAINER LINES
TLX: 33057 COSCO CN
FAX: +86(021) 6545 8984
ORIGINAL
Port-to-Port or Combined Transport
BILL OF LADING</td><td colspan="2">B/L No.</td></tr>
<tr><td colspan="2">2. Consignee</td><td colspan="2"></td></tr>
<tr><td colspan="2">3. Notify Party
(It is agreed that no responsibility shall attach to the Carrier or his agents for failure to notify)</td><td colspan="2"></td></tr>
<tr><td>4. Combined Transport *
Pre - carriage by</td><td>5. Combined Transport*
Place of Receipt</td><td colspan="4" rowspan="4">RECEIVED in external apparent good order and condition except as otherwise noted. The total number of packages or unites stuffed in the container.The description of the goods and the weights shown in this Bill of Lading are furnished by the merchants, and which the carrier has no reasonable means of checking and is not a part of this Bill of Lading contract. The carrier has issued the number of Bills of Lading stated below, all of this tenor and date.One of the original Bills of Lading must be surrendered and endorsed or signed against the delivery of the shipment and whereupon any other original Bills of Lading shall be void. The Merchants agree to be bound by the terms and conditions of this Bill of Lading as if each had personally signed this Bill of Lading.
SEE clause 4 on the back of this Bill of Lading (terms continued on the back hereof, please read carefully).
*Applicable only when document used as a combined transport Bill of Lading.</td></tr>
<tr><td>6. Ocean Vessel Voy. No.</td><td>7. Port of Loading</td></tr>
<tr><td>8. Port of Discharge</td><td>9. Combined Transport *</td></tr>
<tr><td></td><td>Place of Delivery</td></tr>
<tr><td>Marks & Nos.
Container / Seal No.</td><td>No. of Containers or Packages</td><td colspan="2">Description of Goods (If dangerous goods, see clause 20)</td><td>Gross Weight</td><td>Measurement</td></tr>
<tr><td></td><td></td><td colspan="2"></td><td></td><td></td></tr>
<tr><td></td><td></td><td colspan="4">Description of Contents for Shipper's Use Only (Not Part of this B/L Contract)</td></tr>
<tr><td colspan="6">10. Total Number of Containers and/or Packages (in words)</td></tr>
<tr><td>Subject to Clause 7 Limitation</td><td colspan="5"></td></tr>
<tr><td>11. Freight & Charges</td><td>Revenue Tons</td><td>Rate</td><td>Per</td><td>Prepaid</td><td>Collect</td></tr>
<tr><td>Declared Value Charge</td><td></td><td></td><td></td><td></td><td></td></tr>
<tr><td rowspan="4">Ex. Rate:</td><td>Prepaid at</td><td>Payable at</td><td colspan="3">Place and Date of Issue</td></tr>
<tr><td></td><td></td><td colspan="3"></td></tr>
<tr><td>Total Prepaid</td><td>No. of Original B(s)/L</td><td colspan="3">Signed for the Carrier, COSCO CONTAINER LINES</td></tr>
<tr><td></td><td></td><td colspan="3"></td></tr>
<tr><td colspan="6">LADEN ON BOARD THE VESSEL</td></tr>
<tr><td>DATE</td><td></td><td>BY</td><td></td><td></td><td></td></tr>
</table>

项目十
缮制其他单据

知识目标

- 掌握装运通知的含义、作用和缮制要点
- 掌握受益人证明的含义、类型和缮制要点
- 掌握托船公司证明的含义和缮制要点

能力目标

- 能依据要求正确缮制装运通知
- 能依据要求正确缮制受益人证明
- 能依据要求正确缮制船公司证明

素养目标

- 在缮制其他单据过程中逐步养成细致严谨的工作态度和习惯
- 在操作过程中逐步培养规则意识和流程意识
- 在处理相关单据过程中锻炼与对接部门工作人员沟通协调的能力

项目情境

2023年5月24日，无锡特锐思国际贸易有限公司的单证员黄欣接到市场部美洲市场负责人张灵的通知，23JA7031KL号销售合同中的货物已经完成装运，并获得海运提单。黄欣接到通知后，便及时给进口方发送了装运通知，并仔细查阅合同和信用证条款，核对是否需要提供其他单据。

项目分析

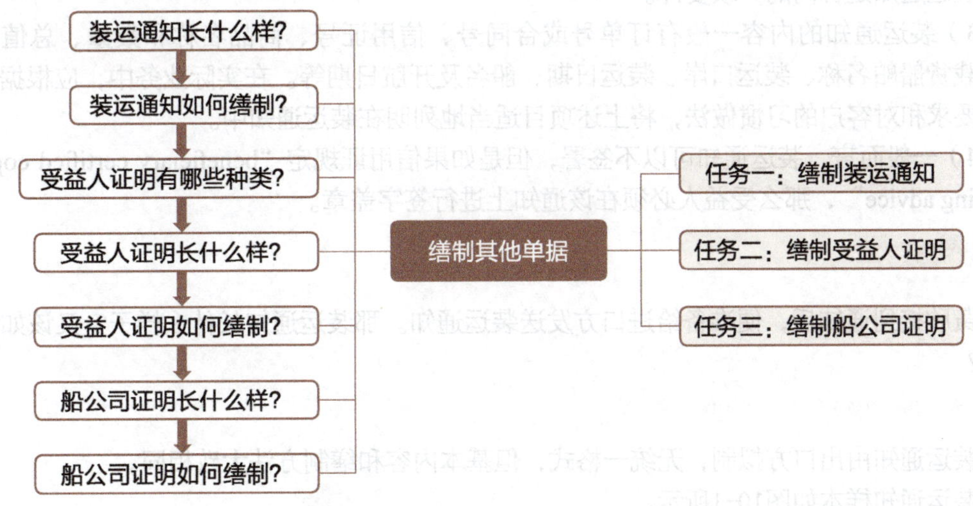

任务一　缮制装运通知

必备知识

1. 装运通知的含义

装运通知（Shipping Advice）是卖方应买方的要求，在出口货物装船完毕后，及时通过传真方式或其他方式，向买方（进口商）或进口商指定的保险公司、报关公司发出的关于货物已装船的详细通知，以便进口商及时办理保险、申请进口许可和安排接收货物及办理清关等事宜。

2. 装运通知缮制规范

1）抬头人（To）：接收该通知的人。按信用证要求填写。

2）签发日期（Issue Date）：缮制装运通知的日期。

3）参考日期（Our Ref. Date）：一般是指装船时间或者发送通知的时间。

4）发票号码（Invoice Number）。

5）海运提单号码（Bill of Lading Number）。

6）船名航次（Ocean Vessel）。

7）启运港/目的港（Port of Loading/Port of Destination）：按照实际填写。

8）启运日期/预计抵港日期（Date of Shipment/Estimated Date of Arrival）：按照实际填写。

9）集装箱号/铅封号（Containers/Seals Number）：按照实际填写。

10）货物描述（Description of Goods）：包括唛头（Shipping Marks）、数量（Quantity）、毛重（Gross Weight）、净重（Net Weight）、总价值（Total Value）。

3. 注意事项

1）没有特别规定时，装运通知应发给进口商（信用证项下发给开证人）。

2）在以FOB、CFR价格条件成交出口贸易合同下，发货人在货物装船完毕后向收货人发出装运通知是合同的一项要件。

3）装运通知的内容一般有订单号或合同号、信用证号、商品名称和数量、总值、唛头、载货船舶名称、装运口岸、装运日期、船名及开航日期等。在实际业务中，应根据信用证的要求和对客户的习惯做法，将上述项目适当地列明在装运通知中。

4）一般而言，装运通知可以不签署，但是如果信用证规定“beneficiary certified copy of shipping advice”，那么受益人必须在该通知上进行签字盖章。

任务实施

黄欣接到通知后，便准备给进口方发送装运通知。那装运通知长什么样子？又该如何填写呢？

第一步：确定装运通知格式

装运通知由出口方拟制，无统一格式，但基本内容和缮制方法大致相同。

装运通知样本如图10-1所示。

SHIPPING ADVICE

To: ________________　　　　Issue Date: ________________

　　　　　　　　　　　　　　Our Ref. Date: ________________

Dear Sir or Madam:

We are please to advice you that the following mentioned goods has been shipped out, full details were shown as follows:

Invoice Number: ________________

Bill of Lading Number: ________________

Ocean Vessel: ________________

Port of Loading: ________________

Date of Shipment: ________________

Port of Destination: ________________

Estimated Date of Arrival: ________________

Containers/Seals Number: ________________

Description of Goods: ________________

Shipping Marks: ________________

Quantity: ________________

Gross Weight: ________________

Net Weight: ________________

Total Value: ________________

Thank you for your patronage. We look forward to the pleasure of receiving your valuable repeat orders.

Sincerely yours,

×××

图10-1　装运通知样本

第二步：解读装运通知缮制要点及规范

装运通知缮制要点如图10-2所示。

SHIPPING ADVICE

To: 1. 抬头人 Issue Date: 2. 签发日期

Our Ref. Date: 3. 参考日期

Dear Sir or Madam:

We are please to advice you that the following mentioned goods has been shipped out, full details were shown as follows:

Invoice Number: 4. 发票号码

Bill of Lading Number: 5. 海运提单号码

Ocean Vessel: 6. 船名航次

Port of Loading: 7. 启运港

Date of Shipment: 8. 启运日期

Port of Destination: 9. 目的港

Estimated Date of Arrival: 10. 预计到港日期

Containers/Seals Number: 11. 集装箱号/铅封号

Description of Goods: 12. 货物描述

Shipping Marks: 13. 唛头

Quantity: 14. 数量

Gross Weight: 15. 毛重

Net Weight: 16. 净重

Total Value: 17. 总价值

Thank you for your patronage. We look forward to the pleasure of receiving your valuable repeat orders.

Sincerely yours,

×××

图10-2 装运通知缮制要点

装运通知缮制规范见本任务“必备知识”部分。

第三步：根据销售合同或信用证条款要求缮制装运通知

缮制的装运通知如图10-3所示。

SHIPPING ADVICE

To: FASHION FORCE CO., LTD Issue Date: MAY 24, 2023

Our Ref.Date: MAY 24, 2023

Dear Sir or Madam:

We are please to advice you that the following mentioned goods has been shipped out, full details were shown as follows:

Invoice Number: TX201215

Bill of Lading Number: THR255348

Ocean Vessel: THY V.0052

Port of Loading: SHANGHAI, CHINA

Date of Shipment: MAY 24, 2023

Port of Destination: OTTAWA, CANADA

Estimated Date of Arrival: JUNE 20, 2023

Containers/Seals Number: CBHU3202732/CBH154623

Description of Goods: MAN'S COTTON SHIRT

Shipping Marks: N/M

Quantity: 130CARTONS

Gross Weight: 2, 860KGS

Net Weight: 2, 600KGS

Total Value: USD 130, 000.00

Thank you for your patronage. We look forward to the pleasure of receiving your valuable repeat orders.

Sincerely yours,

黄欣 WUXI TERUISI INTERNATIONAL TRADE CO., LTD

图10-3 缮制的装运通知

任务评价

任务评价表

评价项目	评价标准	满分	得分
装运通知缮制要点及规范	能清楚装运通知的要点及相应的缮制规范	20分	
缮制装运通知	能依据业务内容获取完整的装运通知缮制要求并准确完成缮制	40分	
职业操作规范	能养成系统思维意识，形成依据业务实际流程规范缮制装运通知的职业素养	40分	
合计		100分	

任务二 缮制受益人证明

必备知识

1. 受益人证明的含义及种类

受益人证明（Beneficiary’s Certificate）亦称出口商证明，是由受益人签发的证实某件事实的单据。

常见的受益人证明有寄单证明、寄样证明、产品制造方面的证明等，用以说明出口商已履行了合同义务，（信用证项下）已按开证申请人要求办理某项工作或证实某件事，并达到了进口商的要求和进口国的有关规定。

2. 受益人证明的内容

受益人证明的内容一般包括单据名称、出证日期与地点、抬头人、事由、证明文句、受益人名称及签章等。

3. 受益人证明缮制规范

1）受益人中英文全称、地址：本栏填写合同出口商或信用证受益人的名称和地址，并注明电话号码、传真号码。

2）单据名称：本栏通常用“BENEFICIARY’S CERTIFICATE”（受益人证明）或“BENEFICIARY’S STATEMENT”（受益人声明）表示。

3）发票号码（Invoice No.）：本栏填写对应的发票号码。

4）信用证号码（L/C No.）：本栏填写对应的信用证号码，非信用证方式下可不填。

5）合同号码（S/C No.）：本栏填写对应的合同号码。

6）出证日期（Date）：本栏按受益人证明的实际签发日期填写。

7）抬头（To）：本栏通常填写为“To WHOM IT MAY CONCERN”，意为“致有关人”。

8）证明内容：本栏为受益人证明的核心内容，必须根据销售合同或信用证要求的内容填写。

9）签章：出口商在本栏盖中英文公章，并由经办人签名。

任务实施

第一步：明确受益人证明类型

受益人证明类型较多，应根据销售合同或信用证条款要求选择对应的受益人证明。

第二步：解读受益人证明缮制要点及规范

受益人证明缮制要点如图10-4所示。

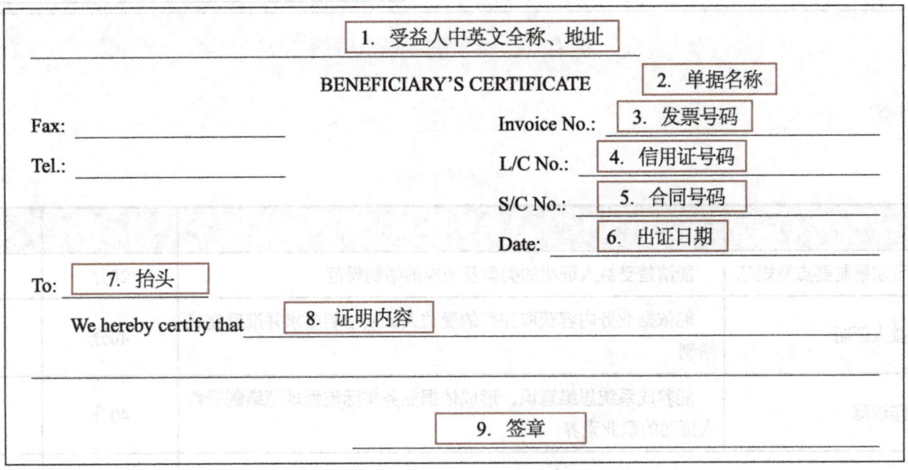

1. 受益人中英文全称、地址

BENEFICIARY'S CERTIFICATE　2. 单据名称

Fax: ____________　　Invoice No.: 3. 发票号码

Tel.: ____________　　L/C No.: 4. 信用证号码

S/C No.: 5. 合同号码

Date: 6. 出证日期

To: 7. 抬头

We hereby certify that 8. 证明内容

9. 签章

图10-4　受益人证明缮制要点

受益人证明缮制规范见本任务"必备知识"部分。

第三步：根据销售合同或信用证条款要求缮制受益人证明

1. 提取销售合同或信用证中的有关信息

L/C受益人（合同卖方）：GUANGDONG TEXTILES I/E (GROUP) GARMENTS CO.

L/C开证申请人（合同买方）：ABCNOON TEXTILES LTD

TEL.: 0086-20-88600688　　FAX: 0086-20-88600699

合同号（Sales Confirmation No.）：2023JXTG36

发票号（Invoice No.）：2023JXTG36-1

信用证号（L/C No.）：GR6752

DOCUMENTS REQUIRED:

……

+BENEFICIARY'S CERTIFICATE STATES THAT ALL THE SHIPPED GOODS ARE STRICTLY IN COMPLIANCE WITH THE TERMS OF THE RELATIVE SALES CONTRACT NO. 2023JXTG36.

2. 根据以上条件缮制受益人证明

缮制的受益人证明如图10-5所示。

GUANGDONG TEXTILES I/E (GROUP) GARMENTS CO.
BENEFICIARY'S CERTIFICATE

Fax: 0086-20-88600699
Tel.: 0086-20-88600688

Invoice No.: 2023JXTG36-1
L/C No.: GR6752
S/C No.: 2023JXTG36
Date: MAY 12, 2023

To: ABCNOON TEXTILES LTD

We hereby certify that ALL THE SHIPPED GOODS ARE STRICTLY IN COMPLIANCE WITH THE TERMS OF THE RELATIVE SALES CONTRACT NO. 2023JXTG36.

GUANGDONG TEXTILES I/E (GROUP) GARMENTS CO.

图10-5 缮制的受益人证明

任务评价

任务评价表

评价项目	评价标准	满 分	得 分
受益人证明缮制要点及规范	能清楚受益人证明的类型及相应的缮制规范	20分	
缮制受益人证明	能依据业务内容获取完整的受益人证明缮制要求并准确完成缮制	40分	
职业操作规范	能养成系统思维意识，形成依据业务实际流程规范缮制受益人证明的职业素养	40分	
合 计		100分	

任务三 缮制船公司证明

必备知识

1. 船公司证明的含义及类型

船公司证明（Shipping Company's Certificate）是船公司或船公司代理说明所载船舶某些特定事项的证明文件，是进口商为了了解货物运输情况或为了满足进口国当局规定而要求出口商提供的单据。

船公司证明的类型如下：

1）船龄证明：以说明船龄，一般船龄在15年以上的船为超龄船（保险公司不愿意承保），所以进口商往往要求出具15年以下船龄的证明。

2）船籍证明：用以说明载货船舶国籍。

3）航程证明：说明航程中停靠的港口。

2. 船公司证明缮制规范

1）关联信息（Relation to Vessel）：需要填写与提单相关的信息，如提单号码、船名、航次等。

2）开证日期（Issuing Date）：应在信用证规定的时间段内。
3）证明内容（Main Body）：需要与信用证规定的相一致。
4）签署（Signature）：由与提单一致的承运人或其代理人签署。

任务实施

第一步：明确船公司证明格式

船公司证明（见图10-6）由船公司拟制，无统一格式，但基本内容和缮制方法大致相同。

SHIPPING COMPANY'S CERTIFICATE

Shipper: ______
Consignee: ______
From ______ To ______
Name of Carrying Vessel: ______
B/L No.: ______
Vessel Departure Time: ______
Estimated Time of Arrival: ______
Documentary Credit Number: ______
Date of Issue: ______
Issuing Bank: ______
We stating that the carrying vessel comply with the following requirements:
(1) ______
(2) ______
Company Signature

图10-6　船公司证明样本

第二步：解读船公司证明缮制要点及规范

船公司证明缮制要点如图10-7所示。

SHIPPING COMPANY'S CERTIFICATE

Shipper: 1. 发货人
Consignee: 2. 收货人
From 3. 装运港 To 4. 目的港
Name of Carrying Vessel: 5. 船名航次
B/L No.: 6. 海运提单号
Vessel Departure Time: 7. 启运时间
Estimated Time of Arrival: 8. 预计到达时间
Documentary Credit Number: 9. 信用证号码
Date of Issue: 10. 开证日期
Issuing Bank: 11. 开证行
We stating that the carrying vessel comply with the following requirements: 12. 承诺条件
(1) ______
(2) ______
13. 承运人签署
Company Signature

图10-7　船公司证明缮制要点

船公司证明缮制规范见本任务“必备知识”部分。

第三步：根据销售合同或信用证条款要求缮制船公司证明

1. 提取销售合同或信用证中的有关信息

L/C受益人（合同卖方）：GUANGDONG TEXTILES I/E (GROUP) GARMENTS CO.

L/C开证申请人（合同买方）：ABCNOON TEXTILES LTD

合同号（Sales Confirmation No.）：2023JXTG36

信用证号（L/C No.）：GR6752　　开证日期：2023-04-20

开证行（Issuing Bank）：RBC ROYAL BANK OF CANADA

启运港：GUANGZHOU, CHINA

目的港：OTTAWA, CANADA

船名：CHANGJIANG V.502Y

海运提单号：GJ2023502Y110　启运日期：2023-05-12　预计到达时间：2023-06-20

承运人：COSCO CONTAINER LINES

DOCUMENTS REQUIRED:

……

+SHIPPING COMPANY'S CERTIFICATE STATES THAT THE CARRYING VESSEL COMPLY SHOULD COVERED UNDER INSTITUTE CLASSIFICATION CLAUSE, AND OWNED BY COMPANIES OPERATING IN ACCORDANCE WITH PAKISTANI MARITIME RULES AND PORT REGULATIONS.

2. 根据以上条件缮制船公司证明

缮制的船公司证明如图10-8所示。

SHIPPING COMPANY'S CERTIFICATE

Shipper: GUANGDONG TEXTILES I/E (GROUP) GARMENTS CO.

Consignee: ABCNOON TEXTILES LTD

From GUANGZHOU, CHINA To OTTAWA, CANADA

Name of Carrying Vessel: CHANGJIANG V.502Y

B/L No.: GJ2023502Y110

Vessel Departure Time: MAY 12, 2023

Estimated Time of Arrival: JUN. 20, 2023

Documentary Credit Number: GR6752

Date of Issue: APR. 20, 2023

Issuing Bank: RBC ROYAL BANK OF CANADA

We stating that the carrying vessel comply with the following requirements:

THE CARRYING VESSEL COMPLY SHOULD COVERED UNDER INSTITUTE CLASSIFICATION CLAUSE, AND OWNED BY COMPANIES OPERATING IN ACCORDANCE WITH PAKISTANI MARITIME RULES AND PORT REGULATIONS.

COSCO CONTAINER LINES

图10-8　缮制的船公司证明

任务评价

任务评价表

评价项目	评价标准	满　分	得　分
船公司证明缮制规范	能清楚船公司证明的类型及相应的缮制规范	20分	
缮制船公司证明	能依据业务内容获取完整的船公司证明缮制要求并准确完成缮制	40分	
职业操作规范	能养成系统思维意识，形成依据业务实际流程规范缮制船公司证明的职业素养	40分	
合　计		100分	

项目小结

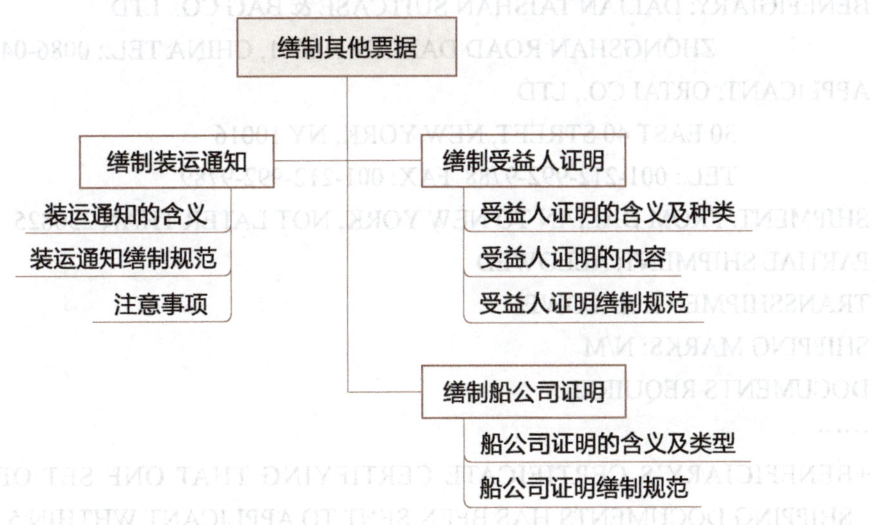

项目实训

理论部分

一、多选题

1. 常见的出口商（受益人）证明有（　　　）。

A. 寄单证明　　B. 寄样证明　　C. 保费收据　　D. 货物补充证明

E. 船公司证明

2. 制作受益人证明，必须注意（　　　）。

A. 单据名称和出具人签署符合信用证要求

B. 单据内容应符合信用证要求，并与其他单据相关内容不矛盾

C. 应该至少提供一份正本

D. 应注明出单日

E. 应注明出单地点

二、判断题

船公司证明的签署需与提单签署的承运人或其代理人相一致。（ ）

实操部分

任务要求：

请以单证员的身份，根据所给信用证，读懂信用证条款并结合自己所学的单证业务知识缮制受益人证明。

信用证资料：

L/C NO.: N5632405TH11808　　DATE: 230715

BENEFIGIARY: DALIAN TAISHAN SUITCASE & BAG CO., LTD

ZHONGSHAN ROAD DALIAN 116001, CHINA TEL.: 0086-0411-84524789

APPLICANT: ORTAI CO., LTD

30 EAST 40 STREET, NEW YORK, NY 10016

TEL.: 001-212-992-9788 FAX: 001-212-992-9789

SHIPMENT: FROM DALIAN TO NEW YORK, NOT LATER THAN 230825

PARTIAL SHIPMENT: ALLOWED

TRANSSHIPMENT: ALLOWED

SHIPPING MARKS: N/M

DOCUMENTS REQUIRED:

……

+BENEFICIARY'S CERTIFICATE CERTIFYING THAT ONE SET OF COPIES OF SHIPPING DOCUMENTS HAS BEEN SENT TO APPLICANT WHTHIN 5 DAYS AFTER SHIPMENT.

______(1)______

BENEFICIARY'S CERTIFICATE (2)

Fax: ____________　　Invoice No.: ____________(3)

Tel.: ____________　　L/C No.: ____________(4)

S/C No.: ____________(5)

Date: ____________(6)

To: ________(7)

We hereby certify that ____________________________

____________________________(8)

____________(9)

项目十一

缮制结算票据

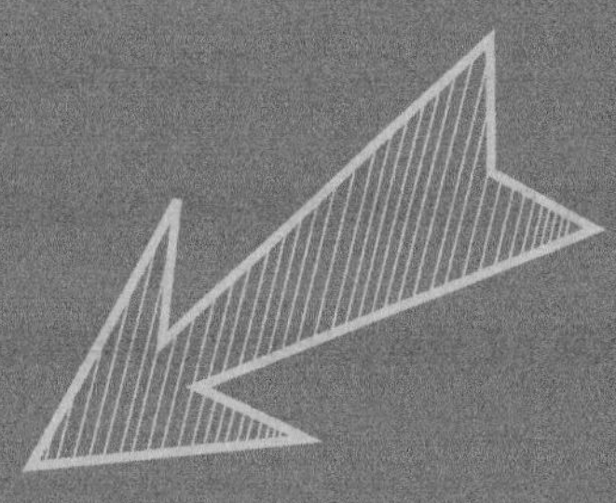

知识目标

· 了解汇票的含义和作用
· 清楚汇票的缮制要点
· 掌握汇票的缮制规范

能力目标

· 掌握汇票的业务流程
· 熟悉信用证中常用汇票条款的表述方式
· 能依据信用证条款正确缮制信用证项下汇票
· 能依据合同条款正确缮制托收项下汇票

素养目标

· 在缮制汇票过程中逐步养成细致严谨的工作态度和习惯
· 在操作过程中培养金融规范意识
· 在处理运输单据过程中锻炼与对接部门工作人员沟通协调的能力

项目情境

2022年6月5日，无锡特锐思国际贸易有限公司的单证员黄欣接到市场负责人张灵的通知，23JA7031KL号销售合同中的货物已经完成装运，并获得海运提单，现在可以着手缮制汇票并整理汇总所有单据，要求付款行付款了。

项目分析

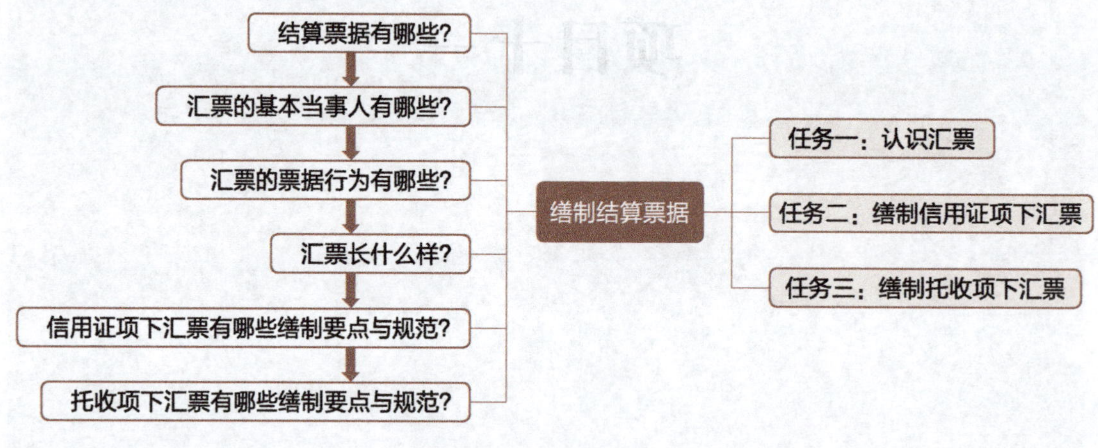

任务一 认识汇票

必备知识

1. 结算票据的概念

结算票据是以支付金钱为目的的证券，是由出票人签名于票据上，约定由自己或另一人无条件地支付确定金额的可流通转让的证券。国际贸易中使用的结算票据主要有汇票、本票和支票，其中以汇票为主。

2. 汇票的概念与基本当事人

我国《票据法》对汇票下的定义是："汇票是出票人签发的，委托付款人在见票时或者在指定日期无条件支付确定的金额给收款人或者持票人的票据。"

根据汇票定义，汇票的当事人一般有三个：出票人、受票人（付款人）和受款人（持票人）。

1）出票人（Drawer）即签发汇票的人，在进出口业务中，通常是出口商。

2）受票人（Drawee）即汇票的付款人，在进出口业务中，通常是进口商或其指定的银行。在信用证结算方式下，若信用证没有指定付款人，根据《UCP600》规定，开证行即是付款人。

3）受款人（Payee）即汇票规定的可受领金额的人。在进出口业务中，若信用证没有特别指定，受款人通常是出口商本人或其指定银行。

除此之外，汇票在使用中还可能出现一些非基本当事人，如背书人（Endorser）、保证人（Guarantor）等。

3. 汇票的票据行为

1）出票（Issue）：出票人签发票据并将其交付给收款人的票据行为。

2）提示（Presentation）：收款人或持票人向付款人出示汇票并要求付款或承兑的行为。

3）承兑（Acceptance）：汇票付款人承诺在汇票到期日支付汇票金额的票据行为。

4）付款（Payment）：汇票付款人向持票人支付汇票金额以消灭票据债权债务关系的行为。

5）背书（Endorsement）：以转让票据权利为目的的票据行为，是票据转让的一种重要方式。

6）拒付（Dishonour）：包括拒绝付款或拒绝承兑。

7）追索（Right of Recourse）：汇票被拒付，持票人除可向承兑人追偿外，还有权向其前手，包括所有的背书人和出票人行使追索权。

4. 信用证中与汇票有关的条款

条款1：Draft at 60 days sight from the date of presentation at your counter.

条款1解读：出具在议付行起算60天到期的远期汇票。

条款2：Credit available with any bank in China, by negotiation, against presentation of beneficiary's drafts at sight, drawn on applicant in duplicate.

条款2解读：受益人出具以开证人为付款人的即期汇票。

条款3：All drafts should be marked "Drawn under the Citibank, New York L/C No.1956717 dated 20040310".

条款3解读：所有汇票须显示"依据花旗银行纽约分行1956717号、日期2004年3月10日的信用证出具的"。

条款4：The number and the date of the Credit and the name of our bank must be quoted on all drafts required.

条款4解读：本信用证号码及日期以及本开证行名称必须加在所有需要的汇票上。

小试牛刀　条款解读

你来试一试？

条款A：The drafts is drawn under…including interest of USD 300 at rate of 5% per annum from date hereof to the maturity date.

条款B：Draft(s) drawn upon us for not exceeding 100% of the invoice value.

条款C：Credit available with any bank by negotiation against beneficiary's drafts in duplicate for 100% of the invoice value drawn at sight on×××Bank.

5. 常见汇票词汇及短语（见表11-1）

表11-1 常用汇票词汇、短语及其含义

序号	英文表述	中文含义
1	Pay to the order of…	付给……或其指定人（指示性抬头）
2	pay bearer	付给来人（来人抬头）
3	pay holder	付给持票人（持票人抬头）
4	absolute acceptance	决定承兑
5	accepting bank	承兑银行
6	accepting charge	承兑费
7	after sight	见票即付
8	bill of exchange	汇票
9	sight bill	即期汇票
10	documentary bill	押汇汇票
11	to dishonor a bill	拒付
12	cash advance	预付现金
13	cash against Bill of Lading (B/L)	凭提货单支付现金
14	cash against documents	凭单据付现款/凭装货单付现款
15	collect on delivery (C.O.D.) (Am.)	货到收现款
16	days after acceptance (D/A)	承兑后若干天付款
17	documents against acceptance (D/A)	承兑交单
18	documents against payment (D/P)	付款交单
19	2% one month	一个月内付款2%折扣
20	draft for collection/bill for collection	托收汇票
21	at…days after date of transport document	运输单据日后……天付款
22	at…days after date of draft	出票日后……天付款

任务实施

黄欣接到通知后，开始着手准备缮制结算票据事宜。结算票据有汇票、本票和支票，通常国际贸易业务中使用的结算票据为汇票。但汇票的格式比较多，首先需要确定汇票的格式。

第一步：确定汇票格式

汇票由提供结算业务的银行拟制，无统一格式，但基本内容和缮制方法大致相同（见图11-1、图11-2）。

BILL OF EXCHANGE

凭　　　　　　　　　　　　　　　　　　　　　　信用证或购买证
Drawn under ______________________ L/C or A/P No. __________
日期　　　　　　　　　　　　　　　　　　　　按　　　%年息付款
Dated __________ Payable with interest @ __________ % per annum
号码　　　　　　汇票金额　　　　　　　　　　　　中国　　年　月　日
No. __________ Exchange for __________ __________ China
见票　　　　　　　　　　　　　　日后（本汇票之副本未付）付交
At __________ sight of this FIRST of Exchange (Second of the same or tenor and date unpaid) pay to the order of __________
金额
the sum of ______________________
此致
To ______________________

(Signature)

图11-1　汇票样本1

BILL OF EXCHANGE

No. ______________________
For __________ __________
(amount in figure)　　(place and date of issue)
At __________ sight of this FIRST of Exchange (Second of Exchange being unpaid)
pay to __________ or order the sum of __________
(amount in words)
Drawn under ______________________
To ______________________

(Signature)

图11-2　汇票样本2

第二步：获取汇票缮制要求

方法：查看销售合同和信用证，找到其中有关支付的相关条款。

信用证要求：

AVAILABLE WITH…BY…	*41D: ANY BANK IN CHINA BY PAYMENT
DRAFTS AT …	*42C: AT SIGHT

获取信息：即期付款，见票即付。

任务评价

任务评价表

评价项目	评价标准	满　分	得　分
结算票据的种类、含义及作用	能清晰地理解结算票据的种类，清楚地知道各种结算票据的含义和作用	20分	
解读信用证中结算票据条款	能准确解读信用证中有关结算的条款	25分	
获取汇票的缮制要求	能依据业务获取完整的汇票缮制要求	30分	
职业操作规范	能养成细致严谨的工作态度和习惯，具备金融安全意识，具备规则意识和流程意识	25分	
合　计		100分	

任务二 缮制信用证项下汇票

必备知识

1. 信用证项下汇票缮制规范

1）出票依据（Drawn under）：此栏一般填写开证行名称。

2）信用证号码（L/C No.）。

3）开证日期（Dated）。

4）利息（Interest）：此栏填写合同或信用证规定的利率。若没有规定，此栏留空。

5）号码（No.）：一般填写商业发票的号码。

6）小写金额（Exchange for）：一般填写确切的金额数目。

7）付款期限（At...sight）：按照信用证的规定填写付款期限。若为即期汇票，则在汇票“At”与“sight”之间的空白处用“***”表示；若为远期汇票，应在“At”后填写信用证规定的期限。

8）抬头人（Pay to the order of）：出票人指定的接受票款的当事人。有的是以出口商或以其所指定的第三者为受款人。一般情况下，填写议付行。

9）大写金额（The sum of）：用大写英文字母表示，并在金额前面加注货币类型，如“SAY U.S. DOLLARS”，在金额后面加注“ONLY”，以防止涂改，如“SAY U.S. DOLLARS FIVE THOUSAND SIX HUNDRED ONLY”。

10）付款人（To）：汇票的付款人即汇票的受票人。在信用证项下，一般填写开证行。

11）签字（Signature）：一般填写出口商的全称，并由出口商经理签署或盖章。另外，汇票必须注明出票地点。

2. 信用证中汇票期限的规定

1）在交单日后规定日期，如“at 60 days after receipt of full set of documents at our counters”。

2）在装运日后规定日期，如“at 60 days after B/L date by drafts”。

3）在发票日后规定日期，如“drafts at 60 days from invoice date”。

3. 汇票抬头人的规定

1）记名式抬头：在受款人栏目中填写“付给***的指定人”（PAY TO THE ORDER OF ***），这种类型的抬头是最普遍使用的一种。

2）限制性抬头：在受款人栏目中填写“仅付给***”（PAY TO *** ONLY）或“限付给***，不许转让”（PAY TO *** ONLY，NOT TRANSFERABLE）。

3）持票人抬头：在受款人栏目中填写“付给持票人”（PAY TO BEARER）。在我国，不允许签发持票人抬头的汇票。

任务实施

黄欣在确定好汇票格式和汇票缮制要求后，便着手填制汇票。由于该笔交易是信用证支付方式项下的，因此需按照信用证信息填写。那么，汇票该如何填写呢？

第一步：解读汇票缮制要点及规范

信用证项下汇票缮制要点如图11-3所示。

BILL OF EXCHANGE

凭　　　　　　　　　　　　　　　信用证　　第　　号

Drawn under [1. 开证行]　　　　L/C No. [2. 信用证号码]

日期　　　　　　　按息付款

Dated [3. 开证日期]　Payable with interest @ [4. 利息] % per annum

号码　　　　　汇票金额　　　　　　上海，中国　　　　年　月　日

No.: [5. 商业发票号]　Exchange for [6. 小写金额]　Shanghai, China

见票　　　　　　　　　　　日后（本汇票之副本未付）付交

At [7. 付款期限] sight of this FIRST of Exchange (Second of exchange being unpaid)

pay to the order of [8. 议付行]

金额

The sum of [9. 大写金额]

此致

To: [10. 开证行]

[11. 出票人]

(Signature)

图11-3　信用证项下汇票缮制要点

信用证项下汇票缮制规范见本任务“必备知识”部分。

第二步：依据任务要求缮制汇票

缮制的信用证项下汇票如图11-4所示。

BILL OF EXCHANGE

凭　　　　　　　　　　　　　　　信用证　　第　　号

Drawn under ROYAL BANK OF CANADA　　L/C No. G/FO-7752807

日期　　　　　　　按息付款

Dated MAY 12,2023　Payable with interest @ ______ % per annum

号码　　　　　汇票金额　　　　　　上海，中国　　　　年　月　日

No.: TX202315　Exchange for USD 130,000.00　Shanghai, China

见票　　　　　　　　　　　日后（本汇票之副本未付）付交

At *** sight of this FIRST of Exchange (Second of exchange being unpaid)

pay to the order of BANK OF CHINA,SHANGHAI BRANCH

金额

The sum of SAY U.S. DOLLARS ONE HUNDRED AND THIRTY THOUSAND ONLY

To: ROYAL BANK OF CANADA

WUXI TERUISI INTERNATIONAL TRADE CO., LTD

图11-4　缮制的信用证项下汇票

任务评价

任务评价表

评价项目	评价标准	满分	得分
信用证项下汇票缮制要点规范	能清楚信用证项下汇票的要点及相应的缮制规范	20分	
缮制信用证项下汇票	能依据业务内容获取完整的汇票缮制要求并准确完成缮制	40分	
职业操作规范	能养成系统思维意识，形成依据业务实际流程规范缮制信用证项下汇票的职业素养，具备金融安全意识	40分	
合计		100分	

任务三 缮制托收项下汇票

必备知识

托收项下汇票缮制规范如下：

1）托收汇票须在出票条款栏内或其他位置加注“FOR COLLECTION”。

2）号码（No.）：一般填写发票号码。

3）小写金额（Amount in Figure）：托收总金额，也就是发票金额。先填币制，紧接着是以阿拉伯数字表示的金额，小数点后保留两位，第三位小数四舍五入，不得涂改。

4）出票地点和日期（Place and Date of Issue）：一般由银行代填。

5）付款方式和付款期限（Tenor and Mode of Payment）：支付方式一般为D/P或者D/A，填写在At的前面，付款期限应填写在At与sight的中间。如远期见票后60天，则填“At 60 DAYS sight”；如为“即期”，则为“At * * * * * sight”。

6）收款人栏目：一般填写托收银行。

7）大写金额（Amount in Words）：先填货币名称，再用英文大写字母表明托收金额，大、小写应一致，句尾加上“ONLY”。

8）付款人（Drawee）：汇票左下角的“To”栏，根据合同规定填写买方（进口商）的名称及地址。

9）签字（Signature）：在汇票右下角填写或加盖出口方公司名称，并由负责人签字或盖章。

任务实施

黄欣按照信用证条款正确填制了信用证项下的汇票。但黄欣想，如果未来采用托收支付方式，那么相关单据该如何填写呢？

第一步：解读托收项下汇票缮制要点及规范

托收项下汇票缮制要点如图11-5所示。

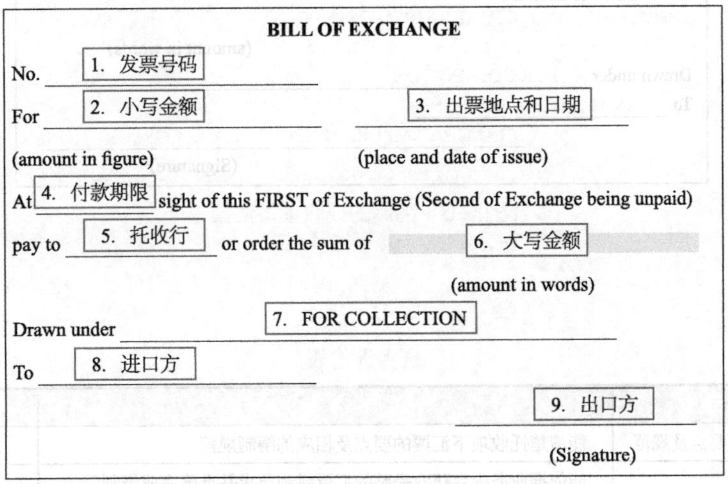

BILL OF EXCHANGE

No. 1. 发票号码

For 2. 小写金额　　3. 出票地点和日期

(amount in figure)　　(place and date of issue)

At 4. 付款期限 sight of this FIRST of Exchange (Second of Exchange being unpaid)

pay to 5. 托收行 or order the sum of 6. 大写金额

(amount in words)

Drawn under 7. FOR COLLECTION

To 8. 进口方

9. 出口方

(Signature)

图11-5 托收项下汇票缮制要点

托收项下汇票缮制规范见“必备知识”部分。

第二步：依据任务要求缮制托收项下汇票

1. 资料

卖　　方：SHANGHAI IMPORT&EXPORT TRADE CORPORATION
1321 NORTH ZHONGSHAN ROAD, SHANGHAI, CHINA

买　　方：TAKADA CORPORATION
6-7, KAWARAMACHI, OSAKA, JAPAN

单　　价：ART. NO. 555 USD110.00/KG
ART. NO. 666 USD100.00/KG
ART. NO. 777 USD90.00/KG CIF OSAKA D/P

数　　量：ART. NO. 555 100KGS, ART. NO. 666 110 KGS,
ART. NO. 777 120KGS

托 收 行：FUJI BANK
1013 SAKURA OTOLIKINGZA MACHII, OSAKA, JAPAN

代 收 行：BANK OF CHINA, SHANGHAI BRANCH

发票编号：TX0522

2. 单证实操

根据资料信息，缮制汇票（见图11-6）。

BILL OF EXCHANGE

No. TX0522

For USD32,800.00 ______________________

(amount in figure) (place and date of issue)

At *** sight of this FIRST of Exchange (Second of Exchange being unpaid)

pay to FUJI BANK or order the sum of SAY U.S. DOLLARS THIRTY-TWO THOUSAND AND EIGHT HUNDRED ONLY

(amount in words)

Drawn under FOR COLLECTION

To TAKADA CORPORATION

SHANGHAI IMPORT&EXPORT TRADE CORPORATION

(Signature)

图11-6 缮制的托收项下汇票

任务评价

任务评价表

评价项目	评价标准	满分	得分
托收项下汇票缮制要点及规范	能清楚托收项下汇票的要点及相应的缮制规范	20分	
缮制托收项下汇票	能依据业务内容获取完整的汇票缮制要求并准确完成缮制	40分	
职业操作规范	能养成系统思维意识，形成依据业务实际流程规范缮制托收项下汇票的职业素养，具备金融安全意识	40分	
合计		100分	

项目小结

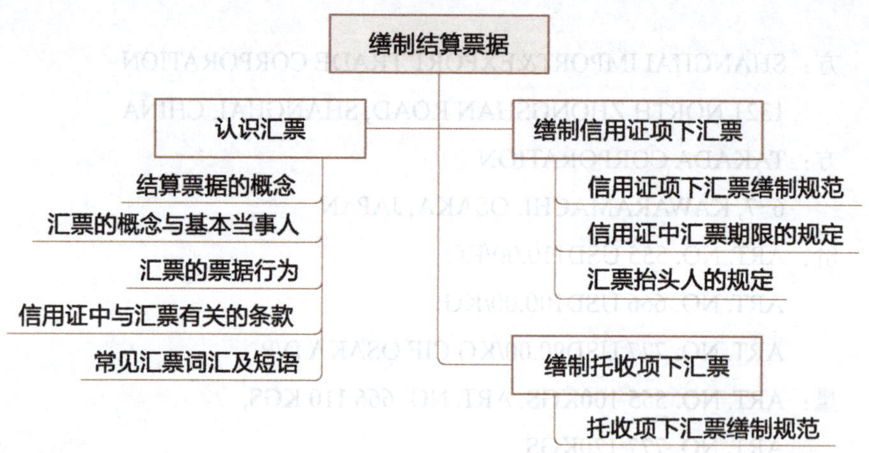

项目实训

理论部分

一、单选题

1. 在其他条件相同的情况下，（　　）的远期汇票对收款人最为有利。

A. 出票后 30 天付款　　B. 提单签发日后 30 天付款

C. 见票后 30 天付款　　D. 货到目的港后 30 天付款

2. 承兑是（　　）对远期汇票表示承担到期付款责任的行为。

A. 付款人　　B. 收款人　　C. 出口人　　D. 议付银行

3. 信用证上若未注明汇票的付款人，根据《UCP600》，汇票的付款人应是（　　）。

A. 开证人　　B. 开证行　　C. 议付行　　D. 出口人

4. 如果信用证规定汇票的期限为“30 DAYS FROM DATE OF LADING”，提单日期为“MARCH 1 ST, 2023”，则根据《国际标准银行实务》，汇票的到期日为（　　）。

A. 2023 年 3 月 30 日　　B. 2023 年 3 月 31 日

C. 2023 年 3 月 20 日　　D. 2023 年 4 月 1 日

5. 信用证和托收项下的汇票抬头一般为（　　）。

A. To bearer　　B. Pay to…only

C. Pay to the order of…　　D. Open

6. D/P付款条件下，出口商业汇票上的受票人应是（　　）。

A. 代收行　　B. 托收行　　C. 出口商　　D. 进口商

7. 以下英文与中文翻译对应正确的是（　　）。

A. BILL OF EXCHANGE：本票　　B. PROMISSORY NOTE：承兑汇票

C. ACCEPTANCE：承兑　　D. CHEQUE/CHECK：背书

8. 只有背书人在票据背面签名，而不记载被背书人名称的背书为（　　）。

A. 限制性背书　　B. 特别背书　　C. 记名背书　　D. 空白背书

9. 在国际贸易支付中，信用证是银行信用，使用的通常是（　　）。

A. 商业汇票　　B. 银行汇票　　C. 银行本票　　D. 支票

10. 某公司有一张承兑的期限为90天的银行承兑汇票，票面金额为500美元。为提前取得资金，该公司找某银行要求贴现，当时的贴现率为10%，每笔贴现手续费为150美元，则该公司贴现后可取得（　　）美元资金。

A. 4,487,850　　B. 4,478,850　　C. 4,874,850　　D. 4,784,850

11. 在信用证结算方式下，汇票的收款人通常的抬头方式是（　　）。

A. 指示性抬头　　B. 限制性抬头　　C. 持票人抬头　　D. 来人抬头

12. 信用证项下，出口人开具的汇票遭拒付时，（　　）。

A. 开证行有权行使追索权　　B. 保兑行有权行使追索权

C. 议付行有权行使追索权　　D. 付款行有权行使追索权

二、多选题

1. 用于议付信用证项下结算的汇票有（　　）。

A. 即期汇票　　B. 远期汇票　　C. 商业汇款　　D. 银行汇款

E. 以上均可

2. 计算汇票付款到期日的一般国际惯例有（　　）。

A. 算尾不算头

B. 算头不算尾

C. 以月为单位计算付款期限的，一律以相应月份的同一天为到期日，若当月无对应日期，则以该月最后一天代替

D. 先算整月，后算半月，半月按 15 天计算

E. 若到期日恰逢周末或节假日，则顺延至其后第一个营业日

3. 根据《中华人民共和国票据法》，汇票上必须记载的事项包括（　　）。

A. 确定的金额　　B. 出票日期　　C. 付款人姓名　　D. 汇票编号
E. 付款项目

4. 本票和汇票的区别主要有（　　）。
A. 本票是书面支付承诺，汇票是书面支付命令
B. 本票的付款人都是银行，汇票的付款人都是工商企业
C. 本票都是即期的，汇票有即期和远期之分
D. 本票的票面有两个当事人，而汇票有三个当事人
E. 本票是书面支付命令，汇票是书面支付承诺

三、判断题

1. 追索是指汇票等票据遭到拒付时，持票人要求其前手背书人、出票人、承兑人或其他的汇票债务人清偿汇票金额及有关费用的行为。（　　）

2. 一张商业汇票上的收款人是"仅付给ABC有限公司"（Pay to ABC Co., Ltd only），这种汇票不能转让。（　　）

3. D/A方式下既可以使用即期汇票也可以使用远期汇票，但只能是商业汇票。（　　）

4. 出票就是出票人在汇票上写明有关内容并签名的行为。（　　）

5. 指示性抬头汇票不能作记名背书。（　　）

6. 承兑是各种票据都有的一种票据行为。（　　）

7. 汇票是信用证项下的必备单据。（　　）

8. 依据《中华人民共和国票据法》，汇票的大小写金额必须一致，否则汇票无效。（　　）

9. 信用证项下汇票付款人，如无特别规定，应为信用证的开证行。（　　）

10. 一张汇票往往可以同时具有几种性质，因此，一张商业汇票同时可以是银行即期汇票。（　　）

11. 汇票经背书将汇票的收款权利转让给被背书人后，被背书人在遭到拒付时可向其前手行使追索权。（　　）

12. 一张未加载付款日的汇票，按惯例可理解为见票后21天付款。（　　）

实操部分

1. 请根据下面已填写好的托收汇票，回答相关问题。

BILL OF EXCHANGE

号码　　汇票金额　　上海

No. HLK356 Exchange for USD 56, 000.00 Shanghai, 2022-10-17

见票　　日后（本汇票之副本未付）付交

At 90 DAYS AFTER sight of this FIRST of Exchange (Second of Exchange being unpaid)

pay to the order of BANK OF CHINA, SHANGHAI BRANCH

金额

The sum of SAY U.S. DOLLARS FIFTY SIX THOUSAND ONLY

此致

To MITSUBISHI TRUST & BANKING CO., LTD

4–5 MARUNOUCHI 1–CHOME

CHIYODA-KU, TOKYO 100, JAPAN　　CHINA NATIONAL ANIMAL BYPRODUCTS

IMP. & EXP. CORP. SHANGHAI BRANCH

（1）汇票出票人、付款人分别是谁？

（2）汇票是即期还是远期？

（3）有几份汇票？

（4）该笔托收业务的托收行是谁？

2. 根据信用证条款填制汇票

（1）资料信息

卖方：SHANGHAI IMPORT&EXPORT TRADE CORPORATION 1321 NORTH ZHONGSHAN ROAD, SHANGHAI, CHINA

买方：TAKADA CORPORATION
6-7, KAWARAMACHI, OSAKA, JAPAN

单价：ART. NO.555 USD110.00/KG
ART. NO.666 USD100.00/KG
ART. NO.777 USD90.00/KG CIF OSAKA L/C AT SIGHT

数量：ART. NO.555 100KGS, ART. NO.666 110KGS, ART. NO.777 120KGS

开证行：FUJI BANK
1013 SAKURA OTOLIKINGZA MACHI, OSAKA, JAPAN

信用证号：XT173

议付行：BANK OF CHINA, SHANGHAI BRANCH

发票编号：TX0522

（2）单证实操

根据资料信息缮制汇票。

凭　　　　　　　　　　　　　　　　　信用证或购买证
Drawn under ______________________ L/C or A/P No. __________
日期　　　　　　　　　　按　　%年息付款
Dated ______________ Payable with interest @ __________ % per annum
号码　　　　　　　　汇票金额　　　　　　　　中国　　年　月　日
No. ____________ Exchange for __________ ______China______
见票　　　　　　　　　　　　　　　日后（本汇票之副本未付）付交
At ____________ sight of this FIRST of Exchange (Second of the same or tenor and date unpaid) pay to the order of ______________________
金额
the sum of ______________________________________

此致
To ______________________

____
(Signature)

进口单证篇

- 项目十二　开立信用证
- 项目十三　缮制进口单证

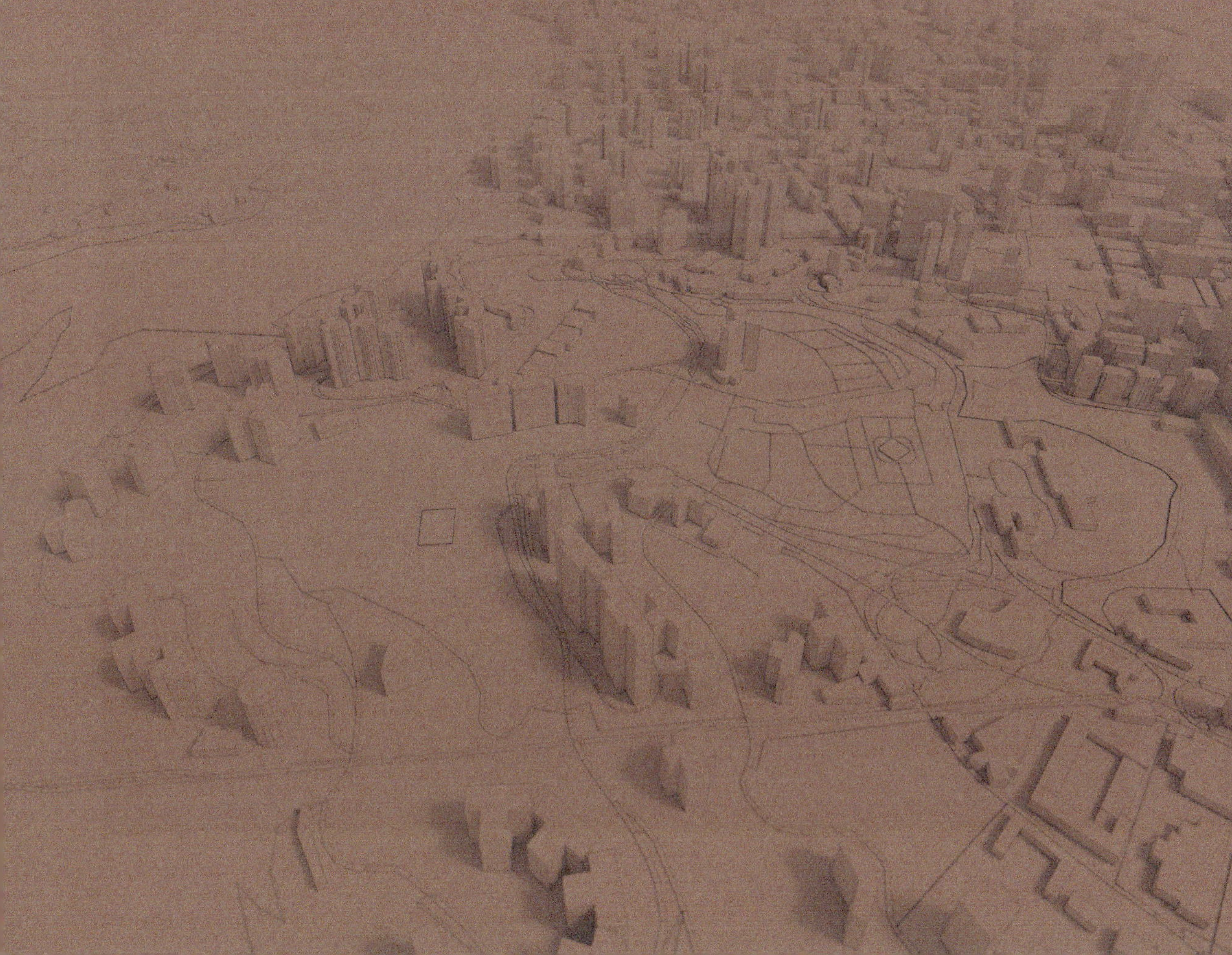

项目十二
开立信用证

知识目标

- 清楚信用证开证流程及信用证修改流程
- 清楚信用证审核的依据
- 掌握开证申请书及信用证修改函的填写要点及规范
- 掌握信用证修改函的填写要点及规范

能力目标

- 能依据销售合同填制开证申请书
- 能依据销售合同内容审核信用证
- 能对卖方提出的改证要求进行核对并起草信用证修改申请

素养目标

- 在开立信用证的过程中，树立国际规则、行业标准意识
- 在操作过程中对国际贸易的市场化、法制化、国际化的运营环境有正确认识
- 在处理信用证过程中，树立维护国际经贸关系、建设贸易强国的意识

项目情境

外销员顾青在了解了生产进度后得知货物准备即将完成，眼看合同规定的开证日期即将来到，于5月10日催促进口商FASHION FORCE公司尽快开立信用证。FASHION FORCE公司在顾青的催促下开始着手办理信用证的开立。

项目分析

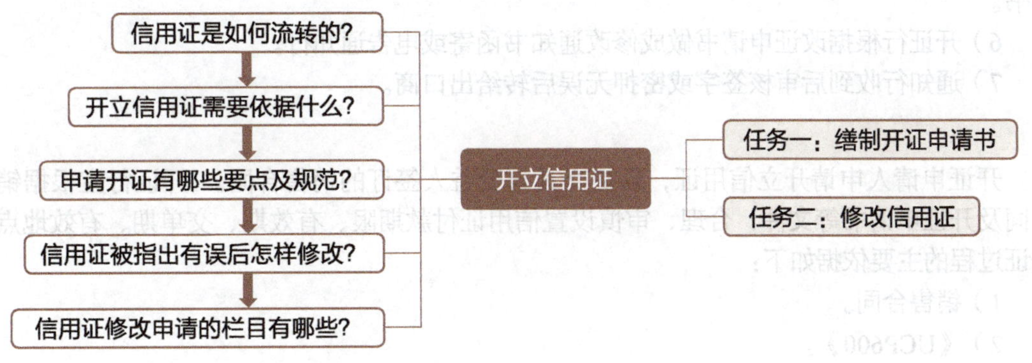

任务一 缮制开证申请书

必备知识

1. 信用证开证流程

进出口双方在合同约定使用跟单信用证支付后，进口商便有开证责任，须在合同约定的开证截止日期前完成开证。在开证之前，开证银行与申请人应签订明确双方权利和义务的协议，交存一定数额的保证金，开证行接受申请后展开开证工作，具体开证流程如图12-1所示。

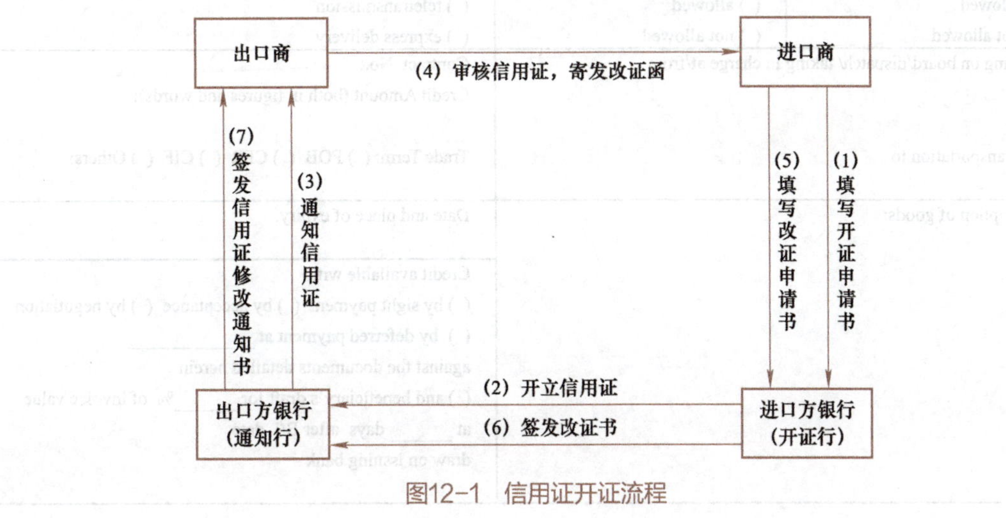

图12-1 信用证开证流程

1）进口商按照合同要求填写开证申请书，在合同规定的时限内递交开证行，并支付一定比例的保证金。

2）开证行接受进口商的开证申请书后，按其内容向出口商开立信用证。

3）开证行通过通知行通知出口商信用证已到。

4）出口商在收到经通知行转来的信用证后，根据销售合同和《UCP600》审核信用证，将不符点纳入改证函，并寄给进口商，要求进口商通过开证行进行修改。

5）进口商在收到改证函后，进行信用证的审查，若同意修改则向开证行提交改证申请书。

6）开证行根据改证申请书做成修改通知书函寄或电告通知行。

7）通知行收到后审核签字或密押无误后转给出口商。

2. 开证依据

开证申请人申请开立信用证，须提交其与受益人签订的销售合同。开证行应根据销售合同及开证申请书等文件，合理、审慎设置信用证付款期限、有效期、交单期、有效地点。开证过程的主要依据如下：

1）销售合同。

2）《UCP600》。

3）进口国、出口国法律法规及其他国际惯例。

任务实施

外销员顾青了解了备货情况后，发现对方尚未开立信用证，为保证货物能在装运期内发货，首先得催促对方开立信用证。FASHION FORCE公司在顾青的催促下开始着手信用证的开立，首先要填写开证申请书并向开证行提交。

第一步：获取开证申请书填写规范

DOCUMENTARY CREDIT APPLICATION

To: L/C No.: Date:

Applicant (full name, address and tel. etc.)		Beneficiary (full name, address and tel. etc.)
Partial shipments ( ) allowed ( ) not allowed	Transshipment ( ) allowed ( ) not allowed	Issued by ( ) teletransmission ( ) express delivery
Loading on board/dispatch/ taking in charge at/from For transportation to		Contract No.: Credit Amount (both in figures and words): Trade Term: ( ) FOB ( ) CFR ( ) CIF ( ) Others:
Description of goods:		Date and place of expiry:
		Credit available with ( ) by sight payment ( ) by acceptance ( ) by negotiation ( ) by deferred payment at ________ against the documents detailed herein ( ) and beneficiary's draft for ____ % of invoice value at ______ days after B/L date draw on issuing bank

（续）

Documents required: (marked with ×)

1. ( ) Signed commercial invoice in ________ copies indicating L/ C No. and Contract No.

2. ( ) Full set of clean on board Bills of Lading made out [ ] to order/ [ ] to the order of ____________ and blank endorsed, marked " freight [ ] prepaid/ [ ] to collect showing freight amount" notifying [ ]the applicant/ [ ]

3. ( ) Air Waybills showing "freight [ ]prepaid/ [ ] to collect", indicating freight amount and consigned to ____________

4. ( ) Insurance Policy/Certificate in ________ copies for 110 % of the invoice value showing claims payable in China in currency of the draft, blank endorsed, covering ([ ] Ocean Marine Transportation / [ ] Air Transportation / [ ] Over Land Transportation) All Risks, War Risks.

5. ( ) Packing list / Weight Memo in ________ copies indicating quantity / gross and net weights of each package and packing conditions as called for by the L/C.

6. ( ) Certificate of Quantity/ Weight in ________ copies issued by [ ] manufacturer / [ ] seller / [ ] independent surveyor at the loading port, indicating the actual surveyed quantity / weight of shipped goods as well as the packing condition.

7. ( ) Certificate of Quality in ________ copies issued by [ ] manufacturer / [ ] public recognized surveyor.

8. ( ) Beneficiary's Certified copy of fax dispatched to the applicant within ___ days after shipment advising the contract number, name of commodity, quantity, invoice value, bill of loading no., bill of loading date.

9. ( ) Beneficiary's Certificate certifying that extra copies of the documents have been dispatched according to the contract terms.

10. ( ) Certificate of Origin in ________ copies issued by authorized institution.

11. ( ) Other documents, if any:

Additional instruction: (marked with ×)

1. ( ) All banking charges outside the opening bank are for beneficiary's account.

2. ( ) Documents must be presented within 21 days after the date of issuance of the transport documents but within the validity of this credit.

3. ( ) Third party as shipper is not acceptable, Short Form / Blank B/L is not acceptable.

4. ( ) Both quantity and amount ________ % more or less are allowed.

5. ( ) All documents to be forwarded in one lot by express unless otherwise stated above.

6. ( ) Other terms, if any:

For banks use only		Our company undertakes the responsibilities and commitments set forth on the back of this application, and guarantees to comply with them.
Seal and / or Signature	checked by ( )	(Applicant's name and seal)
L/C Margin ______%	checked by ( )	
Credit Facility	checked by ( )	RMB A/C No.
	Date:	USD or ( ) A/C No.
		Tel.:

This L/C is subject to the Uniform Customs and Practice for Documentary Credit (2007 Revision) ICC Publication No. 600.

1. 对应栏目的详解

（1）Applicant (full name, address and tel. etc.)

申请人（全名、地址和电话等）。此栏主要填写开证申请人的相关信息，也就是买方的信息，包括其名称、地址、电话等。

（2）Beneficiary (full name, address and tel. etc.)

受益人（全名、地址和电话等）。此栏主要填写受益人的相关信息，也就是卖方的信息。

（3）Partial shipments ( ) allowed ( ) not allowed

分批装运（ ）允许（ ）不允许。本栏主要依据合同对货物能否进行分批装运进行选择。在选中的选项括号中打“×”。

（4）Transshipment ( ) allowed ( ) not allowed

转运（ ）允许（ ）不允许。本栏依据合同对货物能否转运进行选择。在选中的选项括号中打“×”。

（5）Issued by ( ) teletransmission ( ) express delivery

开立方式（ ）电开（ ）信开。本栏依据自身需要选择信用证的开证方式。在选中的选项括号中打“×”。

（6）Loading on board/dispatch/taking in charge at/from; For transportation to

启运地点，接管地从……开始；运至……

（7）Contract No.; Credit Amount (both in figures and words); Trade Term: ( ) FOB ( ) CFR ( ) CIF ( ) Others

合同编号，信用证金额（用数字、文字两种方式描述），贸易条件。本栏根据抬头来填写相关信息，贸易条件则根据合同内容在相应的条件前打“×”。

（8）Description of goods

货物描述。本栏主要填写货物的相关信息，一般包括货物名称、货物规格、货物单价等。

（9）Date and place of expiry

到期日和到期地点。本栏主要填写信用证的到期日期和地点。

（10）Credit available with ( ) by sight payment ( ) by acceptance ( ) by negotiation ( ) by deferred payment at ______against the documents detailed herein

( ) and beneficiary's draft for ______% of invoice value at ______days after B/L date draw on issuing bank

信用证付款方式：（ ）即期付款（ ）承兑付款（ ）议付（ ）延期付款（ ）受益人按发票金额的______%，在提单日后______天付款的汇票。

本栏主要根据合同或需要进行选择，在括号中打“×”。

2. 所需单据（Documents Required）详解

本部分内容主要是根据合同以及实际情况在所需要的各项单据前的括号内打“×”。

（1）Signed commercial invoice in ____ copies indicating L/ C No. and Contract No.

已签署的商业发票一式____份，注明信用证号码和合同号码。

（2）Full set of clean on board Bills of Lading made out [ ] to order/ [ ] to the order of ______ and blank endorsed, marked "freight [ ] prepaid/ [ ] to collect showing freight amount" notifying [ ]the applicant/ [ ] ____________

全套清洁已装船提单，做成[ ]凭指示/ [ ]凭……指示，空白背书，标明运费[ ]预付/ [ ]到付，标明运费金额，通知[ ]申请人/ [ ]……

（3）Air Waybills showing "freight [ ]prepaid/ [ ] to collect", indicating freight amount and consigned to ____________

航空运单，注明"运费[ ]预付/ [ ]到付"，标明运费金额，交给……

（4）Insurance Policy/Certificate in ____ copies for 110% of the invoice value showing claims payable in China in currency of the draft, blank endorsed, covering ([ ] Ocean Marine Transportation / [ ] Air Transportation / [ ] Over Land Transportation) All Risks, War Risks.

保险单/ 保险凭证____份副本，按发票金额的110%投保，以汇票所列币种在中国偿付。空白背书，投保（[ ]海运/ [ ]空运/ [ ]陆运）一切险和战争险。

（5）Packing list / Weight Memo in ____ copies indicating quantity / gross and net weights of each package and packing conditions as called for by the L/C.

装箱单/ 重量单____份副本，注明货物的数量/ 每件包装的毛重和净重。

（6）Certificate of Quantity/ Weight in____copies issued by [ ] manufacturer / [ ] seller / [ ] independent surveyor at the loading port, indicating the actual surveyed quantity / weight of shipped goods as well as the packing condition.

数量/重量证明____份副本，由[ ]制造商/ [ ]卖方/ [ ]独立检验人在启运港开立，标明所装货物实际查得的数量/ 重量以及包装情况。

（7）Certificate of Quality in ____ copies issued by [ ] manufacturer / [ ] public recognized surveyor.

质量证书____份副本，由[ ]制造商/ [ ] 公众认可的检验人出具

（8）Beneficiary's Certified copy of fax dispatched to the applicant within____days after shipment advising the contract number, name of commodity, quantity, invoice value, bill of loading no., bill of loading date.

受益人证明副本在装船后____天内传真给申请人，并注明合同号、商品名称、数量、发票价值、提单号、提单日期。

（9）Beneficiary's Certificate certifying that extra copies of the documents have been dispatched according to the contract terms.

受益人证明需要证实额外的单据副本已经根据合同条款寄出。

（10）Certificate of Origin in ____ copies issued by authorized institution.

原产地证书一式____份，证明由权威机构签发。

3. 附加条款（Additional Instruction）详解

根据合同以及实际情况在所需要的各项条件前的括号内打“×”。

（1）All banking charges outside the opening bank are for beneficiary's account.

开证行之外的所有银行费用由受益人承担。

（2）Documents must be presented within 21 days after the date of issuance of the transport documents but within the validity of this credit.

单据必须在运输单据开立之后21天内提交，但必须在信用证的有效期内。

（3）Third party as shipper is not acceptable, Short Form / Blank B/L is not acceptable.

第三方作为托运人是不可接受的，简式提单、不记名提单也是不接受的。

（4）Both quantity and amount ____ % more or less are allowed.

数量和金额在____%之内的增减幅度是允许的。

（5）All documents to be forwarded in one lot by express unless otherwise stated above.

所有单据应当装在一起并快递寄出，除非上述有其他声明。

想一想

你知道什么是“双到期信用证”吗？“双期”分别指的是什么期限？

第二步：依据销售合同缮制开证申请书

DOCUMENTARY CREDIT APPLICATION

To: ROYAL BANK OF CANADA　　L/C No.:　　Date: APRIL 1st, 2023

Applicant (full name, address and tel. etc.) FASHION FORC CO., LTD Address: P.O.BOX 8935 NEW TERMINAL ALTA VISTA, OTTAWA, CANADA Tel.: 001-613-7983503 Fax: 001-613-7895307		Beneficiary (full name, address and tel. etc.) WUXI TERUISI INTERNATIONAL TRADE CO., LTD Address: NO. 27 XUEQIAN ROAD, WUXI, CHIINA Tel.: 0086-510-82700788 Fax: 0086-510-82700777
Partial shipments (×) allowed ( ) not allowed	Transshipment (×) allowed ( ) not allowed	Issued by (×) teletransmission ( ) express delivery
Loading on board/dispatch/ taking in charge at/from SHANGHAI CHINA Not later than: MAY 15, 2023		Contract No.: G/FO-7752807 Credit Amount (both in figures and words): USD 130,000.00 SAY U.S.DOLLARS ONE HUNDDRED AND THIRTY THOUSAND ONLY
For transportation to OTTAWA, CANADA		Trade Term: ( ) FOB ( ) CFR ( ) CIF ( ) Others: CIP

（续）

Description of goods:	Date and place of expiry:
MAN'S COTTON SHIRT (CONTRACT NO.23JA7031KL) PACKED IN 130 CARTON OF 100 PCS EACH	JUN 11, 2023 CHINA
	Credit available with (×) by sight payment ( ) by acceptance (×) by negotiation ( ) by deferred payment at against the documents detailed herein ( ) and beneficiary's draft for ____% of invoice value at ____ days after B/L date draw on issuing bank

Documents required: (marked with ×)

1. (×) Signed commercial invoice in 2 copies indicating L/ C No. and Contract No.
2. (×) Full set of clean on board Bills of Lading made out [ ] to order/ [ ] to the order of the order of shipper and blank endorsed, marked " freight [ ] prepaid/ [×] to collect showing freight amount" notifying [ ]the applicant/ [ ]
3. ( ) Air Waybills showing "freight [ ]prepaid/ [ ] to collect", indicating freight amount and consigned to ____________
4. (×) Insurance Policy/Certificate in 3 copies for 110 % of the invoice value showing claims payable in China in currency of the draft, blank endorsed, covering ([×] Ocean Marine Transportation / [ ] Air Transportation / [ ] Over Land Transportation) All Risks, War Risks.
5. (×) Packing List / Weight Memo in 3 copies, 1 original and 2 copies.
6. ( ) Certificate of Quantity/ Weight in ____ copies issued by [ ] manufacturer / [ ] seller / [ ] independent surveyor at the loading port, indicating the actual surveyed quantity / weight of shipped goods as well as the packing condition.
7. (×) Certificate of Quality in 2 copies issued by [ ] manufacturer / [×] public recognized surveyor.
8. ( ) Beneficiary's Certified copy of fax dispatched to the applicant within ____ days after shipment advising the contract number, name of commodity, quantity, invoice value, bill of loading no., bill of loading date.
9. ( ) Beneficiary's Certificate certifying that extra copies of the documents have been dispatched according to the contract terms.
10. (×) Certificate of Origin in 2 copies issued by authorized institution.
11. ( ) Other documents, if any:

Quality certificate issued by the beneficiary of the L/C certifying goods are in strict accordance with drawings.

Additional instruction: (marked with ×)

1. (×) All banking charges outside the opening bank are for beneficiary's account.
2. (×) Documents must be presented within 21 days after the date of issuance of the transport documents but within the validity of this credit.
3. ( ) Third party as shipper is not acceptable, Short Form / Blank B/L is not acceptable.
4. ( ) Both quantity and amount ____% more or less are allowed.
5. ( ) All documents to be forwarded in one lot by express unless otherwise stated above.
6. ( ) Other terms, if any:

For banks use only	Our company undertakes the responsibilities and commitments set forth on the back of this application, and guarantees to comply with them.（Applicant's name and seal）
Seal and / or Signature　　checked by (　　) L/C Margin ____%　　checked by (　　) Credit Facility　　checked by (　　) Date:	FASHION FORCE CO., LTD A/C No.1357924＊＊＊＊ Tel.: 001-613-7983503

This L/C is subject to the Uniform Customs and Practice for Documentary Credit (2007 Revision) ICC Publication No. 600.

任务评价

任务评价表

评价级别	评价标准	分值	得分
信用证开证流程及信用证审核的依据	知道信用证开证流程，并明确审核信用证的依据	20分	
开证申请书的填制要点及规范	清楚开证申请书的各项要点及填制规范	30分	
开证申请书的填制	能在给定时间内完成开证申请书	30分	
职业操作规范	在操作过程中严格遵循国际惯例和行业标准，养成一丝不苟的工作态度	20分	
合计		100分	

任务二 修改信用证

必备知识

1. 信用证修改流程

信用证在审核过程中发现有些条款不符合合同规定或与国际惯例相违背，出口商有权提出修改信用证，信用证修改流程具体参照图12-2。

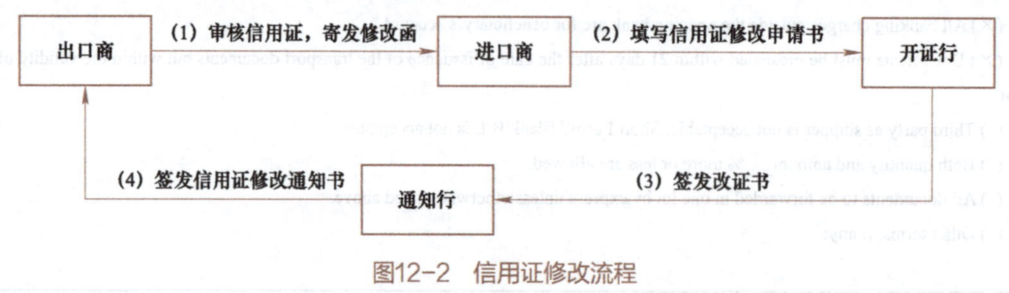

图12-2 信用证修改流程

1）出口商针对审核发现的问题撰写修改函并寄发给进口商。

2）进口商核对修改函中的意见，同意修改后填写信用证修改申请书并向开证行申请修改信用证。

3）开证行收到信用证修改申请书后，向通知行签发改证书。

4）通知行获取开证行的改证书后向出口商签发信用证修改通知书。

2. 信用证修改申请书详解

信用证修改申请书如图12-3所示。

APPLICATION FOR AMENDMENT

To: ____________	Amendment to Our Documentary Credit No.: ____________
Date of Amendment: ____________	No. of Amendment:
Applicant	Advising Bank
Beneficiary (before this amendment)	Amount

Please amend the above mentioned credit as follows:
(please mark "×" in □ where appropriate)

□ Shipment date extended to
□ Expiry date extended to
□ Amount increased/decreased by
□ Other terms

□ Banking charges:

Authorized Signature(s)
******

All other terms and conditions remain unchanged.

This Amendment is Subject to Uniform Customs and Practice for Documentary Credits (2007 Revision), International Chamber of Commerce Publication No.600.

图12-3 信用证修改申请书

3. 信用证修改申请书栏目要点详解

信用证修改申请书栏目要点详解见表12-1。

表12-1 信用证修改申请书栏目要点详解

栏目要点	详解
To	致……，填写开证行的名称。通常各个银行的信用证修改申请书会在这一栏事先印上本行的名称
Date of Amendment	修改日期，填写递交修改申请书的日期
Amendment to Our Documentary Credit No.	所修改的信用证号码，填写所需进行修改的信用证的号码
No. of Amendment	修改编号，本栏一般由银行自行填写
Applicant	申请人，指的是信用证的开证申请人
Advising Bank	通知行，填写通知行的名称
Beneficiary (before this amendment)	受益人，填写原信用证的受益人信息（包括名称、地址等）
Amount	总金额，主要指信用证的总金额
Please amend the above mentioned credit as follows: □ Shipment date extended to □ Expiry date extended to □ Amount increased/decreased by □ Other terms	上述所提信用证修改如下： □ 装船日期延展至…… □ 信用证到期日延后至…… □ 信用证金额提高/降低…… □ 其他条款
Banking charges	银行费用，一般不需要填写
All other terms and conditions remain unchanged	所有其他条款和情况照旧，不做修改
Authorized Signature(s)	授权签名
This Amendment is Subject to Uniform Customs and Practice for Documentary Credits (2007 Revision), International Chamber of Commerce Publication No.600	本信用证修改申请书遵从《跟单信用证统一惯例》（2007版本），即国际商会第600号出版物

任务实施

FASHION FORCE公司向出口商开立的信用证，经过出口地银行和出口商的共同审核后，对信用证的部分条款提出异议，并收到了出口商要求修改信用证的改证函，于是FASHION FORCE公司就出口商的要求进行核对和处理。

第一步：核对改证函，填写改证申请书

FASHION FORCE公司收到出口商的改证函后，依据销售合同对信用证条款进行核对审查，决定是否同意修改。核对修改函中的问题：

信用证号	G/FO-7752807
合同号	23JA7031KL
核对结果	信用证有效期需要延长 开证申请人公司名拼写错误 信用证中的转运条款应改为“允许” 最迟装运期与合同规定不符，应改为“6月15日” 保险条款中保险购买者应为“卖方”

核对结果：确实存在以上问题，同意修改信用证。

第二步：缮制改证申请书

FASHION公司外贸部依据核对结果撰写信用证修改申请书并递交给开证行ROYAL BANK。

<table>
<tr><td colspan="2" align="center">APPLICATION FOR AMENDMENT</td></tr>
<tr><td>To: ROYAL BANK OF CANADA

Date of Amendment: May 15, 2023</td><td>Amendment to Our Documentary Credit No.: G/FO-7752807

No. of Amendment: once</td></tr>
<tr><td>Applicant
FASHION FORCE CO., LTD</td><td>Advising Bank
BANK OF CHINA SHAGNHAI BRANCH</td></tr>
<tr><td>Beneficiary (before this amendment)
WUXI TERUISI INTERNATIONAL TRADE CO., LTD</td><td>Amount
USD 130,000.00</td></tr>
<tr><td colspan="2">Please amend the above mentioned credit as follows:
(please mark “×” in □ where appropriate)
☒ Shipment date extended to JUN 15, 2023
☒ Expiry date extended to JUN 30, 2023
□ Amount increased/decreased by
☒ Other terms
Transshipment should be ALLOWED instead of NOT ALLOWED
The name of applicant should be FASHION FORCE CO., LTD instead of FASHION FORCE CO., LTD
The policyholder should be the seller instead of the buyer
□ Banking charges:

All other terms and conditions remain unchanged.
Authorized Signature(s)
FASHION FORCE CO., LTD

This Amendment is Subject to Uniform Customs and Practice for Documentary Credits (2007 Revision), International Chamber of Commerce Publication No. 600.</td></tr>
</table>

任务评价

任务评价表

评价级别	评价标准	分值	得分
信用证修改流程	能清楚信用证修改的流程	20分	
改证申请书的缮制要点及规范	能掌握改证申请书的各项要点及缮制规范	30分	
改证申请书的撰写	针对出口商的改证要求，进行审核，完成改证申请书的撰写，并完成递交	30分	
职业操作规范	在操作过程中养成耐心细致、严格遵守结算流程的职业操作规范 树立国际贸易市场化、法制化、国际化的意识 在处理信用证的过程中，树立维护国际经贸关系、建设贸易强国的意识	20分	
合　计		100分	

项目小结

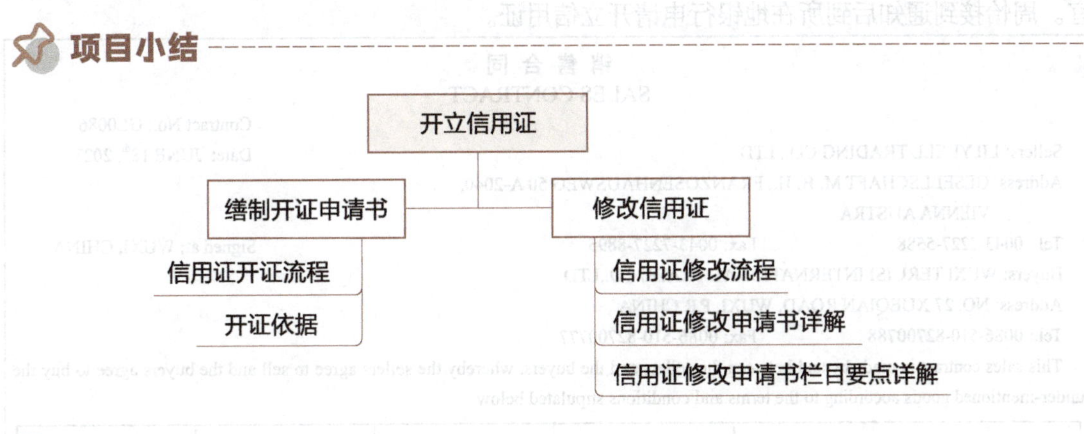

项目实训

理论部分

一、不定项选择题

1. 信用证修改书的内容在两项以上时，受益人（　　）。

A. 要么全部接受，要么全部拒绝　　B. 必须全部拒绝

C. 必须全部接受　　D. 只能部分接受

2. 在合同规定以信用证付款的条件下，（　　）负有申请开立信用证的义务。

A. 卖方　　B. 买方　　C. 承兑人　　D. 收款人

3. 进口商申请开立信用证的程序包括（　　）。

A. 递交有关合同副本及附件　　B. 填写开证申请书

C. 缴付保证金　　D. 支付开证手续费

E. 在开证申请书背面签字

4. 《UCP600》适用于以下哪几种信用证？（　　）

A. 保兑信用证　　B. 不保兑信用证

C. 光票信用证　　D. 备用信用证

E. 自由议付信用证

5. 某开证行2023年3月1日（周一）收到A公司交来的单据，根据《UCP600》的规定，最迟的审单时间应截至（　　）。

A. 2023年3月5日　　B. 2023年3月6日

C. 2023年3月7日　　D. 2023年3月8日

二、绘图题

1. 请绘制信用证开证的流程图。
2. 请绘制修改信用证的流程图。

实 操 部 分

一、根据下列资料缮制开证申请书

无锡特锐思国际贸易有限公司与奥地利LILYBELL TRADING CO., LTD（简称LTC公司）于2023年6月18日签订一份外贸合同，我方拟从奥地利进口一批数码相机，于9月底之前运抵上海港口。作为欧洲市场的负责人，王成通知外销员丁贸配合单证员周怡处理信用证事宜。周怡接到通知后到所在地银行申请开立信用证。

销 售 合 同

SALES CONTRACT

Contract No.: GL0086

Date: JUNE 18th, 2023

Sellers: LILYBELL TRADING CO., LTD

Address: GESELLSCHAFT M. B. H., FRANZOSENHAUSWEG 50 A-2040, VIENNA AUSTRA

Tel.: 0043-7227-5588　　Fax: 0043-7227-8895

Signed at: WUXI, CHINA

Buyers: WUXI TERUISI INTERNATIONAL TRADE CO.,LTD

Address: NO. 27 XUEQIAN ROAD, WUXI, P.R.CHINA

Tel.: 0086-510-82700788　　Fax: 0086-510-82700777

This sales contract is made by and between the sellers and the buyers, whereby the sellers agree to sell and the buyers agree to buy the under-mentioned goods according to the terms and conditions stipulated below:

(1) Name of Commodity and Specification	(2) Quantity	(3) Unit	(4) Unit Price	(5) Amount
DIGITAL CAMERA MS029	2,000 SET	SET	FOB VIENNA USD800.00/SET	USD1,600,000.00
	Total Amount			USD1,600,000.00

(6) Packing: PACKED IN 1 CARTON OF 100 SETS EACH

(7) Delivery from VIENNA to SHANGHAI

(8) Shipping Marks: N/M

(9) Time of Shipment: Within 30 days after receipt of L/C, transshipment and partial shipment are ALLOWED.

(10) Terms of Payment: by 100% confirmed irrevocable letter of credit in favor of the sellers to be available by sight draft to be opened and to reach AUSTRA before August 15th, 2023 and to remain valid for negotiation in AUSTRA until the 15 days after the foresaid time of shipment. L/C must mention this contract number. L/C advised by CITI BANK, VIENNA BRANCH. All banking charges outside the opening bank are for beneficiary's account.

(11) Insurance: To be effected by the buyers for 110% of full invoice value covering ALL RISKS AND WAR RISKS up to SHANGHAI.

(12) Arbitration: All disputes arising from the execution of or in connection with this contract shall be settled amicable by negotiation. In case no settlement can be reached through negotiation, the case shall then be submitted to China International Economic & Trade Arbitration Commission. In Shanghai (or in Beijing) for arbitration in act with its sure of procedures. The arbitral award is final and binding both parties for settling the dispute. The fee, for arbitration shall be borne by the losing party, unless otherwise awarded.

The Seller
LILYBELL TRADING CO., LTD
MARY

The Buyer
WUXI TERUISI INTERNATIONAL TRADE CO., LTD
DINGMAO

DOCUMENTARY CREDIT APPLICATION

To:. L/C No.: Date:

Applicant (full name, address and tel. etc.)		Beneficiary (full name, address and tel. etc.)
Partial shipments ( ) allowed ( ) not allowed	Transshipment ( ) allowed ( ) not allowed	Issued by ( ) teletransmission ( ) express delivery
Loading on board/dispatch/ taking in charge at/from For transportation to		Contract No.: Credit Amount (both in figures and words): Trade Term: ( ) FOB ( ) CFR ( ) CIF ( ) Others:
Description of goods:		Date and place of expiry:
		Credit available with ( ) by sight payment ( ) by acceptance ( ) by negotiation ( ) by deferred payment at ______ against the documents detailed herein ( ) and beneficiary's draft for __% of invoice value at ____ days after B/L date draw on issuing bank

Documents required: (marked with ×)

1. ( ) Signed commercial invoice in ______ copies indicating L/ C No. and Contract No.
2. ( ) Full set of clean on board Bills of Lading made out [ ] to order/ [ ] to the order of ______________and blank endorsed, marked " freight [ ] prepaid/ [ ] to collect showing freight amount" notifying [ ]the applicant/ [ ] ______________
3. ( ) Air Waybills showing "freight [ ]prepaid/ [ ] to collect", indicating freight amount and consigned to ______________
4. ( ) Insurance Policy/Certificate in_____copies for 110 % of the invoice value showing claims payable in China in currency of the draft, blank endorsed, covering ([ ] Ocean Marine Transportation / [ ] Air Transportation / [ ] Over Land Transportation) All Risks, War Risks.
5. ( ) Packing list / Weight Memo in_____copies indicating quantity / gross and net weights of each package and packing conditions as called for by the L/C.
6. ( ) Certificate of Quantity/ Weight in______copies issued by [ ] manufacturer / [ ] seller / [ ] independent surveyor at the loading port, indicating the actual surveyed quantity / weight of shipped goods as well as the packing condition.
7. ( ) Certificate of Quality in_____copies issued by [ ] manufacturer / [ ] public recognized surveyor.
8. ( ) Beneficiary's Certified copy of fax dispatched to the applicant within days after shipment advising the contract number, name of commodity, quantity, invoice value, bill of loading no., bill of loading date.
9. ( ) Beneficiary's Certificate certifying that extra copies of the documents have been dispatched according to the contract terms.
10. ( ) Certificate of Origin in_____copies issued by authorized institution.
11. ( ) Other documents, if any:

Additional instruction: (marked with ×)

1. ( ) All banking charges outside the opening bank are for beneficiary's account.
2. ( ) Documents must be presented within 21 days after the date of issuance of the transport documents but within the validity of this credit.
3. ( ) Third party as shipper is not acceptable, Short Form / Blank B/L is not acceptable.
4. ( ) Both quantity and amount ___% more or less are allowed.
5. ( ) All documents to be forwarded in one lot by express unless otherwise stated above.
6. ( ) Other terms, if any:

For banks use only	Our company undertakes the responsibilities and commitments set forth on the back of this application, and guarantees to comply with them. (Applicant's name and seal)
Seal and / or Signature checked by ( ) L/C Margin______% checked by ( ) Credit Facility checked by ( ) Date:	RMB A/C No. USD or ( ) A/C No. Contacts: Tel.:

This L/C is subject to the Uniform Customs and Practice for Documentary Credit (2007 Revision) ICC Publication No. 600.

二、根据审证情况撰写信用证修改申请书

资料1：销售合同

销 售 合 同

SALES CONTRACT

Sellers: CHR TRADING GMBH CO., LTD | Contract No.: S/C-20230123

Address: LERCHENWEG 10, 97511 SAND GERMANY | Date: MARCH 16th, 2023

Tel.: 0049-40-8893504 Fax: 0049-40-8895305 | Signed at: WUXI, CHINA

Buyers: WUXI TERUISI INTERNATIONAL TRADE CO., LTD

Address: NO. 27 XUEQIAN ROAD, WUXI, P.R.CHINA

Tel.: 0086-510-82700788 Fax: 0086-510-82700777

This sales contract is made by and between the sellers and the buyers, whereby the sellers agree to sell and the buyers agree to buy the under-mentioned goods according to the terms and conditions stipulated below:

(1) Name of Commodity and Specification	(2) Quantity	(3) Unit	(4) Unit Price	(5) Amount
COLOR EJECT PRINTERS		SET	FOB HAMBURG	
RO123	1,000 SETS		USD90.00/SET	USD90,000.00
RO122	1,000 SETS		USD115.00/SET	USD115,000.00
	Total Amount			USD205,000.00

(6) Packing: PACKED IN 1 CARTON OF 50 SETS EACH

(7) Delivery from HAMBERG to SHANGHAI

(8) Shipping Marks: N/M

(9) Time of Shipment: Within 30 days after receipt of L/C, transshipment and partial shipment are ALLOWED .

(10) Terms of Payment: by 100% confirmed irrevocable letter of credit in favor of the sellers to be available by sight draft to be opened and to reach Germany before April 15th, 2023 and to remain valid for negotiation in Germany until the 15 days after the fore said time of shipment. L/C must mention this contract number. L/C advised by CITI BANK, HAMBURG BRANCH. All banking charges outside the opening bank are for beneficiary's account.

(11) Insurance: To be effected by the buyers for 110% of full invoice value covering ALL RISKS AND WAR RISKS up to SHANGHAI .

(12) Arbitration: All disputes arising from the execution of or in connection with this contract shall be settled amicable by negotiation. In case no settlement can be reached through negotiation, the case shall then be submitted to China International Economic & Trade Arbitration Commission. In Shanghai (or in Beijing) for arbitration in act with its sure of procedures. The arbitral award is final and binding both parties for settling the dispute. The fee, for arbitration shall be borne by the losing party, unless otherwise awarded.

The Seller | The Buyer

CHR TRADING GMBH CO., LTD | WUXI TERUISI INTERNATIONAL TRADE CO., LTD

KEVIN | DINGMAO

资料2：开证申请书

DOCUMENTARY CREDIT APPLICATION

To: BANK OF CHINA, WUXI BRANCH　　L/C No.: 8493023　　Date: APRIL 1st, 2023

<table>
<tr><td colspan="2">Applicant (full name, address and tel. etc.)
WUXI TERUISI INTERNATIONAL TRADE CO., LTD
Address: NO. 27 XUEQIAN ROAD, WUXI, P.R.CHINA
Tel.: 0086-510-82700788
Fax: 0086-510-82700777</td><td>Beneficiary (full name, address and tel. etc.)
CHR TRADIN GGMBH CO., LTD
Address: LERCHENWEG 10, 97511 SAND GERMANY
Tel.: 0049-40-8893504
Fax: 0049-40-8895305</td></tr>
<tr><td>Partial shipments
(×) allowed
( ) not allowed</td><td>Transshipment
( ) allowed
(×) not allowed</td><td>Issued by
(×) teletransmission
( ) express delivery</td></tr>
<tr><td colspan="2">Loading on board/dispatch/ taking in charge at/from

HAMBERG, GERMANY
Not later than: May 15th, 2023

For transportation to SHANGHAI, CHINA</td><td>Contract No.: S/C-20230123
Credit Amount (both in figures and words):
EUR205,000.00
SAY EUR.DOLLARS TWO HUNDDRED AND FIVE THOUSAND ONLY
Trade Term: (×) FOB ( ) CFR ( ) CIF ( ) Others:</td></tr>
<tr><td colspan="2" rowspan="2">Description of goods:

COLOR EJECT PRINTERS

PACKED IN 1 CARTON OF 50 SETS EACH</td><td>Date and place of expiry:</td></tr>
<tr><td>Credit available with
(×) by sight payment ( ) by acceptance
(×) by negotiation ( ) by confirmed
( ) by deferred payment at
against the documents detailed herein
( ) and beneficiary's draft for ____% of invoice value
at ____ days after B/L date draw on issuing bank</td></tr>
<tr><td colspan="3">Documents required: (marked with ×)
1. (×) Signed commercial invoice in 5 copies indicating L/ C No. and Contract No.
2. ( ) Full set of clean on board Bills of Lading made out [ ] to order/ [ ] to the order of__________and blank endorsed, marked " freight [ ] prepaid/ [ ] to collect showing freight amount" notifying [ ]the applicant/ [ ]__________
3. ( ) Air Waybills showing "freight [ ]prepaid/ [ ] to collect", indicating freight amount and consigned to__________
4. ( ) Insurance Policy/Certificate in______copies for 110 % of the invoice value showing claims payable in China in currency of the draft, blank endorsed, covering ([ ] Ocean Marine Transportation / [ ] Air Transportation / [ ] Over Land Transportation) All Risks, War Risks.
5. (×) Packing list / Weight Memo in __4__ copies.
6. ( ) Certificate of Quantity/ Weight in______copies issued by [ ] manufacturer / [ ] seller / [ ] independent surveyor at the loading port, indicating the actual surveyed quantity / weight of shipped goods as well as the packing condition.
7. (×) Certificate of Quality in 2 copies issued by [ ] manufacturer / [×] public recognized surveyor.
8. ( ) Beneficiary's Certified copy of fax dispatched to the applicant within days after shipment advising the contract number, name of commodity, quantity, invoice value, bill of loading no., bill of loading date.
9. ( ) Beneficiary's Certificate certifying that extra copies of the documents have been dispatched according to the contract terms.
10. (×) Certificate of Origin in 2 copies issued by authorized institution.
11. ( ) Other documents, if any:</td></tr>
<tr><td colspan="3">Additional instruction: (marked with ×)
1. (×) All banking charges outside the opening bank are for beneficiary's account.
2. (×) Documents must be presented within 21 days after the date of issuance of the transport documents but within the validity of this credit.
3. ( ) Third party as shipper is not acceptable, Short Form / Blank B/L is not acceptable.
4. ( ) Both quantity and amount______% more or less are allowed.
5. ( ) All documents to be forwarded in one lot by express unless otherwise stated above.
6. ( ) Other terms, if any:</td></tr>
<tr><td colspan="2">For banks use only

Seal and / or Signature　　checked by (　　)
L/C Margin______%　　checked by (　　)
Credit Facility　　checked by (　　)

Date:</td><td>Our company undertakes the responsibilities and commitments set forth on the back of this application, and guarantees to comply with them. (Applicant's name and seal)
WUXI TERUISI INTERNATIONAL TRADE CO., LTD
RMB A/C No.1357924＊＊＊＊
USD or ( ) A/C No.
Contacts: 周怡
Tel.: 0086-510-827007888</td></tr>
</table>

This L/C is subject to the Uniform Customs and Practice for Documentary Credit (2007 Revision) ICC Publication No. 600.

审核结果：

合同号	S/C-20230123
审核结果	信用证中的转运条款中转运应改为“允许” 信用证中付款条款中货币应改为“美元” 信用证种类中应添加“保兑”

APPLICATION FOR AMENDMENT

To: BANK OF CHINA, WUXI BRANCH	Amendment to Our Documentary Credit No.: 8493023
Date of Amendment: April 5th, 2023	No. of Amendment: once
Applicant WUXI TERUISI INTERNATIONAL TRADE CO.,LTD NO. 27 XUEQIAN ROAD, WUXI, P.R.CHINA	Advising Bank CITI BANK, HAMBURG BRANCH
Beneficiary (before this amendment) CHR TRADING GMBH CO., LTD LERCHENWEG 10, 97511 SAND GERMANY	Amount USD 205,000.00

Please amend the above mentioned credit as follows:

(please mark “×” in □ where appropriate)

□ Shipment date extended to

□ Expiry date extended to

□ Amount increased/decreased by

☒ Other terms

Transshipment should be ALLOWED instead of NOT ALLOWED

The currency of the L/C should be USD instead of EUR

Please mark “×” in □ before confirmed

□ Banking charges:

All other terms and conditions remain unchanged.

WUXI TERUISI INTERNATIONAL TRADE CO., LTD

DINGMAO

This Amendment is Subject to Uniform Customs and Practice for Documentary Credits (2007 Revision), International Chamber of Commerce Publication No.600.

项目十三

缮制进口单证

知识目标

· 了解进口单证的含义和作用
· 熟悉进口单证的业务流程
· 掌握进口单证的内容及缮制要点

能力目标

· 能掌握信用证中有关进口单证的条款内容
· 能依据信用证正确缮制进口单证
· 能依据业务要求缮制进口单证

素养目标

· 培养认真细致的工作态度
· 培养与各业务部门的沟通协调能力
· 培养处理突发事件的应变能力

项目情境

2023年3月9日，无锡特锐思国际贸易有限公司与德国公司CHR TRADING GMBH CO., LTD签订了一份销售合同（见图13-1）。无锡特锐思国际贸易有限公司拟从德国进口一批空调，于2023年6月底之前运抵上海港口。业务员周怡在开出信用证给卖方后，开始着手安排租船订舱、购买货物保险、安排货物的报关等事宜。

销 售 合 同

SALES CONTRACT

Contract No.: 09TG28711

Sellers: CHR TRADING GMBH CO., LTD　　Date: MARCH 9th, 2023

Address: LERCHENWEG 10,97511 SAND GERMANY　　Signed at: WUXI, CHINA

Tel.: 0049-40-8893504　　Fax: 0049-40-8893504

Buyers: WUXI TERUISI INTERNATIONAL TRADE CO.,LTD

Address: NO. 27 XUEQIAN ROAD, WUXI JIANGSU P.R.CHINA

Tel.: 0510-82700788　　Fax: 5010-82700777

This sales contract is made by and between the sellers and the buyers, whereby the sellers agree to sell and the buyers agree to buy the under-mentioned goods according to the terms and conditions stipulated below:

(1) Name of Commodity and Specification	(2) Quantity	(3) Unit	(4) Unit Price	(5) Amount
AIR CONDITIONER	500 CARTONS	CARTON	FOB HAMBERG USD200/ CARTON	USD100,000.00
	Total Amount			USD100,000.00

(6) Packing: CARTON

(7) Delivery from HAMBERG to SHANGHAI

(8) Shipping Marks: N/M

(9) Time of Shipment: Within 30 days after receipt of L/C, transshipment and partial shipment are ALLOWED.

(10) Terms of Payment: by 100% confirmed irrevocable letter of credit in favor of the sellers to be available by sight draft to be opened and to reach GERMANY before APRIL 30th, 2023 and to remain valid for negotiation in GERMANY until the 15 days after the foresaid time of shipment. L/C must mention this contract number. L/C advised by CITI BANK, HAMBERG BRANCH. All banking charges outside the opening bank are for beneficiary's account.

(11) Insurance: To be effected by the buyers for 110% of full invoice value covering ALL RISKS AND WAR RISKS up to SHANGHAI.

(12) Arbitration: All disputes arising from the execution of or in connection with this contract shall be settled amicable by negotiation. In case no settlement can be reached through negotiation, the case shall then be submitted to China International Economic & Trade Arbitration Commission. In Shanghai (or in Beijing) for arbitration in act with its sure of procedures. The arbitral award is final and binding both parties for settling the dispute. The fee, for arbitration shall be borne by the losing party, unless otherwise awarded.

The Seller　　The Buyer

CHR TRADING GMBH CO., LTD　　WUXI TERUISI INTERNATIONAL TRADE CO., LTD

图13-1　销售合同

项目分析

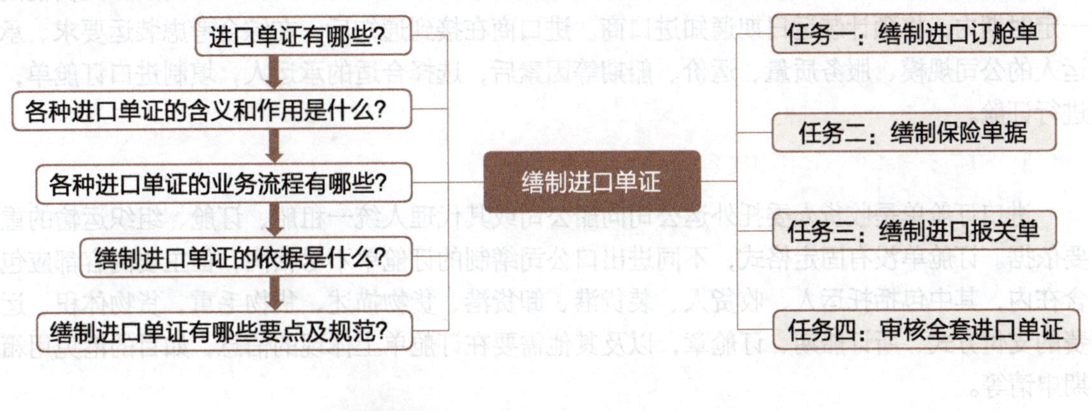

任务一 缮制进口订舱单

必备知识

1. 认识进口订舱单

在货物买卖合同采用由进口商安排运输的贸易术语时，进口商在办妥租船订舱手续后，应及时通知出口商，以便对方备货装船。

进口订舱单（Booking Note）又称进口订舱委托书（见图13-2），是指承运人或其代理人在接受发货人或货物托运人的订舱时，根据发货人的口头或书面申请货物托运的情况据以安排集装箱货物运输而制订的单证。

进口订舱单

编号： 日期：

货名（中英文）			
重量		尺码	
合同号		包装	
装卸港		交货期	
装货条款			
发货人名称、地址			
发货人电话			
订妥船名		预抵港口	
备注		委托单位	

① 危险品须注明性能，重大物件注明每件重量及尺码。
② 装货条款须详细注明。

图13-2 进口订舱单样本

2. 办理进口订舱时，进出口双方的责任

在FOB贸易条件下的进口合同，租船或订舱事宜应由进口商负责。出口商应在交货前的一定时期内，将预计装运日期通知进口商。进口商在接到通知后，在综合考虑装运要求、承运人的公司规模、服务质量、运价、船期等因素后，选择合适的承运人，填制进口订舱单，进行订舱。

3. 进口订舱单的作用和内容

进口订舱单是收货人委托外运公司向船公司或其代理人统一租船、订舱、组织运输的重要依据。订舱单没有固定格式，不同进出口公司缮制的订舱单不尽相同，但主要内容都应包含在内，其中包括托运人、收货人、装货港、卸货港、货物描述、货物毛重、货物体积、运费的支付方式、所订船期、订舱章，以及其他需要在订舱单上体现的信息，如目的港免用箱期申请等。

任务实施

业务员周怡在开出信用证给卖方后，开始着手安排租船订舱事宜，首要任务是缮制进口订舱单。

第一步：收集相关任务资料

2023年4月10日，无锡特锐思国际贸易有限公司填制编号为CT8514895的进口订舱单，从德国进口空调，于2023年6月30日前运抵上海港口。

委托人：无锡特锐思国际贸易有限公司	地址：江苏省无锡市学前街27号 电话：0510-82700788　联系人：周怡
发货人：CHR TRADING GMBH CO., LTD	地址：LERCHENWEG 10, 97511 SAND GERMANY 电话：0049-40-8893504
合同号：09TG28711	品名：AIR CONDITIONER（空调）
数量：500台	包装：纸箱
重量：13kg/台	总体积：43m³
船名：KINSTAND	装运要求：从汉堡运至上海，2023年6月30日前，不准分批装运和转运

第二步：解读进口订舱单缮制要点及规范

进口订舱单是收货人委托外运公司向船公司或其代理人统一租船、订舱，组织运输的重要依据，主要包括以下内容：

1）货名：须以中英文两种文字填写货物全名，以避免出现差错。

2）重量：填写该批货物的毛重。

3）尺码：填写该批货物的尺码合计数，计量单位一般为立方米。若系长大件的货物，须填长、宽、高，以便准确计算舱位和运费。

4）合同号：填写该批进口货物的进口合同号码。

5）包装：填写货物包装的类型，如箱、桶、袋等。

6）装卸港：按信用证和销售合同载明的装运港、卸货港填写，重名港口应加注国名。

7）交货期：填写具体装运时间。一般可根据信用证或销售合同有关条款的规定填写。

8）装货条款：要与销售合同一致，将销售合同中涉及进口货物的有关条款，如价格术语、装运条件等详细列明。对装运条件另有规定者，要在订舱单上写明，以便划分责任、风险和费用。

9）发货人名称、地址：按销售合同的有关规定准确填写出口商的名称、地址。

10）发货人电话：填写发货人的联系方式，由外运公司填写。

11）订妥船名：填写船名，由外运公司填写。

12）预抵港口：填写港口名称，由外运公司填写。

13）备注：按规定，有些事项须在备注栏中注明。

① 危险品须注明其性质、品名编号、联合国“IMCO”（International Maritime Dangerous Goods Code）的等级编号。

② 贵重物品要标明货价。

③ 超长（9米以上）、超重（3吨以上）的货物应注明长度、重量。

④ 成套设备的大件和车辆，应提供每件的长、宽、高和尺码。

14）委托单位：填写进口商的名称，由经办人签字并加盖收货人单位印章。

注意：以上第10）至12）项由外运公司填写。

第三步：依据任务要求缮制进口订舱单

缮制的进口订舱单如图13-3所示。

进口订舱单

编号：CT8514895　　　　日期：2023年4月10日

货名（中英文）	空调 AIR CONDITIONER		
重量	6,500kgs	尺码	43m³
合同号	09TG28711	包装	纸箱
装卸港	德国　汉堡	交货期	2023年6月30日
装货条款	从汉堡运至上海，2023年6月30日前，不准分批装运和转运		
发货人名称、地址	CHR TRADING GMBH CO., LTD LERCHENWEG 10, 97511 SAND GERMANY		
发货人电话	0049-40-8893504		
订妥船名	KINSTAND	预抵港口	上海港
备注		委托单位	无锡特锐思国际贸易有限公司 周怡

① 危险品须注明性能，重大物件注明每件重量及尺码。

② 装货条款须详细注明。

图13-3　缮制的进口订舱单

任务评价

任务评价表

评价项目	评价标准	满分	得分
进口订舱单缮制要点及规范	能清楚进口订舱单的要点及相应的缮制规范	20分	
部分国家和地区对进口订舱单的特殊规定	能清晰地理解和解读销售合同中的条款内容	20分	
缮制进口订舱单	能依据业务内容在给定时间内完成并正确缮制进口订舱单	40分	
职业操作规范	具有认真细致的工作态度，良好的沟通协调能力，处理突发事件的应变能力，以及依据业务实际流程规范缮制进口订舱单的其他职业素养	20分	
合　计		100分	

必备知识

1. 认识保险单

对于采用的贸易术语（如FOB、CIF等）中卖方的义务不包括办理保险，而途中的风险又是在进口商的，进口商即应自行办理保险。

保险单（Insurance Policy）又称大保单，是投保人与保险人之间订立的正式保险合同的书面凭证。保险单上主要载有当事人的名称、保险标的、保险金额、保险期限、保险费率等事项，并印有规定当事人双方权利和义务的保险条款。保险单是被保险人向保险人索赔的主要依据，也是保险人理赔的主要依据，还是保险人向被保险人赔偿和收取保险费的依据。

2. 进口保险单证流程

办理进口货物保险按顺序主要填制三种单证：进口货物运输预约保险合同（见图13-4）、进出口货物运输保险投保单（见图13-5）、货物运输保险单（见图13-6）。

进口货物运输预约保险合同

合同号			年		月		日

甲方：	
乙方：	

双方就进口货物的运输预约保险拟定各条以资共同遵守：

一、保险范围

甲方从国外进口全部货物，不论运输方式，凡贸易条件规定由买方办理保险的，都属于本合同范围之内。甲方应根据本合同规定，向乙方办理投保手续并支付保险费。

乙方对上述保险范围内的货物，负有自动承保的责任，在发生本合同规定范围内的损失时，均按本合同的规定，负责赔偿。

二、保险金额

保险金额以货物的到岸价格（CIF）即货价加运费加保险费为准（运费可用实际运费，亦可由双方协定一个平均运费率计算）。

三、保险险别和费率

各种货物需要投保的险别由甲方选定并在投保单中填明。乙方根据不同的险别规定不同的费率。现暂定如下：

	货物种类	运输方式	保险险别	保险费率	

四、保险责任

各种险别的责任范围，以乙方制定的“海洋货物运输保险条款”“海洋运输货物战争险条款”“海运进口货物国内转运期间保险责任扩展条款”“航空运输一切险条款”和其他有关条款的规定为准。

五、投保手续

甲方一经掌握货物发运情况，即应向乙方寄送启运通知书，办理投保。通知书一式五份，由保险公司签认后，退回一份。如不办理投保，货物发生损失时，乙方不予理赔。

六、保险费

乙方按照甲方寄送的启运通知书照前列相应的费率逐笔计收保费，甲方应及时付费。

七、索赔手续和期限

本合同所保货物发生保险责任范围内的损失时，乙方应按制定的“关于海运进口保险货物残损检验的赔款给付方法”和“进口货物施救整理费用支付方法”迅速处理。甲方应尽力采取防止货物扩大受损的措施，对已遭受损失的货物必须积极抢救，尽量减少货物的损失。向乙方办理索赔的有效期限，以保险货物卸离海港之日起满一年终止。如有特殊需要，可向乙方提出延长索赔期。

八、合同期限

本合同自		年		月		日起开始生效。

	甲方	乙方

图13-4 进口货物运输预约保险合同样本

进出口货物运输保险投保单
Application Form for I/E Marine Cargo Insurance

被保险人
Assured's name

发票号码（出口用）或合同号码（进口用） Invoice No. or Contract No.	包装数量 Quantity	保险货物项目 Description of Goods	保险金额 Amount Insured

装载运输工具__________航次、航班或车号__________开航日期__________
Per Conveyance　Voy. No.　Slg. Date
自__________至__________转运地__________赔款地__________
From　To　W/Tat　Claim Payable at
承保险别
Condition:

投保人签章及公司名称、电话、地址
Applicant's Signature and Co.'s Name, Tel., Add.:

备注　投保日期
Remark:　Date:

图13-5　进出口货物运输保险投保单样本

发票号
INVOICE NO.:

保险单号
POLICY NO.:

海洋货物运输保险单
MARINE CARGO TRANSPORTATION INSURANCE POLICY

被保险人
Insured: ____________________

中国人民财产保险股份有限公司（以下简称本公司）根据被保险人的要求及其所缴付约定的保险费，按照本保险单承担的险别和背面所载条款与下列货物运输保险，特此签发本保险单。

This Policy of Insurance witnessed that PICC Property and Casualty Co., Ltd (hereinafter called "the Company"), at the request of the insured and consideration of the premium paid of the insured, undertakes to insure the under-mentioned goods in transportation subject to the condition of this Policy as per the clauses printed overleaf and other special clauses attached hereon.

标记 MARKS & NOS.	数量 QUANTITY	保险货物项目 DESCRIPTION OF GOODS	保险金额 AMOUNT INSURED

总保险金额
Total Amount Insured: ____________________

保费　装载运输工具　开航日期
Premium: __________　Per Conveyance S.S.: __________　Slg. on or Abt.:
启运港　目的港
From:　To:
承保险别
Conditions:

所保货物，如发生本保险单项下可能引起索赔的损失，应立即通知本公司下述代理人查勘。如有索赔，应向本公司提交保险单正本（保险单共有2份正本）及有关文件。如一份正本已用于索赔，其余正本则自动失效。

In the event of loss of damage which may result in a claim under this Policy, immediate notice must be given to the Company's agent as mentioned hereunder. Claims, if any, one of the original policy which has been issued in 2 original(s) together with the relevant documents shall be surrendered to the Company. If one of the original policy has been accomplished, the others are to be void.

中国人民财产保险股份有限公司
PICC PROPERTY AND CASUALTY CO., LTD.
General Manager:

赔款偿付地点、币种
CLAIM PAYABLE AT: ____________________
日期　在
DATE: __________　AT:

图13-6　货物运输保险单样本

3. 进口货物运输保险的保险金额确定

保险金额以进口货物的CIF价格为准，若要加成投保，可以加成10%为宜。若按CFR或FOB条件进口，则按特约保险费率和平均运费率直接计算保险金额。按CFR进口时，保险金额=CFR价格×（1+特约保险费率）；按FOB进口时，保险金额=FOB价格×（1+平均运费率+特约保险费率）。

任务实施

业务员周怡安排好租船订舱后，开始准备给货物投保。

第一步：收集相关任务资料

2023年4月15日，无锡特锐思国际贸易有限公司的业务员周怡与中国人民财产保险股份有限公司上海分公司的负责人张平签订了编号为TT090156的进口货物运输预约保险合同。本次投保货物为分体式空调，海洋运输，按发票金额加一成投保一切险（费率0.8%）和战争险（费率0.08%）。合同于当日生效。

唛头：EAST
SHANGHAI
NOSI-500　　　　船名：KINSTAND
MADE IN GERMANY　　　　航次：DY105-08

第二步：解读进口保险单缮制要点及规范

1）正本份数（Number of Original Policy）：当信用证没有特别说明保险单份数时，出口商一般提交一套完整的保险单[一份正本（ORIGINAL），一份复本（DUPLILCATE）]。当来证要求提供的保险单“IN DUPLICATE/IN TWO FOLDS/IN 2 COPIES”时，出口商提交给议付行的是由正本保险单（ORIGINAL）和复本保险单（DUPLICATE）构成的全套保险单。其中，正本保险单可经背书转让。根据《UCP600》的规定，正本必须有“正本”（ORIGINAL）字样。在实务中，可根据信用证或合同规定使用一份、两份或三份正本保单，每份正本上分别印有“第一正本”（THE FIRST ORIGINAL）、“第二正本”（THE SECOND ORIGINAL）及“第三正本”（THE THIRD ORIGINAL），以示区别。

2）发票号码（Invoice Number）：填写发票号码。

3）保险单号码（Policy Number）：填写保险公司的保险单号码。

4）被保险人（Insured）：如信用证无特别规定，保险单的被保险人应是信用证的受益人。

5）保险货物项目（Description of Goods）：填写货物名称，此栏允许填写货物总称。

6）唛头（Marks and Nos.）：保险单唛头应与发票、提单等一致，也可只填“AS PER INVOICE NO. ***”。

7）包装及数量（Quantity）：如以包装件数计价，则将最大包装的总件数填入；如以毛重或净重计价，可填件数及毛重或净重；如果是裸装货物，则表示其件数即可；如果是散装货物，则表示其重量，并在其后注明“IN BULK”字样。

8）保险金额（Amount Insured）：一般按照发票总金额的110%投保，信用证项下的保险单必须按信用证规定办理。如果加成后的金额有小数点，按惯例，保险公司采用“进一法”后取整数，所以保险金额一般情况下没有小数点。

9）总保险金额（Total Amount Insured）：保险金额的大写数字，以英文表示，开头应加“SAY”，末尾应加“ONLY”，以防涂改。

10）保费（Premium）：一般已由保险公司印就“AS ARRANGED”（如约定）字样。除非信用证另有规定，每笔保费及费率可以不具体表示。

11）开航日期（Slg. on or Abt.）：一般填写提单的签发日期，也可填写提单签发日前后各五天之内任何一天的日期，或填“AS PER B/L DATE”。

12）装载工具（Per Conveyance）：填写装载船的船名。

13）起运地和目的地（From…To…）：此栏填写启运地和目的地名称。

14）承保险别（Conditions）：本栏是保险单的核心内容，填写时应注意保险的险别及文句与信用证严格一致，即使信用证中有重复语句，为了避免混乱和误解，最好按信用证规定的顺序填写。

15）货损检验及理赔代理人（Surveying and Claim Settling Agenrs）：一般选择目的港或目的港附近有关机构的货损检验及理赔代理人，并详细注明代理人的地址。

16）赔付地点（Claim Payable at）：此栏按合同或信用证要求填制。如果信用证中未列明确，一般将目的港作为赔付地点。如买方指定理赔代理人，理赔代理人必须在货物到达目的港的所在国内，便于到货后检验。赔款货币一般为与投保额相同的货币。

17）日期（Date）：保险单的签发日期。保险单的日期也应是货物离开出口方仓库前的日期，必须早于提单日期。

18）投保地点（Place）：一般为装运港（地）的名称。

19）签章（Signature）：由保险公司签字或盖章以示保险单正式生效。

第三步：依据任务要求缮制保险单据

缮制的保险单据如图13-7～图13-9所示。

进口货物运输预约保险合同							
合同号	TT090156	2023	年	04	月	15	日
甲方：	无锡特锐思国际贸易有限公司						
乙方：	中国人民财产保险股份有限公司上海分公司						

双方就进口货物的运输预约保险拟定各条以资共同遵守：

一、保险范围

甲方从国外进口全部货物，不论运输方式，凡贸易条件规定由买方办理保险的，都属于本合同范围之内。甲方应根据本合同规定，向乙方办理投保手续并支付保险费。

乙方对上述保险范围内的货物，负有自动承保的责任，在发生本合同规定范围内的损失时，均按本合同的规定，负责赔偿。

二、保险金额

保险金额以货物的到岸价格（CIF）即货价加运费加保险费为准（运费可用实际运费，亦可由双方协定一个平均运费率计算）。

三、保险险别和费率

各种货物需要投保的险别由甲方选定并在投保单中填明。乙方根据不同的险别规定不同的费率。现暂定如下：

货物种类	运输方式	保险险别	保险费率
制冷量≤4,000大卡/时分体式空调	海运	一切险、战争险	0.88%

四、保险责任

各种险别的责任范围，以乙方制定的“海洋货物运输保险条款”“海洋运输货物战争险条款”“海运进口货物国内转运期间保险责任扩展条款”“航空运输一切险条款”和其他有关条款的规定为准。

五、投保手续

甲方一经掌握货物发运情况，即应向乙方寄送启运通知书，办理投保。通知书一式五份，由保险公司签认后，退回一份。如不办理投保，货物发生损失时，乙方不予理赔。

六、保险费

乙方按照甲方寄送的启运通知书照前列相应的费率逐笔计收保费，甲方应及时付费。

七、索赔手续和期限

本合同所保货物发生保险责任范围内的损失时，乙方应按制定的“关于海运进口保险货物残损检验的赔款给付方法”和“进口货物施救整理费用支付方法”迅速处理。甲方应尽力采取防止货物扩大受损的措施，对已遭受损失的货物必须积极抢救，尽量减少货物的损失。向乙方办理索赔的有效期限，以保险货物卸离海港之日起满一年终止。如有特殊需要，可向乙方提出延长索赔期。

八、合同期限

本合同自	2023	年	04	月	15	日起开始生效。

甲方	乙方
无锡特锐思国际贸易有限公司 周怡	中国人民财产保险股份有限公司上海分公司 张平

图13-7　缮制的进口货物运输预约保险合同

进出口货物运输保险投保单
Application Form for I/E Marine Cargo Insurance

被保险人 Assured's name: WUXI TERUISI INTERNATIONAL TRADE CO., LTD
NO. 27 XUEQIAN ROAD, WUXI JIANGSU P.R. CHINA

发票号码（出口用）或合同号码（进口用）Invoice No. or Contract No.	包装数量 Quantity	保险货物项目 Description of Goods	保险金额 Amount Insured
Contract No.: 09TG28711	500 CARTONS	AIR CONDITIONER	USD 100,000

装载运输工具 Per Conveyance: KINSTAND　航次、航班或车号 Voy. No.: DY105-08　开航日期 Slg. Date: APR. 28th, 2023

自 From: HAMBERG　至 To: SHANGHAI　转运地 W/Tat: ______　赔款地 Claim Payable at: SHANGHAI

承保险别
Condition: FOR 110% OF FULL INVOICE VALUE COVERING ALL RISKS AND WAR RISKS AS PER PICC DATE 1/1/1981

投保人签章及公司名称、电话、地址
Applicant's Signature and Co.'s Name, Tel., Add.: WUXI TERUISI INTERNATIONAL TRADE CO., LTD
NO. 27 XUEQIAN ROAD, WUXI JIANGSU P.R. CHINA
0086-0510-82700788

备注 Remark:　投保日期 Date: 2023.04.15

图13-8　缮制的进口货物运输保险投保单

发票号 INVOICE NO.:　保险单号 POLICY NO.:

海洋货物运输保险单
MARINE CARGO TRANSPORTATION INSURANCE POLICY

被保险人
Insured: WUXI TERUISI INTERNATIONAL TRADE CO., LTD

中国人民财产保险股份有限公司（以下简称本公司）根据被保险人的要求及其所缴付约定的保险费，按照本保险单承担的险别和背面所载条款与下列货物运输保险，特此签发本保险单。

This Policy of Insurance witnessed that PICC Property and Casualty Co., Ltd (hereinafter called "the Company"), at the request of the Insured and consideration of the premium paid of the insured, undertakes to insure the under-mentioned goods in transportation subject to the condition of this Policy as per the clauses printed overleaf and other special clauses attached hereon.

标记 MARKS & NOS.	数量 QUANTITY	保险货物项目 DESCRIPTION OF GOODS	保险金额 AMOUNT INSURED
EAST SHANGHAI NOSI-500 MADE IN ERMANY	500 CARTONS	AIR CONDITIONER	USD 100,000

总保险金额
Total Amount Insured: SAY U.S.DOLLAR ONE HUNDRED THOUSAND ONLY

保费 Premium: AS ARRENGED　装载运输工具 Per Conveyance S.S.: KINSTAND　开航日期 Slg. on or Abt.: APR 28th, 2023

启运港 From: HAMBERG　目的港 To: SHANGHAI

承保险别
Conditions: FOR 110% OF FULL INVOICE VALUE COVERING ALL RISKS AND WAR RISKS AS PER PICC DATE 1/1/1981

所保货物，如发生本保险单项下可能引起索赔的损失，应立即通知本公司下述代理人查勘。如有索赔，应向本公司提交保险单正本（保险单共有2份正本）及有关文件。如一份正本已用于索赔，其余正本则自动失效。

In the event of loss of damage which may result in a claim under this Policy, immediate notice must be given to the Company's agent as mentioned hereunder. Claims, if any, one of the original policy which has been issued in 2 original(s) together with the relevant documents shall be surrendered to the Company. If one of the original policy has been accomplished, the others are to be void.

中国人民财产保险股份有限公司
PICC PROPERTY AND CASUALTY CO., LTD
General Manager: 张平

赔款偿付地点、币种
CLAIM PAYABLE AT: USD, SHANGHAI, CHINA

日期 DATE: 2023.04.15　在 AT: SHANGHAI

图13-9　缮制的海洋货物运输保险单

任务评价

任务评价表

评价项目	评价标准	满分	得分
保险单据缮制要点及规范	能清楚保险单据的要点及相应的缮制规范	20分	
部分国家和地区对保险单的特殊规定	能清晰地理解和解读销售合同中的条款内容	20分	
缮制保险单据	能依据业务内容在给定时间内完成并正确缮制保险单据	40分	
职业操作规范	具有认真细致的工作态度、良好的沟通协调能力、处理突发事件的应变能力，以及依据业务实际流程规范缮制保险单据的其他职业素养	20分	
合计		100分	

任务三 缮制进口报关单

必备知识

1. 认识进口报关单

进口货物报关单（见图13-10）是进口商用来向海关说明和申报进口货物的属性、数量等详细情况所填的表单，是货物进口报关流程中必不可少的申报资料之一。

中华人民共和国海关进口货物报关单

预录入编号：　　　　　　　　　　海关编号：

境内收货人	进境关别		进口日期		申报日期		备案号	
境外发货人	运输方式		运输工具名称及航次		提运单号		货物存放地点	
消费使用单位	监管方式		征免性质		许可证号		启运港	
合同协议号	贸易国（地区）		启运国（地区）		经停港		入境口岸	
包装种类	件数	毛重（千克）	净重（千克）	成交方式	运费	保费	杂费	
随附单证及编号								
标记唛码及备注								
项号	商品编号	商品名称及规格型号	数量及单位	单价/总价/币制	原产国（地区）	最终目的国（地区）	境内目的地	征免
特殊关系确认：		价格影响确认：		支付特许权使用费确认：			自报自缴：	
申报人员	申报人员证号	电话	兹声明以上内容承担如实申报、依法纳税之法律责任				海关批注及签章	
申报单位			申报单位（签章）					

图13-10　进口货物报关单样本

货物抵达目的港或目的地后，由进口商或其代理人办理报关，并办理进口货物的申报手续。海关对货、证查验无误后，方可签章放行。收货人或其代理人持海关签章放行的货运单据提取进口货物。

2. 关检融合，统一申报

为了认真贯彻执行党中央国务院下发的《有关深化党和国家机构改革方案》，海关总署制定了《全国通关一体化关检业务全面融合框架方案》，明确了海关、原国检申报系统及数据合并整合，目标是做到“五个统一”（申报统一、系统统一、风控统一、指令下达统一、现场执法统一），并于2018年8月1日正式实施关检融合统一申报。

进口报关工作的全部程序分为申报、查验、审价、缴税、放行五个阶段。

3. 海关查验进口报关的目的

海关对进口货物的报关进行查验的目的是核对报关单证所报内容与实际到货是否相符，有无错报、漏报、瞒报、伪报等情况，审查货物的进口是否合法。经过审核所提交的报关单据、查验实际货物，并依法办理了征收货物税费手续或减免税手续后，在有关单据上签盖放行章，货物的所有人或其代理人才能提取或装运货物。

4. 进口报关办理时限

现场海关业务部门收到申请的，海运口岸应当在3个工作日内决定是否接受担保，陆运口岸应当在1个工作日内决定是否接受担保。如不能做出决定，经本海关负责人批准，可以延长1个工作日。

任务实施

6月底货物如期抵达上海港口，业务员周怡开始准备进口报关手续。

第一步：收集相关任务资料

2023年7月4日，无锡特锐思国际贸易有限公司（单位海关代码：3201586932）填制进口货物报关单，向上海海关（口岸代码：2200）进行申报。

预录入编号：DS9110002	进口许可证号：CT88661125839
提单号：SOCO02596	合同号：09TG28711
运输方式：江海运输	商品H. S.编码：5901909110
到货日期：2023年6月30日	卸货日期：2023年7月1日
索赔时效：两年	货物存放地点：上海市康元街119号
贸易方式：一般贸易，代码（0110）	征免性质：一般征税，代码（101）
币制：美元，代码（502）	保费总价：USD1,000
出口国：德国，代码（304）	商品用途：外贸自营内销

第二步：解读进口报关单缮制要点及规范

进口货物报关单是进口商向海关提供审核是否合法进口货物的凭据，也是海关据以征税的主要凭证，同时还是国家统计资料的重要来源。所以，进口商要如实填写，不得虚报、瞒报、拒报和迟报，更不得伪造、篡改。

进口货物报关单的内容和缮制规范与出口货物报关单大致相同，这里不再赘述。

第三步：依据任务要求缮制进口报关单

缮制的进口货物报关单如图13-11所示。

中华人民共和国海关进口货物报关单

预录入编号：DS9110002　　　　海关编号：3201586932

境内收货人 无锡特锐思国际贸易有限公司	进境关别 上海海关 2200	进口日期 2023-07-03	申报日期 2023-07-04	备案号
境外发货人 CHR TRADING GMBH CO., LTD.	运输方式 江海运输	运输工具名称及航次 KINSTAND DY105-08	提运单号 SOCO09596	货物存放地点 上海市康元街119号
消费使用单位 无锡特锐思国际贸易有限公司	监管方式 一般贸易	征免性质 一般征税	许可证号 CT88661125839	启运港 汉堡
合同协议号 09TG28711	贸易国（地区） 德国	启运国（地区） 德国	经停港	入境口岸 上海

包装种类	件数	毛重（千克）	净重（千克）	成交方式	运费	保费	杂费
纸箱	500	6,500	5,500	FOB	USD100,000	USD1,000	

随附单证及编号

随附单证 1：进口许可证 CT88661125839　　随附单证 2：合同、发票、装箱单

标记唛码及备注

EAST

SHANGHAI

NOSI-500

MADE IN GERMANY

项号	商品编号	商品名称及规格型号	数量及单位	单价/总价/币制	原产国（地区）	最终目的国（地区）	境内目的地	征免
01	5901909190	AIR CONDITIONER 制冷量≤4千大卡/时分体式空调	500台	200/100,000/美元	德国	中国	上海	照章

特殊关系确认：是　　价格影响确认：是　　支付特许权使用费确认：是　　自报自缴：是

申报人员 周怡　　申报人员证号　　电话 0510-82700788	海关批注及签章
兹声明以上内容承担如实申报、依法纳税之法律责任	
申报单位 无锡特锐思国际贸易有限公司　　申报单位（签章）	

图13-11　缮制的进口货物报关单

任务评价

任务评价表

评价项目	评价标准	满　分	得　分
进口报关单缮制要点及规范	能清楚进口报关单的要点及相应的缮制规范	20分	
部分国家和地区对进口报关单的特殊规定	能清晰地理解和解读销售合同中的条款内容	20分	
缮制进口报关单	能依据业务内容在给定时间内完成并正确缮制进口报关单	40分	
职业操作规范	具有认真细致的工作态度、良好的沟通协调能力、处理突发事件的应变能力，以及依据业务实际流程规范缮制进口报关单的其他职业素养	20分	
合　计		100分	

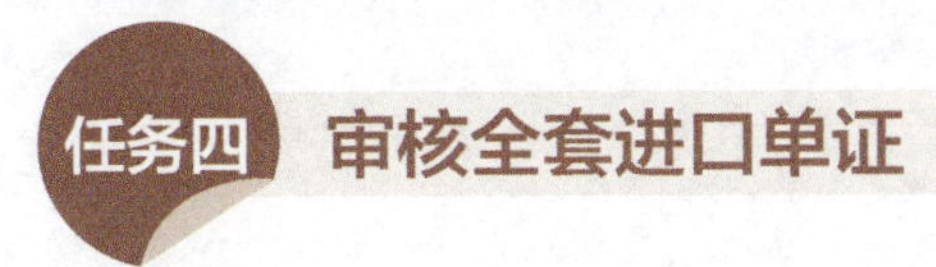

任务四 审核全套进口单证

必备知识

单据审核的要点与归档的要求同出口单证的审单与归档，在此不再赘述。

任务实施

无锡特锐思国际贸易有限公司与德国公司CHR TRADING GMBH CO., LTD签订的进口500台空调的购买合同已接近尾声。中国银行无锡分行在收到德国公司提交的汇票和其他单据后，即着手审核单据。审核无误后，无锡特锐思国际贸易有限公司即结清货款，并把涉及这笔交易的所有单据完整归档，留待事后备查。

第一步：掌握审单的具体要点，包括各类重要单据的审核

1）需要做到两个相符：单证相符，单单相符。

2）具体来说，首先根据信用证的条款逐字逐句地审核各种单据的内容，要求两者严密一致，即达到“单证一致”的原则。再以商业发票为中心，与其他单据相对照，要求单据与单据之间所共有的项目，或相关的项目相互一致，即达到“单单一致”。

第二步：掌握单据归档的具体要求

1）按进口批次归档。

2）存档单据包括进口合同、装箱单、发票、进口订舱单、保险单、进口报关单、进口付汇凭证（可以是付汇核销单）、进口商检单等。

3）相关单证自进口报关之日起保管五年。

4）相关单证资料由有关进出口业务人员整理成册，再由进出口业务部统一归档管理。

5）海关查阅资料时，档案经管人员应积极配合。遇到人员调动时，需要做好书面交接工作，不得擅自外带。

项目小结

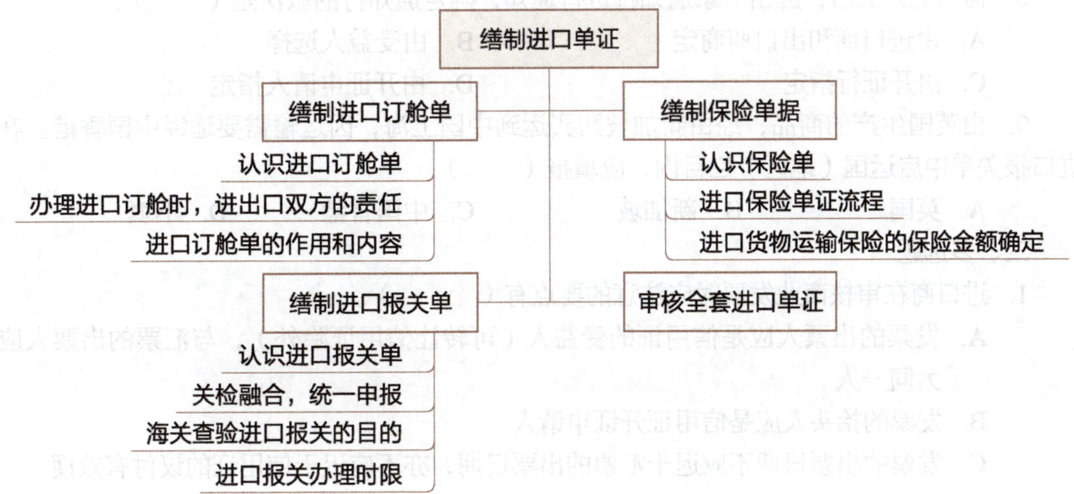

项目实训

理论部分

一、单选题

1. 根据《UCP600》的规定，开证行的合理审单时间是收到单据次日起的（　　）个工作日之内。

A. 5　　B. 6　　C. 7　　D. 8

2. 某开证行2023年3月1日（周一）收到A公司交来的单据，根据《UCP600》的规定，最迟的审单时间应截止到（　　）。

A. 2023 年 3 月 5 日　　B. 2023 年 3 月 6 日

C. 2023 年 3 月 7 日　　D. 2023 年 3 月 8 日

3. 进出口业务中，T/T表示（　　）。

A. 电汇　　B. 票汇

C. 信汇　　D. 托收

4. 以FOB术语、信用证支付方式进口一批货物，业务环节不包括（　　）。

A. 申请开证　　B. 交单议付

C. 付款赎单　　D. 接货报关

5. 根据《URC522》的分类，（　　）不属于进口国（地区）官方要求的单据。

A. 原产地证书　　B. 船龄证明

C. 领事发票　　D. 海关发票

6. 信用证修改书的内容在两项以上时，受益人（　　）。

A. 要么全部接受，要么全部拒绝　　B. 必须全部拒绝

C. 必须全部接受　　D. 只能部分接受

7. 在合同规定以信用证付款的条件下，（　　）负有申请开立信用证的义务。

A. 卖方　　B. 买方

C. 承兑人　　D. 收款人

8. 信用证开立后，应由一家通知行进行通知，确定通知行的做法是（　　）。

A. 由进口商和出口商商定　　B. 由受益人选择

C. 由开证行指定　　D. 由开证申请人指定

9. 由英国生产的商品，经由新加坡购买运到中国上海，因运输需要途经中国香港。在进口报关单中启运国（地区）栏目内，应填报（　　）。

A. 英国　　B. 新加坡　　C. 中国香港　　D. 不填

二、多选题

1. 进口商在审核商业发票时应注意的要点有（　　）。

A. 发票的出票人应是信用证的受益人（可转让信用证除外），与汇票的出票人应为同一人

B. 发票的抬头人应是信用证开证申请人

C. 发票的出票日期不应迟于汇票的出票日期，亦不应迟于信用证的议付有效期

D. 商品名称、数量、规格、单价、包装、加工条款、合同号码及货物描述等必须与信用证的规定相符，单价乘以数量必须与发票总金额相符

E. 除非信用证另有规定，发票金额应与汇票金额一致，且不得超过信用证金额

2. 审核信用证项下进口货物单据的有（　　）。

A. 开证行　B. 代收行　C. 开证申请人　D. 汇入行

E. 托收行

3. 信用证业务中，银行处理单据时主要关注（　　）。

A. 单据与货物相符　B. 单据与贸易合同相符

C. 单据与单据相符　D. 单据与信用证相符

E. 单据与有关国际惯例相符

4. 进口商申请开立信用证的程序包括（　　）。

A. 递交有关合同副本及附件　B. 填写开证申请书

C. 缴付保证金　D. 支付开证手续费

E. 在开证申请书背面签字

5. 在信用证业务的有关当事人之间，存在契约关系的有（　　）。

A. 开证申请人与开证行　B. 开证申请人与受益人

C. 开证行与受益人　D. 开证申请人与通知行

6. 《UCP600》适用于以下哪几种信用证？（　　）

A. 保兑信用证　B. 不保兑信用证　C. 光票信用证　D. 备用信用证

E. 自由议付信用证

三、判断题

1. 在FOB术语、L/C支付方式的进口业务中，开证申请工作一般是在租船订舱工作之后。（　　）

2. 开证行在接受开证申请书时，应查验申请人同时提供的有效文件，如进口许可证、贸易进口付汇核销单、有关部门的登记文件等。（　　）

3. 信用证申请书反面的内容是申请人对开证行的声明，用于明确双方责任。（　　）

4. 进口贸易是以信用证为主要支付方式，由于它是以符合信用证规定的货运单据为条件支付货款，因此风险较大。（　　）

5. 对外已签合同的进口货物，在进口许可证有效期限内尚未进口的，则可到原发证机构申请进口许可证的展延。（　　）

6. 进口合同采用CIF成交时，我方必须办理投保手续。（　　）

7. 在进口贸易中，我方对外开证时一般不主动开出“可转让信用证”，以免使我方被动。（　　）

8. 进口企业申请开立信用证时，须填写开证申请书，并向银行递交进口合同副本、有关附件，向银行缴纳一定的押金和手续费。（　　）

9. 信用证规定启运港为CHINA PORT，若信用证禁止分批装运，则信用证中装运港CHINA PORTS的实际意义与CHINA PORT相同。（　　）

10. 如果信用证修改通知中将装运期和提单的内容进行了修改，那么出口方可以接受装运期部分的修改，而拒绝接受提单内容的修改。（　　）

11. 在信用证业务中，受益人收到信用证修改通知书后如不同意修改，应立即将信用证修改书退回通知行，否则视为同意接受。 ( )

12. 根据《UCP600》，对外信用证的第一张信用证和第二张信用证的金额，既可以相等，也可以不相等。 ( )

实操部分

请以单证员的身份，根据所给销售合同及各单据具体信息资料，结合自己所学的单证业务知识缮制各进口单证，完成在题后的空白单据中。

销售合同：

销 售 合 同

SALES CONTRACT

Contract No.: YKGG21060

Date: MAY 8th, 2023

Signed at: SHANGHAI, CHINA

Sellers: HEENOOR TRADING CO., LTD

Address: NO.190 LINCONLE STREET, NEW YORK U.S.A

Tel.: 001-212-7125588 Fax: 001-212-7128895

Buyers: SHANGHAI HUASHENG GARMENT CO., LTD

Address: NO.68 JIANGYIN ROAD, SHANGHAI 201100 P.R.CHINA

Tel.: 0086-021-82701726 Fax: 0086-021-82701727

This sales contract is made by and between the sellers and the buyers, whereby the sellers agree to sell and the buyers agree to buy the under-mentioned goods according to the terms and conditions stipulated below:

(1) Name of Commodity and Specification	(2) Quantity	(3) Unit	(4) Unit Price	(5) Amount
WOMEN'S COTTON BLOUSE, 100% cotton, 40SX20/140X60	2550 PIECES	PIECE	FOB NEW YORK USD10.7/PIECE	USD27,285.00
	Total amount			USD27,285.00

(6) Packing: PACKED IN 1 CARTON OF 30 PIECES EACH

(7) Delivery from NEW YORK to SHANGHAI

(8) Shipping marks: N/M

(9) Time of Shipment: Within 30 days after receipt of L/C, transshipment and partial shipment are ALLOWED.

(10) Terms of Payment: by 100% confirmed irrevocable letter of credit in favor of the sellers to be available by sight draft to be opened and to reach U.S.A before JUNE 15th, 2023 and to remain valid for negotiation in U.S.A until the 15 days after the foresaid time of shipment. L/C must mention this contract number. L/C advised by CITI BANK, NEW YORK BRANCH. All banking charges outside the opening bank are for beneficiary's account.

(11) Insurance: To be effected by the buyers for 110% of full invoice value covering ALL RISKS AND WAR RISKS up to SHANGHAI.

(12) Arbitration: All disputes arising from the execution of or in connection with this contract shall be settled amicably by negotiation. In case no settlement can be reached through negotiation, the case shall then be submitted to China International Economic & Trade Arbitration Commission. In Shanghai (or in Beijing) for arbitration in act with its sure of procedures. The arbitral award is final and binding both parties for settling the dispute. The fee, for arbitration shall be borne by the losing party, unless otherwise awarded.

The Seller The Buyer

HEENOOR TRADING CO., LTD SHANGHAI HUASHENG GARMENT CO., LTD

ROSE ZHANG YAN

1. 进口订舱单相关信息资料

<table>
<tr><td rowspan="1">相关说明</td><td>2023年5月8日，上海华盛服装有限公司从美国希诺儿贸易有限公司进口女式全棉上衣，2023年7月7日抵达上海港。2023年6月1日，上海华盛服装有限公司填制编号为WX9685123的进口订舱委托书。
品名：女式全棉上衣，100%棉，40SX20/140X60
数量：2550件　　包装：每30件装一纸箱
重量：9kg/箱　　总体积：28m³
船名：Volendam　　航次：Voy. 7524
装运要求：从纽约运至上海，2023年7月7日前，允许分批装运和转运</td></tr>
</table>

2. 进口货物运输保险单相关信息资料

<table>
<tr><td>相关说明</td><td>2023年5月8日，上海华盛服装有限公司从美国希诺儿贸易有限公司进口女式全棉上衣，2023年7月7日抵达上海港。
2023年6月5日，上海华盛服装有限公司的联系人张燕与中保财产保险有限公司上海分公司的负责人张平签订了编号为TT210717的进口货物运输预约保险合同。本次投保货物为女式全棉上衣，海运运输，按发票金额加一成投保一切险（费率0.8%）和战争险（费率0.08%）。合同于当日开始生效。
品名：WOMEN'S COTTON BLOUSE（女式全棉上衣）
规格型号：100%棉，40SX20/140X60　　数量：2,550件
单价：USD10.7 FOB NEW YORK　　总价：USD27,285.00
唛头：N/M　　商品用途：外贸自营内销
船名：Volendam　　航次：Voy.7524
装运港：纽约　　目的港：上海</td></tr>
</table>

3. 进口货物报关单相关信息资料

<table>
<tr><td>相关说明</td><td>2023年5月8日，上海华盛服装有限公司从美国（国家代码：501）希诺儿贸易有限公司进口女式全棉上衣，2023年7月7日抵达上海港。上海华盛服装有限公司（单位登记号：6321344109）于7月11日填制进口货物报关单，向上海海关（口岸代码：2200）进行申报。
公司海关代码：6321344109　　海关预录入编号：DS9110013
提单号：782-02458690　　进口许可证号：CT88661182569
H.S.编码：6204320090　　合同号：YKGG21060
商品用途：外贸自营内销　　币制：美元，代码（502）
到货日期：2023年7月7日　　卸货日期：2023年7月8日
索赔时效：两年　　货物存放地点：上海市康元街119号
贸易方式：一般贸易，代码（0110）　　运输方式：江海运输
征免性质：一般征税，代码（101）　　征免方式：照章征税</td></tr>
</table>

进口订舱单

编号：　　　　　　　　　　　　日期：

<table>
<tr><td>货名
（中英文）</td><td colspan="3"></td></tr>
<tr><td>重量</td><td></td><td>尺码</td><td></td></tr>
<tr><td>合同号</td><td></td><td>包装</td><td></td></tr>
<tr><td>装卸港</td><td></td><td>交货期</td><td></td></tr>
<tr><td>装货条款</td><td colspan="3"></td></tr>
<tr><td>发货人
名称、地址</td><td colspan="3"></td></tr>
<tr><td>发货人电话</td><td colspan="3"></td></tr>
<tr><td>订妥船名</td><td></td><td>预抵港口</td><td></td></tr>
<tr><td>备注</td><td></td><td>委托单位</td><td></td></tr>
</table>

① 危险品须注明性能，重大物件注明每件重量及尺码。

② 装货条款须详细注明。

<table>
<tr><td colspan="8">进口货物运输预约保险合同</td></tr>
<tr><td colspan="3">合同号</td><td colspan="2"></td><td>年</td><td>月</td><td>日</td></tr>
<tr><td>甲方：</td><td colspan="7"></td></tr>
<tr><td>乙方：</td><td colspan="7"></td></tr>
<tr><td colspan="8">双方就进口货物的运输预约保险拟定各条以资共同遵守：
一、保险范围
甲方从国外进口全部货物，不论运输方式，凡贸易条件规定由买方办理保险的，都属于本合同范围之内。甲方应根据本合同规定，向乙方办理投保手续并支付保险费。
乙方对上述保险范围内的货物，负有自动承保的责任，在发生本合同规定范围内的损失时，均按本合同的规定，负责赔偿。
二、保险金额
保险金额以货物的到岸价格（CIF）即货价加运费加保险费为准（运费可用实际运费，亦可由双方协定一个平均运费率计算）。
三、保险险别和费率
各种货物需要投保的险别由甲方选定并在投保单中填明。乙方根据不同的险别规定不同的费率。现暂定如下：</td></tr>
<tr><td></td><td>货物种类</td><td colspan="2">运输方式</td><td colspan="2">保险险别</td><td colspan="2">保险费率</td></tr>
<tr><td></td><td></td><td colspan="2"></td><td colspan="2"></td><td colspan="2"></td></tr>
<tr><td></td><td></td><td colspan="2"></td><td colspan="2"></td><td colspan="2"></td></tr>
<tr><td colspan="8">四、保险责任
各种险别的责任范围，以乙方制定的“海洋货物运输保险条款”“海洋运输货物战争险条款”“海运进口货物国内转运期间保险责任扩展条款”“航空运输一切险条款”和其他有关条款的规定为准。
五、投保手续
甲方一经掌握货物发运情况，即应向乙方寄送启运通知书，办理投保。通知书一式五份，由保险公司签认后，退回一份。如不办理投保，货物发生损失时，乙方不予理赔。
六、保险费
乙方按照甲方寄送的启运通知书照前列相应的费率逐笔计收保费，甲方应及时付费。
七、索赔手续和期限
本合同所保货物发生保险责任范围内的损失时，乙方应按制定的“关于海运进口保险货物残损检验的赔款给付方法”和“进口货物施救整理费用支付方法”迅速处理。甲方应尽力采取防止货物扩大受损的措施，对已遭受损失的货物必须积极抢救，尽量减少货物的损失。向乙方办理索赔的有效期限，以保险货物卸离海港之日起满一年终止。如有特殊需要，可向乙方提出延长索赔期。
八、合同期限</td></tr>
<tr><td colspan="2">本合同自</td><td></td><td>年</td><td></td><td>月</td><td colspan="2">日起开始生效。</td></tr>
<tr><td rowspan="2"></td><td colspan="4">甲方</td><td colspan="3">乙方</td></tr>
<tr><td colspan="4"></td><td colspan="3"></td></tr>
</table>

进出口货物运输保险投保单

Application Form for I/E Marine Cargo Insurance

<table>
<tr><td colspan="4">被保险人
Assured's name</td></tr>
<tr><td>发票号码（出口用）或合同号码（进口用）
Invoice No. or Contract No.</td><td>包装数量
Quantity</td><td>保险货物项目
Description of Goods</td><td>保险金额
Amount Insured</td></tr>
<tr><td></td><td></td><td></td><td></td></tr>
<tr><td colspan="4">装载运输工具__________ 航次、航班或车号__________ 开航日期__________
Per Conveyance Voy. No. Slg. Date
自__________ 至__________ 转运地__________ 赔款地__________
From To W/Tat Claim Payable at
承保险别
Condition:

投保人签章及公司名称、电话、地址
Applicant's Signature and Co.'s Name, Tel., Add.:

备注 投保日期
Remark: Date:</td></tr>
</table>

发票号
INVOICE NO.:

保险单号
POLICY NO.:

海洋货物运输保险单

MARINE CARGO TRANSPORTATION INSURANCE POLICY

被保险人

Insured: ____________

中国人民财产保险股份有限公司（以下简称本公司）根据被保险人的要求及其所缴付约定的保险费，按照本保险单承担的险别和背面所载条款与下列货物运输保险，特此签发本保险单。

This Policy of Insurance witnessed that PICC Property and Casualty Co., Ltd (hereinafter called "the Company"), at the request of the insured and consideration of the premium paid of the insured, undertakes to insure the under-mentioned goods in transportation subject to the condition of this Policy as per the clauses printed overleaf and other special clauses attached hereon.

标　　记 MARKS & NOS.	数量 QUANTITY	保险货物项目 DESCRIPTION OF GOODS	保险金额 AMOUNT INSURED

总保险金额

Total Amount Insured: ____________

保费
Premium: ____________
装载运输工具
Per Conveyance S.S.: ____________
开航日期
Slg. on or Abt.: ____________

启运港
From: ____________
目的港
To: ____________

承保险别

Conditions:

所保货物，如发生本保险单项下可能引起索赔的损失，应立即通知本公司下述代理人查勘。如有索赔，应向本公司提交保险单正本（保险单共有2份正本）及有关文件。如一份正本已用于索赔，其余正本则自动失效。

In the event of loss of damage which may result in a claim under this Policy, immediate notice must be given to the Company's agent as mentioned hereunder. Claims, if any, one of the original policy which has been issued in 2 original(s) together with the relevant documents shall be surrendered to the Company. If one of the original policy has been accomplished, the others are to be void.

中国人民财产保险股份有限公司

PICC PROPERTY AND CASUALTY CO., LTD

General Manager:

赔款偿付地点、币种

CLAIM PAYABLE AT: ____________

日期
DATE: ____________
在
AT: ____________

中华人民共和国海关进口货物报关单

预录入编号：　　　　　　　　　　　　　　　　　　　　　　　　海关编号：

境内收货人	进境关别	进口日期	申报日期	备案号
境外发货人	运输方式	运输工具名称及航次	提运单号	货物存放地点
消费使用单位	监管方式	征免性质	许可证号	启运港
合同协议号	贸易国（地区）	启运国（地区）	经停港	入境口岸

包装种类	件数	毛重（千克）	净重（千克）	成交方式	运费	保费	杂费

随附单证及编号

标记唛码及备注

项号	商品编号	商品名称及规格型号	数量及单位	单价/总价/币制	原产国（地区）	最终目的国（地区）	境内目的地	征免

特殊关系确认：　　价格影响确认：　　支付特许权使用费确认：　　自报自缴：

申报人员　申报人员证号　电话 申报单位	兹声明以上内容承担如实申报、依法纳税之法律责任 申报单位（签章）	海关批注及签章

综合业务篇

项目十四 信用证结算方式下单证综合实训

知识目标

- 掌握信用证项下单据处理原则
- 熟悉缮制单证的内容要求
- 掌握缮制单据形式上的要求
- 了解单据不符点

能力目标

- 能依据业务要求缮制单据，做到单单相符、单证相符
- 能够制作美观、整齐、简洁的单证

素养目标

- 在审核信用证条款时要树立自觉维护国家尊严和领土完整的意识
- 在缮制单据过程中逐步养成守正创新、严谨细致的习惯
- 在制作单证的过程中强化责任意识

项目情境

2023年7月5日无锡特锐思国际贸易有限公司的单证员符柯接到市场部亚洲市场负责人周亮的通知，21JA7031KL号合同项下开立的信用证已经收到，并审核完毕，货物基本准备就绪，可以为货物出运做准备了。符柯接到通知后，着手各项申报、制单工作。

项目分析

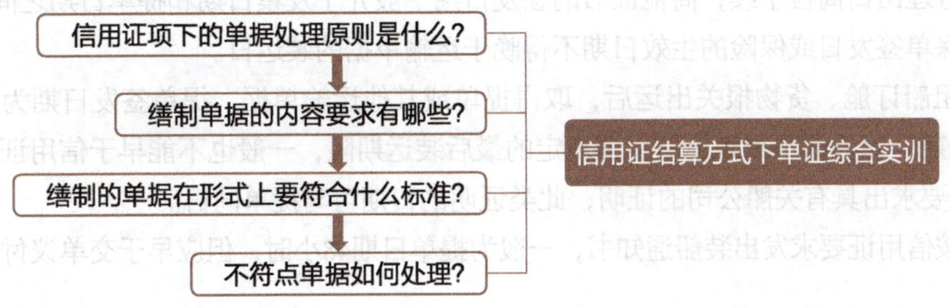

必备知识

一、信用证项下单据处理原则

1. 单据齐全

信用证规定的单据种类、每种单据的份数都要符合信用证的要求。

2. 内容要正确

单证的制作只有符合单单一致、单证一致，才算内容上正确。

3. 提交及时

最后交单期要满足以下三个日期要求：

1）信用证的有效期。

2）信用证规定的交单期。

3）运输单据出单日后的第21天。

二、缮制单据的内容要求

1. 制单依据

1）在信用证业务中，虽然缮制单据是以信用证条款为依据的，但有些条款如商品品名、规格、单价、佣金等信用证未明确规定的，可参照合同条款执行。

2）信用证项下的单据，必须严格按照信用证条款制单。

2. 商业发票的数量条款和汇票金额

1）如果规定允许分批装运，发票中的数量条款和汇票金额应小于信用证的规定。

2）如果不允许分批装运，且无溢短装条款，发票应包含信用证所要求的全部货物的金额。

3. 单据的签发日期

1）按信用证条款及货物实际的装箱情况制作发票、装箱单，其签发日期一般为同一天，通常不早于信用证开证日期，发票日期早于装运日期更为合理。

2）申领一般原产地证书、普惠制原产地证书、出口许可证等有关证书。一般来说，出口商的申请日不得早于发票日期，出证机构的出证日不早于出口商的申请日，但可为同一天，原产地证书的签发日期一般早于装运日。

3）办理出口商检手续，商检证书的签发日期一般介于发票日期和提单日期之间。

4）保单签发日或保险的生效日期不得晚于运输单据的装运日。

5）租船订舱、货物报关出运后，取得提单或其他运输单据，提单签发日期为货物的实际装船日期，此日期不得晚于信用证规定的最后装运期限，一般也不能早于信用证日期。如果信用证要求出具有关船公司的证明，此类证明的日期可与提单同日。

6）按信用证要求发出装船通知书，一般为提单日期48小时，但应早于交单议付的日期。

三、缮制单据的形式要求

1. 关于单据的正副本

银行应将任何带有看似出单人的原始签名、标记、印戳或标签的单据视为正本单据。除非单据本身表明其非正本。

2. 关于单据的提交份数

信用证规定的每一种单据须至少提交一份正本。

如信用证要求多份单据，诸如一式两份，可以提交一份正本，其余份数用副本来满足，但单据本身另有显示者除外。

如果信用证要求提交单据的副本，提交正本或副本均可。

四、不符点单据的处理

当单据达不到上述要求时，就属于不符点单据。对于不符点单据，开证行可免除付款责任。出现不符点单据时可做如下处理：

1）对有问题的单据必须进行及时更正和修正，否则将影响安全收汇。在规定的有效期和交单期内，将有问题的单据全部改妥。

2）有些单据，由于种种原因不能按期更改或无法修改，可以向银行出具一份保函，保函中交单人要求银行向开证行寄单，并承诺如果买方不接受单据或不付款，银行有权收回已偿付给交单人的款项。这就是担保议付，交单人向银行出具保函一般应事先与客户联系，并取得客户接受不符单据的确认文件。

3）如果议付行不同意担保议付，则请议付银行用电传或SWIFT向开证行通告不符点（通常称为电提），要求接受不符点并给予付款。议付银行在收到开证银行确认接受不符单据的电传后，再行寄送有关单据，并在面函上写明不符点，收汇一般有保证。此种方式可以避免未经同意盲目寄单情况的发生，但要求开证行确认，需要一定的时间，同时要面对开证行不确认的风险，并要承担有关的电传费用。

4）改用托收方式。此时开证行已不承担保证付款的责任，银行信用已成为商业信用。买方可能趁机要求降价或拒收货物，对受益人是不利的。

由此可以看出，正确、及时制单和交单，对于交易的顺利进行，以及出口商利益的维护，是至关重要的。

议一议

开证行可以接受哪些类型的提单？

任务实施

第一步：解读信用证的制单要求

根据下列境外来证及有关信息制单。

AWC-23-522号合同项下商品的有关信息如下：该批商品用纸箱包装，每箱装10盒，每箱净重为75kg，毛重为80kg，纸箱尺寸为113cm×56cm×30cm，商品编码为6802.2110，货物由“胜利”轮运送出海。信用证如下：

Sender:　HONGKONG AND SHANGHAI BANKING CORP., HONGKONG CHINA
Receiver:　BANK OF CHINA, WUXI BRANCH, WUXI CHINA
27:　Sequence of Total
　1/1
40A:　Form of Documentary Credit
　IRREVOCABLE
20:　Documentary Credit Number
　HKH123123
31G:　Date of Issue
　230705
31D:　Date and Place of Expiry
　230915 CHINA
50:　Applicant
　PROSPERITY INDUSTRIAL CO., LTD
　342-3 FLYING BUILDING KINGDOM STREET, HONGKONG, CHINA
59:　Beneficiary
　WUXI TERUISI INTERNATIONAL TRADE CO., LTD
　NO. 27 XUEQIAN ROAD, WUXI, CHINA
　TEL.: 0086-510-82700788 FAX: 0086-510-82700777
32B:　Currency Code, Amount
　USD8,440.00
42C:　Drafts at

30 DAYS AFTER SIGHT

43P: Partial Shipments

ALLOWED

43T: Transshipment

NOT ALLOWED

44A: Loading on Board

SHANGHAI

44B: For Transportation to

HONGKONG

44C: Latest Date of Shipment

31 AUGUST 2023

45A: Description of Goods

COMMODITY AND SPECIFICATIONS	QUANTITY	UNIT PRICE	AMOUNT
CIF HONGKONG			
1625/3D GLASS MARBLE	2,000BOXES	USD2.39/BOX	USD4,780.00
1641/3D GLASS MARBLE	1,000BOXES	USD1.81/BOX	USD1,810.00
2506D GLASS MARBLE	1,000BOXES	USD1.85/BOX	USD1,850.00

SHIPPING MARK: P.7.

HONGKONG

NO. 1-400

46A: Documents Required

+ SIGNED COMMERCIAL INVOICE IN TRIPLICATE, INDICATING NUMBER OF L/C.
+ PACKING LIST IN TRIPLICATE INDICATING ALL PACKAGE MUST BE PACKED IN CARTON/ NEW IRON DRUM SUITABLE FOR LONG DISTANCE OCEAN TRANSPORTATION.
+ CERTIFICATE OF CHINESE ORIGIN IN DUPLICATE.
+ FULL SET OF CLEAN ON BOARD OCEAN MARINE BILL OF LADING MADE OUT TO ORDER AND BLANK ENDORSED MARKED "FREIGHT PREPAID" AND NOTIFY APPLICANT.
+ INSURANCE POLICY OR CERTIFICATE IN DUPLICATE ENDORSED IN BLANK FOR THE VALUE OF 110 PERCENT OF THE INVOICE COVERING ALL RISKS AND WAR RISK AS PER CIC DATED 1/1/1981.

47A: Additional Conditions

PERCENT MORE OR LESS BOTH IN QUANTITY AND AMOUNT IS ALLOWED.

ALL BANKING CHARGES OUTSIDE ISSUING BANK ARE FOR ACCOUNT OF BENEFICIARY.

DOCUMENTS TO BE PRESENTED WITHIN 15 DAYS AFTER THE DATE OF ISSUANCE OF THE SHIPPING DOCUMENT BUT WITHIN THE VALIDITY OF THE CREDIT.

78: Instructions

NEGOTIATING BANK IS TO SEND DOCUMENTS TO US IN ONE LOT BY DHL.

UPON RECEIPT OF THE DOCUMENTS IN ORDER WE WILL COVER YOU AS PER YOUR INSTRUCTIONS.

第二步：获取单证制作要求

信用证中关于发票制作有如下规定：SIGNED COMMERCIAL INVOICE IN TRIPLICATE, INDICATING NUMBER OF L/C。

（1）获取发票的缮制要求：

1）签署要求：签署的商业发票。

2）发票份数：一正两副。

3）其他要求：发票注明信用证号码。

（2）获取一般原产地证书缮制要求：

信用证中关于原产地证书制作有如下规定：CERTIFICATE OF CHINESE ORIGIN IN DUPLICATE。

1）原产地证书的类型：一般原产地证书。

2）份数：一正两副。

信用证关于保险单据制作有如下规定：INSURANCE POLICY OR CERTIFICATE IN DUPLICATE ENDORSED IN BLANK FOR THE VALUE OF 110 PERCENT OF THE INVOICE COVERING ALL RISKS AND WAR RISK AS PER CIC DATED 1/1/1981。

（3）获取保险单的缮制要求：

1）保险单据的类型：保险单或保险凭证。

2）保险单据的份数：一式两份。

3）保险金额：发票金额的110%。

4）保险险别：一切险和战争险。

5）险别适用文本：CIC DATED 1/1/1981。

制作保险单时要注意险别的填写，以及保险金额的计算。

信用证关于运输单据制作有如下规定：FULL SET OF CLEAN ON BOARD OCEAN MARINE BILL OF LADING MADE OUT TO ORDER AND BLANK ENDORSED MARKED “FREIGHT PREPAID” AND NOTIFY APPLICANT。

（4）获取运输单据的缮制要求：

1）提单的类型：清洁的已装船海运提单凭指示。

2）提单抬头：凭指示空白背书。

3）运费：预付。

4）被通知方：开证申请人。

在上述各类单据缮制完成后，无锡特锐思国际贸易有限公司缮制好汇票，连同海运提单正本、商业发票、装箱单结汇单据提交给议付银行——中国银行无锡分行办理交单议付。信用证中关于汇票的规定要仔细阅读32B、42C的规定。

（5）获取汇票的缮制要求：

1）付款期限：见票后30天。

2）付款人：开证行。

3）出票人：受益人。

1. 商业发票

无锡特锐思国际贸易有限公司

WUXI TERUISI INTERNATIONAL TRADE CO., LTD

NO. 27 XUEQIAN ROAD, WUXI, CHINA

COMMERCIAL INVOICE

TO: PROSPERITY INDUSTRIAL CO. LTD
342-3 FLYING BUILDING
KINGDOM STREET, HONGKONG, CHINA

DATE: JULY 15, 2023
INV. NO.: 123456
L/C NO.: HKH123123
S/C NO.: AWC-23-522

PAYMENT TERMS: BY L/C
FROM SHANGHAI TO HONGKONG BY SEA

MARKS & NOS.	DESCRIPTION OF GOODS	QUANTITY	UNIT PRICE	AMOUNT
		CIF HONGKONG		
P.7.	1625/3D GLASS MARBLE	2,000BOXES	USD2.39/BOX	USD4,780.00
HONGKONG	1641/3D GLASS MARBLE	1,000BOXES	USD1.81/BOX	USD1,810.00
NO. 1-400	2506D GLASS MARBLE	1,000BOXES	USD1.85/BOX	USD1,850.00
TOTAL:		4,000BOXES		USD8,440.00

SAY U.S. DOLLARS EIGHT THOUSAND FOUR HUNDRED AND FORTY ONLY.

无锡特锐思国际贸易有限公司
WUXI TERUISI INTERNATIONAL TRADE CO., LTD
周亮

2. 装箱单

无锡特锐思国际贸易有限公司

WUXI TERUISI INTERNATIONAL TRADE CO., LTD

NO. 27 XUEQIAN ROAD, WUXI, CHINA

PACKING LIST

TO: INVOICE NO.: 12345

PROSPERITY INDUSTRIAL CO., LTD DATE: JULY 15, 2023

342-3 FLYING BUILDING KINGDOM STREET L/C NO.: HKH123123

HONGKONG CHINA S/C NO.: AWC-23-522

PAYMENT TERMS: BY L/C

SHIPPING MARK: P.7

HONGKONG

NO. 1-400

FROM SHAGNHAI TO HONGKONG BY SEA

C/ NO.	NOS. & KIND OF PKGS	ITEM	QUANTITY	G.W.	N.W.	MEAS.
		GLASS MARBLE				
1-200	200CTNS	1625/3D	@10BOXES	@80KGS	@75KGS	@1.13 × 0.56 × 0.3CBM
201-300	100CTNS	1641/3D	@10BOXES	@80KGS	@75KGS	@1.13 × 0.56 × 0.3CBM
301-400	100CTNS	2506D	@10BOXES	@80KGS	@75KGS	@1.13 × 0.56 × 0.3CBM
TOTAL:	400CTNS		4,000BOXES	32,000KGS	30,000KGS	75.936CBM

TOTAL PKGS: FOUR HUNDRED CARTONS ONLY

无锡特锐思国际贸易有限公司

WUXI TERUISI INTERNATIONAL TRADE CO., LTD

周亮

3．产地证

<table>
<tr><td colspan="2">1. Exporter
WUXI TERUISI INTERNATIONAL TRADE CO., LTD
NO. 27 XUEQIAN ROAD, WUXI, CHINA</td><td colspan="3" rowspan="2">Certificate No.

CERTIFICATE OF ORIGIN
OF
THE PEOPLE'S REPUBLIC OF CHINA</td></tr>
<tr><td colspan="2">2. Consignee
PROSPERITY INDUSTRIAL CO. LTD
342-3 FLYING BUILDING KINGDOM STREET, HONGKONG, CHINA</td></tr>
<tr><td colspan="2">3. Means of transport and route
FROM SHAGNHAI TO HONGKONG BY SEA</td><td colspan="3" rowspan="2">5. For certifying authority use only</td></tr>
<tr><td colspan="2">4. Country/Region of Destination
HONGKONG</td></tr>
<tr><td>6. Marks and numbers</td><td>7. Number and kind of packages, description of goods</td><td>8. H.S. Code</td><td>9. Quantity</td><td>10. Number and date of invoices</td></tr>
<tr><td>P.7.
HONGKONG
NO. 1-400</td><td>1625/3D GLASS MARBLE
1641/3D GLASS MARBLE
2506D GLASS MARBLE
****************************</td><td>6802.2110</td><td>2,000BOXES
2,000BOXES
2,000BOXES</td><td>INV. NO.: 123456
DATE: JULY 15, 2023</td></tr>
<tr><td colspan="2">11. Declaration by the exporter
The undersigned hereby declares that the above details and statements are correct, that all the goods were produced in China and that they comply with the rules of origin of the people's republic of China.
WU XI TERUIS IINTERNATIONAL TRADE CO., LTD
STAMP & SIGNATURE
WUXI，CHINA，JULY 18, 2023
……………………………………………
Place and date, signature and stamp of authorized signatory</td><td colspan="3">12. Certification
It is hereby certified that the declaration by the exporter is correct.

WUXI，CHINA，JULY 18, 2023
……………………………………………
Place and date, signature and stamp of certifying authority</td></tr>
</table>

4. 提单

1. Shipper

WUXI TERUISI INTERNATIONAL TRADE CO.,LTD
NO. 27 XUEQIAN ROAD, WUXI ,CHINA
0086-510-82700788　0086-510-82700777

2. Consignee

TO THE ORDER OF SHIPPER

3. Notify Party

PROSPERITY INDUSTRIAL CO., LTD
342-3 FLYING BUILDING KINGDOM STREET, HONGKONG, CHINA

B/L No. XMV0998

中远集装箱运输有限公司
COSCO CONTAINER LINES

TLX: 33057 COSCO CN
FAX: +86(021) 6545 8984

ORIGINAL

Port-to-Port or Combined Transport
BILL OF LADING

RECEIVED in external apparent good order and condition except as other-Wise noted. The total number of packages or unites stuffed in the container.The description of the goods and the weights shown in this Bill of Lading are Furnished by the Merchants, and which the carrier has no reasonable means Of checking and is not a part of this Bill of Lading contract. The carrier has Issued the number of Bills of Lading stated below, all of this tenor and date.One of the original Bills of Lading must be surrendered and endorsed or signed against the delivery of the shipment and whereupon any other original Bills of Lading shall be void. The Merchants agree to be bound by the terms And conditions of this Bill of Lading as if each had personally signed this Bill of Lading.

SEE clause 4 on the back of this Bill of Lading (terms continued on the back hereof, please read carefully).

*Applicable only when document used as a combined transport Bill of Lading.

4. Combined Transport *	5. Combined Transport*
Pre - carriage by	Place of Receipt
6. Ocean Vessel Voy. No.	7. Port of Loading
WANDA V.0052	SHANGHAI CHINA
8. Port of Discharge	9. Combined Transport *
HONGKONG CHINA	Place of Delivery

Marks & Nos. Container / Seal No.	No. of Containers or Packages	Description of Goods (If Dangerous Goods, See Clause 20)	Gross Weight (KGS)	Measurement (CBM)
P.7. HONGKONG NO. 1-400	400 CTNS	GLASS MARBLE	32,000 KGS	75.936 CBM

10. Total Number of Containers and/or Packages (in words)　PACKED IN FOUR HUNDRED CARTONS ONLY.

Subject to Clause 7 Limitation

11. Freight & Charges	Revenue Tons	Rate	Per	Prepaid	Collect
Declared Value Charge				FREIGHT PREPAID	

Ex. Rate:	Prepaid at	Payable at	Place and Date of Issue
	SHANGHAI		SHANGHAI, AUG. 24,2023
	Total Prepaid	No. of Original B(s) /L	Signed for the Carrier, COSCO CONTAINER LINES （签字盖章）
		THREE(3)	

LADEN ON BOARD THE VESSEL

DATE	AUG. 24,2023	BY	COSCO CONTAINER LINES

5. 保险单

海洋货物运输保险单

MARINE CARGO INSURANCE POLICY

发票号 INVOICE NO.: 123456　　第一正本 THE FIRST ORIGINAL　　保险单号 POLICY NO.: CIC789456

中国人民财产保险股份有限公司（以下简称本公司）根据被保险人的要求及其所缴付约定的保险费，按照本保险单承担险别、背面所载条款与以下特别条款承保下列货物运输保险，特签发本保险单。

This Policy of Insurance witnesses that PICC Property and Casualty Co., Ltd (hereinafter called "the Company"), at the request of the insured and in consideration of the agreed premium paid by the insured, undertakes to insure the under mentioned goods in transportation subject to the conditions of this Policy as per the clauses printed overleaf and other special clauses attached hereon.

标　记 MARKS & NOS.	包装及数量 QUANTITY	保险货物项目 DESCRIPTION OF GOODS	保险金额 AMOUNT INSURED
P.7. HONGKONG NO. 1-400	400 CTNS	GLASS MARBLE	USD9284.00

总保险金额
Total Amount Insured: U.S. DOLLARS NINE THOUSAND TWO HUNDRED AND EIGHTY FOUR ONLY

保费 Premium AS ARRANGED　　费率 Rate　　装载运输工具 Per Conveyance S.S. WANDA V.0052

开航日期 Slg. on or Abt.　　自 From SHANGHAI　　至 To HONGKONG

承保险别
Conditions: COVERING ALL RISKS AND WAR RISK AS PER CIC DATED 1/1/1981

所保货物如发生本保险单项下可能引起索赔的损失或损坏，应立即通知本公司下述代理人查勘。如有索赔，应向本公司提交保险单正本（本保险单共有2份正本）及有关文件。如一份正本已用于索赔，其余正本则自动失效。

In the event of damage which may result in a claim under this policy, immediate notice must be given to the company agent as mentioned here under. Claims, if any, one of the original policies which has been issued in 2 original(s) together with the relevant documents shall be surrendered to be company. If one of the original policies has been accomplished, the others to be void.

赔款偿付地点
CLAIM PAYABLE AT HONGKONG CHINA

中国人民财产保险股份有限公司××分公司
PICC PROPERTY AND CASUALTY CO., LTD××BRANCH

6. 汇票

BILL OF EXCHANGE

凭　　　　　　　　　　　　　　　　　　　　　　　　信用证　号

L/C No. HKH123123

Drawn under HONGKONG AND SHANGHAI BANKING CORP. HONGKONG CHINA

日期　　　　　　　　　　按息付款

Dated JULY 5, 2023　　Payable with interest @______%

号码　　汇票金额　　　　　　　　中国，上海　　年　　月　　日

No.: GM-2023　Exchange for USD 8,440.00　1　SHAGNHAI, China（B/L 日期后21天之内，且在9月15日之前）

见票　　　　　　　　　　日后（本汇票之副本未付）付交

At 30 DAYS AFTER sight of this **FIRST** of Exchange (Second of Exchange being unpaid)

Pay to the order of BANK OF CHINA, SHANGHAI BRANCH

金额

The sum of SAY U.S. DOLLARS EIGHT THOUSAND FOUR HUNDRED AND FORTY ONLY

To HONGKONG AND SHANGHAI BANKING CORP. HONGKONG CHINA

WUXI TERUISI INTERNATIONAL TRADE CO., LTD

NO. 27 XUEQIAN ROAD, WUXI, CHINA

周亮

STAMP & SIGNATURE

第三步：核对单证

信用证结算方式下单证缮制完毕，要进行核对，核对要点如下：

1）要注意单证内容的合法性，其内容不得违反中华人民共和国法律法规，自觉维护国家尊严。

2）要读懂信用证条款的规定，注意识别信用证的陷阱条款，同时结合所给资料，没有给出的资料，自己合理编制。

3）制作过程中要严谨细致，不得前后矛盾，要符合出单逻辑顺序。

4）小组合作制作，要及时沟通，团结协作，每个同学要有责任意识，知责于心，担责于身，履责于行，把单证制作得正确、完整、简洁。

任务评价

任务评价表

评价项目	评价标准	满分	得分
单证缮制要求	能清楚单证的要点及相应的缮制规范	20分	
部分国家和地区对单证的特殊规定	能清晰地理解和解读信用证中的条款内容	20分	
缮制单证	能依据业务内容准确地缮制单证	20分	
审核单证	能准确核对所有单证	20分	
职业操作规范	能养成系统思维意识，形成依据业务实际流程规范缮制单证的职业素养	20分	
合计		100分	

项目小结

信用证结算方式下单证综合实训

- 信用证结算方式下制单必备知识
  - 单据处理原则
  - 缮制单据的内容要求
  - 缮制单据的形式要求
  - 不符点单据的处理
- 制单解读
  - 解读信用证要求的单据种类
  - 解读单据制作要求及制单示例
  - 核对单证

项目实训

实训一

1. 信用证资料

FROM: REPUBLIC NATIONAL BANK OF MIAMI, MIAMI

TO: BANK OF CHINA, SUZHOU BRANCH

Form of Doc. Credit	*40 A: IRREVOCABLE
Doc. Credit Number	*20: NBM-04007678
Date of Issue	31C: 22/02/08
Expiry	*31 D: Date 22/04/30 Place CHINA
Applicant	*50: JAMES BROWN AND SONS 2116 N.W. 21 STREET MIAMI FL.33142, USA
Beneficiary	*59: JIANGSU NAN XIANG TRADING CO. 12 HONGQI ROAD SUZHOU, CHINA
Amount	*32B: Currency USD Amount 82,800.00
Pos. / Neg. Tol. (%)	39A: 5/5

Available with /by	*41D: ANY BANK BY NEGOTIATION
Drafts at ……	42C: DRAFTS AT SIGHT FOR FULL INVOICE VALUE
Drawee	42A: REPUBLIC NATIONAL BANK OF MIAMI NEW YORK
Partial Shipments	43P: NOT ALLOWED
Loading in Charge	44A: SHANGHAI
For Transport to	44B: MIAMI USA
Latest Date of Ship.	44C: 22/04/15
Descript. of Goods	45A: FISHING BOOTS ART. NO. JB702, 2640PAIRS USD 15.00 PER PAIR ART. NO. JB703, 3600PAIRS USD 12.00 PER PAIR PACKING: 12PAIRS PER CARTON TRADE TERMS: CFR MIAMI FL ALL DETAILS ARE AS PER S/C NO. 04JB558
Documents Required	46A: +FULL SET OF CLEAN ON BOARD OCEAN BILLS OF LADING MADE OUT TO ORDER, BLANK ENDORSED, MARKED “FREIGHT PREPAID” AND NOTIFY APPLICANT. +SIGNED COMMERCIAL INVOICE IN ONE ORIGINAL AND THREE COPIES. +PACKING LIST IN ONE ORIGINAL AND THREE COPIES. +MANUALLY SIGNED CERTIFICATE OF ORIGIN IN ONE ORIGINAL AND ONE COPY.
Additional Cond.	47A: 1. A HANDING FEE OF USD 50.00 WILL BE DEDUCTED IF DISCREPANCY DOCUMENTS PRESENTED. 2. INSURANCE TO BE EFFECTED BY BUYER. 3. ALL DOCUMENTS MUST BE IN ENGLISH. 4. ALL DOCUMENTS INDICATING THIS L/C NUMBER.
Charges	71B: ALL BANKING CHARGES AND EXPENSES OUTSIDE THE ISSUING BANK ARE FOR BENEFICIARY’S ACCOUNT.
Presentation Period	48: DOCUMENTS TO BE PRESENTED WITHIN 15 DAYS AFTER THE DATE OF SHIPMENT, BUT WITHIN THE VALIDITY OF THE CREDIT.

2. 有关资料

发票号码：04HY34-95　　发票日期：2022年4月5日

提单号码：COS040410SHM　　提单日期：2022年4月10日

船名：DONG FENG V. 5615W　　装运港：上海港

集装箱：1 × 40’ FCL CY/CY　集装箱号：TRIO3568032　封号：199345-0

产地证号：JS/07/04HY8765　　产地证日期：2022年4月6日

商品编号：4823.2900　　运费：USD3,500.00

生产厂家：吴江制靴厂

净重：22.00KGS/CTN 毛重：24.50KGS/CTN 尺码：58CM×46CM×40CM/CTN

唛头：J B A S
04JB558
MIAMI, FL
NO.1-520

3. 制单要求

1）根据信用证及相关资料填写单证。

2）出单日期要符合业务流程。

3）做到单单一致、单证一致。

实 训 二

1. 信用证资料

中国银行新加坡分行

BANK OF CHINA

SINGAPORE

TELEGRAPHIC ADDRESS "CHUNGKUO"

TELEX NO. RS 23046 BANK OF CHINA

Irrevocable Documentary Credit Number: 764351

Place and Date of Issue: Singapore 5/5/2022(D/M/Y)	**Expiry Date and Place for Presentation of Documents**
Applicant: Overseas Company 100 Julan Sultan #01-20 Sultan Plaza Singapore 0719	Expiry Date: 15/8/2022 (D/M/Y) Place for Presentation: Shanghai **Beneficiary:** Shanghai Machinery Imp. & Exp. Corp. Shanghai, China
Advising Bank: Reference No. 210214 Bank of China, Shanghai	**Amount: USD729,000.00** (United States Dollars Seven Hundred and Twenty Nine Thousand Only)
Partial shipments: not allowed **Transshipment:** not allowed **Insurance covered by buyers**	**Credit available with Nominated Bank:** By payment at sight By negotiation Against the documents detailed herein And Beneficiary's draft(s) drawn on Bank of China, Singapore, at sight
Shipment as defined in UCP 600 Article 46 From Shanghai For transportation to Singapore Not later than 31/7/2022 (D/M/Y)	
Documents required (in three-fold unless otherwise specified): 1. Signed commercial invoice in triplicate. 2. Insurance Policy or Certificate, endorsed in blank, covering All Risks and War Risks as per CIC Dated 1/1/1981. 3. Full set clean on board Bill(s) of Lading made out to our order and endorsed in blank, marked Freight Prepaid and notifying applicant evidencing shipment of: 4,860 sets Colour Television Set "Golden Star" Brand Model SC374 PAL/BG System, 220V 50Hz, Two Round Pin Plug, with Remote Control. Unit Price @USD150.00 per set CIF Singapore, Sales Confirmation No.EF94SP-71-023. Transported in 40' containers of 810 cartons each.	

（续）

Documents to be presented within 15 days after the date of shipment but within the validity of the Credit	
We hereby issue the irrevocable Documentary Credit in your favour. It is subject to the Uniform Customs and Practice for Documentary Credits(1993 Revision International Chamber of Commerce Paris France Publication No.600) and engages us in accordance with the terms thereof. The number and the date of the Credit and the name of our bank must be quoted on all drafts required. If the Credit is available by negotiation each presentation must be noted on the reverse side of this advice by the bank where the Credit is available.	
INSTRUCTIONS TO THE NEGOTIATING BANK: 1. All documents to be despatched to us in one lot. 2. In reimbursement, we shall reimburse you in accordance with your instructions. This document cosists of 1 signed page(s)	Yours Faithfully, For BANK OF CHINA,SINGAPORE Authorized Signatures

2. 有关资料

发票号码：JX-M946576　　　　发票日期：2022年6月20日

提单号码：CSA 5034　　　　提单日期：2022年7月15日

保单号码：SH02/PYCK200131010000000007　　　　出单日期：2022年6月20日

商品编号：5645.2798

原产地证书号码：SH4578

船名：TUO HE V.144　　　　装运港：上海港

货物装箱情况：

EACH SET PACKED IN ONE EXPORT CARTON,

EACH 810 CARTONS TRANSPORTED IN ONE 40’CONTAINER.

总毛重：12,150kgs　　　　总尺码：54.573m^3

集装箱：6×40’ FCL CY/CY

CONTAINER NO. :	SEAL NO. :
COSU829234-2	0647244
COSU829235-2	0647245
COSU829535-1	0647246
COSU829545-9	0647247
COSU829546-8	0647248
COSU829547-7	0647249

SHIPPING MARKS（唛头）：

A

SINGAPORE

NO. 1-4860

3. 制单要求

1）根据信用证及相关资料填写单证。

2）出单日期要符合业务流程。

3）做到单单一致、单证一致。

实 训 三

以下是进口商根据合同规定审核来证的实务操作，先看合同，然后根据合同内容审核信用证中与合同不相符的地方。

上海茂林贸易有限公司

SHANGHAI MAOLIN TRADE CO., LTD

No.97 Maoming Nan Road, Shanghai, P.R. of China

销 售 合 同

SALE CONTRACT

To:

EASTERN TRADING COMPANY
81 WORDFORD STREET,
LONDON
UNITED KINGDOM

Contract No.: SH2008X826
Date:AUG. 26, 2022

This sales contract is made between the sellers and buyers whereby the seller agree to sell and the buyers agree to buy the under mentioned goods according to the terms and conditions stipulated below:

Description of Goods Quantity Unit Price Amount

WOOLLEN BLANKETS CIF LONDON

ART.NO.H666 600PCS @USD15.50/PC USD9,300.00

ART.NO.HX88 600PCS @USD16.30/PC USD9,780.00

ART.NO.HE21 720PCS @USD18.50/PC USD13,320.00

TOTAL: 1,920PCS USD32,400.00

Total amount in words: SAY U.S. DOLLARS THIRTY TWO THOUSAND FOUR HUNSRED ONLY

Packing: 24pc in one ctn. total packed in 80ctns.

Delivery: Sea freight from Shanghai to London allowing partial shipments and transshipment

Shipping Mark EASTERN /2008X826/LONDON.1-80

Time of Shipment On or before Oct. 15, 2022

Terms of Payment By 100% irrevocable letter of credit in favour of the seller to be available by drafts at sight to open and to reach the seller before Sep. 5, 2022 and to remain valid for negotiation in China until the 15th days after the foresaid time of the shipment. The L/C must mention this contract number. All banking charges outside U.K. are for A/C of the beneficiary.

Insurance of Institute Cargo Clause (A) To be effected by the sellers for 110 pct of the invoice value covering all risks and war risk.

Documents required:

1. Signed invoice in triplicate.
2. Full set of clean on board Bill of Lading made out to order blank endorsed notify the buyer.
3. Insurance policy in duplicate.
4. Packing list in triplicate.
5. Certificate of Origin in duplicate issued by a relevant authority.

The Seller
Shanghai Maolin Trade Co., Ltd
张三

The Buyer
Eastern Trading Company
White Brown

进口商开来的信用证：

ISSUING BANK: UNITED GREAT KINGDOM BANK LTD LONDON

CREDIT NUMBER: LOD88095　　　　　　DATE OF ISSUE: 2022-09-01

EXPIRYDATE AND PLACE: DATE 2022-10-20 PLACE U.K.

APPLICANT: EASTERN TRADING COMPANY

81 WORDFORD STREET, LONDON, UNITED KINGDOM

BENEFICIARY: SHANGHAI MAOLIN TRADE CORP.

NO.97 MAOMING NAN ROAD，SHANGHAI P.R.OF CHINA

AMOUNT: USD32,040.00

(SAY U. S. DOLLARS THIRTY TWO THOUSAND AND FORTY ONLY)

THE CREDITIS AVAILABLE WITH ANY BANK BY NEGOTLATION DRAFTS AT 30 DAYS AFTER SIGHT FOR FULL INVOICE VALUE DRAWN ON US

PARTIAL SHIPMENT: NOT ALLOWED　　　　　TRANSSHIPMENT: ALLOWED

PORT OF LOADING: SHANGHAI　　　　　PORT OF DISCHARGE: LONDON

LATEST SHIPMENT DATE: 2022-10-15

DESCRIPTION OF GOODS: WOOLLEN BLANKETS　CIF LONDON　ART.NO.H666　600PCS　@USD15.50/PC USD9,300.000

ART NO.HX88　600PCS　@USD16/PC　USD9,780.00

ART. NO. HE21　720PCS　@USD18.00/PC　USD12,960.0

TOTAL:1,920PCS　USD32,040.00

AS PER CONTRACT NO.SH2008X806 DOCUMENTS REQUIRED:

*SIGNED COMMERCLAL INVOICE IN TRIPLICATE.

*PACKING LIST IN TRIPLICATE.

*FULL SET OF CLEAN ON BOARD MARINE BILLS OF LADING MADE OUT TO ORDER MARKED FREIGHT PREPAID NOTIFY APPLICANT.

*GSP FORM A CERTIFYING THAT THE GOODS ARE OF CHINESE ORIGIN ISSUED BY COMPETENT AUTHORITIES.

*INSURANCE POLICY/CERTIFICATE COVERING ALL RISKS INCLUDING.

WAREHOUSE TO WAREHOUSE CLAUSE UP TO FINAL DESTINATION AT LONDON FOR AT LEAST 110 PCT OF CIF VALUE AS PER INSTITUTE CARGO CLAUSE(A).

*SHIPPING ADVICES MUST BE SENT TO APPLICANT IMMEDIATELY AFTER SHIPMENT ADVISING THE INVOICE VALUE, NUMBER OF PACKAGES, GROSS AND NET WEIGHT, VESSEL NAME, BILL OF LADING NO. AND DATE, CONTRACT NO. PRESENTATION PERIOD: 10 DAYS AFTER ISSUANCE DATE OF SHIPPING DOCUMENTS BUT WITHIN THE VALIDITY OF THE CREDIT.

CONFIRMATION: WITHOUT

INSTRUCTIONS: THIS CREDIT IS SUBJECT TO UNIFORM CUSTOMS A PRACTICE FOR DOCUMENTARY CREDIT ICC NO.600.THE NEGOTIATION BANK MUST FORWARD THE DRAFTS AND ALL DOCUMENTS BY REGISTERED AIRMAILDIRECT TO US IN TWO CONSECUTIVE LOTS. UPON RECEIPT OF THE DRAFTS AND DOCUMENTS INORDER.WE WILL REMIT THE PROCEEDS AS INSTRUCTED BY THE NEGOTIATING BANK.

项目十五

托收结算方式下单证综合实训

知识目标

· 了解托收业务的种类
· 熟悉托收支付方式的利弊
· 掌握托收支付方式的风险防范
· 掌握托收支付方式下业务处理技巧
· 掌握托收支付条款的内容

能力目标

· 能够熟悉销售确认书中有关托收结算的条款内容
· 能够依据销售确认书正确缮制结算单证
· 能够熟练掌握托收结算方式下单证的制作

素养目标

· 在缮制单据的过程中要自觉维护国家尊严和领土完整
· 在缮制单据的过程中逐步养成守正创新、严谨细致的习惯
· 在制作单证的过程中强化责任意识

项目情境

无锡特锐思国际贸易有限公司是一家拥有自营进出口权和自理报关报检权限的贸易企业。2022年1月，该公司与加拿大FASHION FORCE有限公司就出口男士棉衬衫达成了共识。由于双方有着多年的贸易合作关系，且每次交易都很愉快，因此双方在前期磋商过程中，约定采用D/P作为支付手段来完成这笔交易。

项目分析

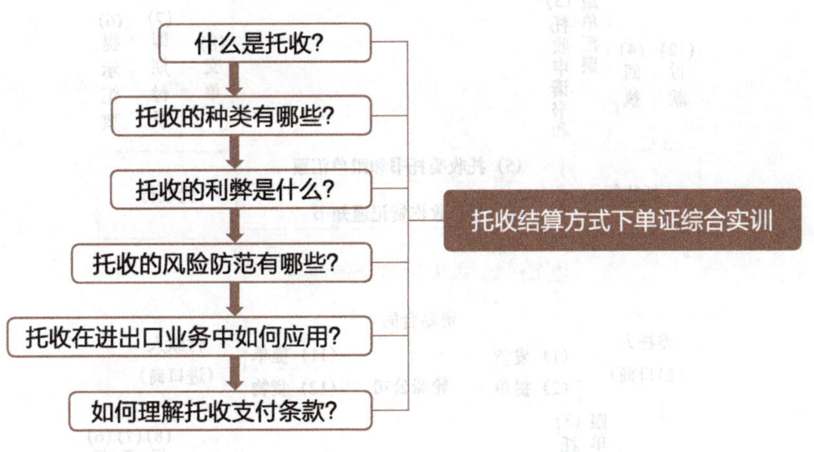

必备知识

1. 托收的含义

托收（Collection）是指出口方开具以进口方为付款人的汇票，委托出口方银行通过其在进口方的分行或代理行向进口方收取货款的一种结算方式。

2. 托收的种类

按托收项下的汇票是否附有货运单据的标准，一般将托收分为光票托收和跟单托收。

光票托收是指汇票不附带货运单据的托收。由于不涉及货权的转移或货物的处理，光票托收的业务处理非常简单。它主要适用于向进口商收取货款差额、贸易从属费用等。在国际贸易中，跟单托收应用范围较广泛。

跟单托收是指汇票附带有货运单据的托收。国际贸易结算中使用的托收一般都是跟单托收。跟单托收有付款交单和承兑交单之分。

（1）付款交单

付款交单（Documents against Payment，D/P）是指代收行必须在进口商付款后方能将单据交予进口商的方式。按付款时间的不同，付款交单又可分为即期付款交单和远期付款交单。

1）即期付款交单（D/P at sight）：代收行在收到托收行的单据和托收委托书后立即直接或通过提示行向进口商提示有关单据，如果单据合格，进口商必须马上付款。代收行收款后交单。即期付款交单业务流程如图15-1所示。

2）远期付款交单（D/P after sight）：代收行收到单据后立即向进口商提示汇票和单据，如果单据合格，进口商应立即承兑汇票，并在付款到期日向代收行付款。代收行在收妥票款后向进口商交单。远期付款交单业务流程如图15-2所示。

（2）承兑交单

承兑交单（Documents against Acceptance，D/A）是指在使用远期汇票收款时，当代收行或提示行向进口商提示汇票和单据，若单据合格进口商对汇票加以承兑，银行即凭进口商的承兑向进口商交付单据。待汇票到期，进口商再向代收行付款。承兑交单业务流程如图15-3所示。

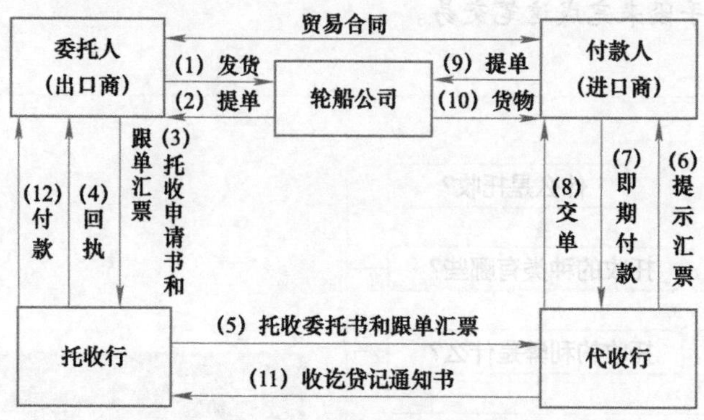

图15-1　即期付款交单业务流程

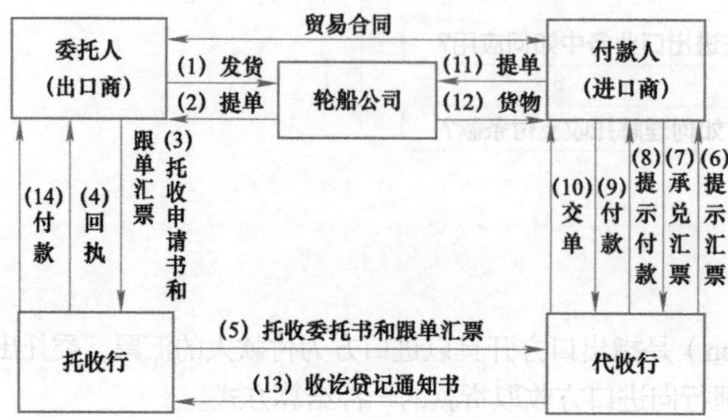

图15-2　远期付款交单业务流程

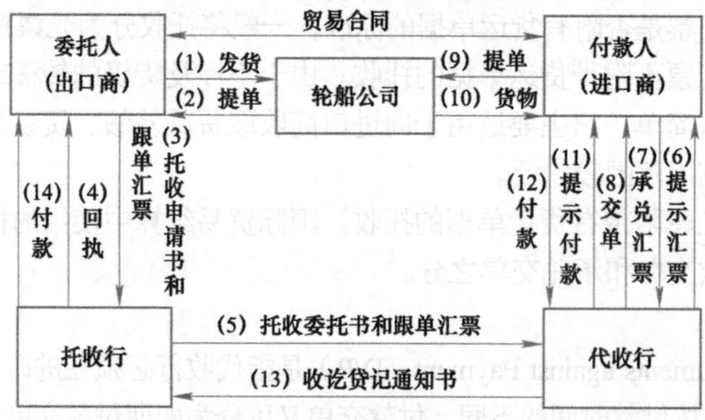

图15-3　承兑交单业务流程

需要说明的是：在跟单托收方式中，进口商付款、承兑的前提条件是出口商交付与合同规定相符的单据。所以，进口商在付款、承兑前有审单的权利。如果单据合格，进口商必须付款或承兑并付款。

远期付款交单和承兑交单虽然都适用于远期汇票的托收，但对进口商而言，承兑交单更有利。因为进口方只需承兑就能获得单据，提取货物，可以尽早投入生产或销售。而对于出口商而言，承兑交单要冒相当大的风险。因为承兑不等于付款，一旦交单就失去了物权，丧失了约束进口商付款的手段。

3. 托收的利与弊

(1) 托收的有利之处

就出口商而言，托收有利于调动进口商采购货物的积极性，从而有利于促进成交和扩大出口，故许多出口商都把采用托收支付方式作为一种非价格性的竞争手段。

各国银行为助本国出口商一臂之力，也纷纷采取了相应的措施和办法，如出口保理、出口押汇等，以融通资金和提高出口商品在国际市场上的竞争能力。

就进口商而言，一方面可以降低费用，如进口商可免交开立信用证的手续费，免交信用证押金；另一方面可以减少资金占压，甚至可以做无本生意。在即期付款交单的方式下，进口商则只需付款就可以获得合格的单据并凭以提货；在远期付款交单和承兑交单方式下，进口商还可以借出口商的资金做交易，在承兑后取得单据并凭以提货，之后用售货所得款项向银行付款，等于出口商给予了进口商全额的资金融通。

(2) 托收的弊端

1) 商业信用。托收业务中，虽然通过银行办理，但银行仅提供服务，不提供任何信用和担保。银行在传递单据、收取款项的过程中，既不保证付款人一定付款，也不负责审查单据是否齐全、是否符合买卖合同的规定。出口商能否安全及时收回货款完全取决于进口商的信誉。

2) 风险大。不论D/P还是D/A方式，出口商都是先发货后收款。一旦进口商拒付，出口商就要遭受各种损失。采用D/P时，一旦进口商拒不付款赎单，由于货已运往境外，出口商就要承担额外费用，如关税、仓储费、保险费等，以及委托银行或代理人办理提货等各种手续，甚至降价在当地销售货物。如因当地外汇管制无法收取外汇或不能进口，还可能要将货物运回，负担双重运费和其他费用及风险。采用D/A时，风险更大，因为在承兑交单条件下，进口商承兑汇票后，即可取得货运单据，凭以提货。提货后，如进口商破产倒闭或拒不付款，出口商就会蒙受“货款两空”的重大损失。

3) 进出口双方的资金负担不平衡。跟单托收业务中，出口商在订立合同后，需要垫付资金进行备货、装运，然后通过银行收款，等进口商付款后才能收回货款，而进口商则只需付款就可以获得合格的单据并凭以提货。承兑交单方式下，进口商还可以借出口商的资金做交易，在承兑后取得单据并凭以提货，之后用售货所得款项向银行付款，等于出口商给予了进口商全额的资金融通。

4. 托收在进出口业务中的应用

(1) 审单

托收项下的进口单据，银行只是转交，没有审单的义务，所以进口商在接到代收行转来的单据复印件后，应该谨慎地审核单据，以决定是否接受单据并对外付款或承兑。审单主要是看发票、运输单据上记载的货物是否一致，是否与合同要求的货物一致，转来的单据是否包含了进口清关所必需的、应由出口商提供的全部文件；另外非常重要的就是判断运输单据的真伪，可以通过委托银行进行船情调查或向船公司在进口地的代理咨询提单上注明船只的动态。

进口商在审核单据后决定不予付款或者不予承兑以换取单据时，要在进口来单代收确认书上说明拒绝付款或者拒绝承兑的理由，加盖约定印鉴并签署日期后，在银行规定的时间内将确认书返回银行，以便代收行以快捷的方式通知托收行。接到托收行退单指示后，代收行将全套正本单据退还托收行并收取银行费用，如遇下列不同情况则做相应处理：

第一，如代收行发出付款人拒绝付款或拒绝承兑的通知60天后仍未得到托收行关于处理单据的指示，代收行可主动退单。

第二，如托收行授权无偿放单，代收行应在计收有关费用后向进口商放单。

第三，若进口商提出部分拒付，则须在取得托收行同意后，再按同意支付金额办理付款手续。

（2）付款/承兑需提交的文件

如果进口商同意付款或承兑，应该在代收行的进口来单确认书上明确表示同意付款或者承兑，并加盖全套财务专用章或者其他约定印鉴，填写银行格式化的对外付款/承兑通知书，加盖银行预留的印鉴。除了这两份文件要交给银行以外，一并提交的还有进口合同等其他可能要求的资料。

（3）付汇赎单

1）付款交单（D/P）：以付款交单方式结算的，进口商在提交上述单据办妥付款手续后，即以其自有外汇支付的，代收行从其外汇账户中划款支付；使用银行贷款支付的，由银行有关信贷部门提供资金支付，核减进口商相应授信额度；需要银行售汇的，进口商将足额人民币购汇资金划至银行，按结售汇有关规定办理售汇支付。之后，进口商可以从银行索取全套进口货物单据进行清关提货。

2）远期付款交单（D/P After Sight）：以远期付款交单方式结算的，进口商审单无误后，应向代收行做出在到期日付款的承诺，代收行在到期日前向进口商提示付款，进口商在付款后取得全套进口货物单据。

3）承兑交单（D/A）：以承兑交单方式结算的，进口商在代收行交来的进口代收来单确认书上明确表明其同意承兑，加盖全套财务专用章或者约定印鉴并签署日期后交代收行。来单中带有远期汇票的，进口商还要按照《中华人民共和国票据法》的规定，在远期汇票上注明“无条件承兑”字样。在进口商承兑后，银行即向进口商交付全套进口货物单据，进口商即可办理入境报检报关提货等手续，待汇票到期、代收行再次提示后即付款。

（4）提货后货物与合同不符的处理

托收项下进口商凭提单取货后，如果发现货物质量与合同规定不符，在付款交单条件下，进口商只能根据合同向出口商提出索赔；在承兑交单条件下，尽管做了承兑，进口商仍然可以拒付。

5. 托收支付条款的理解

在使用托收结算方式时，应在合同中明确规定交单条件和付款、承兑责任及付款期限等问题，具体列举如下：

1）Upon first presentation the buyers shall pay against documentary draft drawn by the sellers at sight. The shipping documents are to be delivered against payment only.

【中文】买方应凭卖方开具的即期跟单汇票，于见票时立即付款，付款后交单。

【释疑】该种支付方式要求买方必须付清全部货款后银行才放单给买方，也就是说，买方不付款，银行就必须代卖方持有单据。与远期付款交单相比，该种付款方式对卖方相对安全些，但无论如何都属于商业信用，卖方在采用时宜持谨慎态度。

2）The buyers shall duly accept the documentary draft drawn by the sellers at×××days sight upon first presentation and make payment on its maturity. The shipping documents are to be delivered against payment only.

【中文】买方对卖方开具的见票后×××天付款的跟单汇票，于第一次提示时应即予承兑，并应于汇票到期日银行再次提示时即予付款，付款后交单。

【释疑】该种支付方式要求买方必须付清全部货款后，银行才放单给买方。与即期付款交单不同的是，买方见票后无须马上付款，买卖双方约定的付款期限到期后再付款，这个期限一般与货物运抵目的港所需时间大体相同，这样就可以减少买方资金占压。卖方不仅要承担利息损失，而且要承担不能如期收汇的风险。有些国家（地区）将D/P 远期视同 D/A，因此采用时要小心谨慎。

3）The buyers shall pay against documentary draft drawn by sellers at×××days after date of B/L. The shipping documents are to be delivered against payment only.

【中文】买方应凭卖方开具的跟单汇票，于提单日后×××天付款，付款后交单。

【释疑】该种付款方式也是银行放单以买方付清货款为前提，付款期限从装运后开始起算，较之见票后起算对卖方有利些，卖方可早一些收回货款。

4）50% of total contract amount will be paid by D/P at sight. 50% will be paid by D/P at 45 days after sight.

【中文】合同金额的50%见票后付款，另50%见票后45天付款。

【释疑】该种付款方式是将即期付款交单和远期付款交单结合起来，这样较全部远期付款交单可以相应地减少卖方承担的风险，便于买卖双方在付款方式上达成一致，以利于交易达成，在当今买方市场下，采用比例有所增加。

5）The buyers shall duly accept the documentary draft drawn by the sellers at×××days sight upon first presentation and make payment on its maturity. The shipping documents are to be delivered against acceptance.

【中文】买方对卖方开具的见票后×××天付款的跟单汇票，于第一次提示时即予以承兑，并应于汇票到期日即付款，承兑后交单。

【释疑】该种支付方式下，买方承兑汇票后，银行即放单给买方，买方便可向船公司办理提货手续，事后能否收回货款完全取决于买方的信誉，因此对卖方来讲风险巨大，除非是对买方的信誉非常有把握，一般不要采用，否则很有可能遭遇“货款两空”的境地。

任务实施

单证员黄欣接到通知后，认真研读合同中的约定，找到合同中关于结算方式的规定，黄欣首先了解关于托收的业务基础知识，并对托收支付方式下制单业务流程和风险防范做了充分掌握，开始准备出口单证的制作。

第一步：解读制单材料

1. 销售合同

销 售 合 同
SALES CONTRACT

Contract No.: 23JA7032KL
Date: JAN. 20, 2023
Signed at: WUXI

Sellers: WUXI TERUISI INTERNATIONAL TRADE CO., LTD
Address: NO. 27 XUEQIAN ROAD, WUXI, CHINA
Tel.: 0086-510-82700788　　Fax: 0086-510-82700777
Buyers: FASHION FORCE CO., LTD
Address: P.O.BOX 8935 NEW TERMINAL, ALTA, VISTA OTTAWA, CANADA
Tel.: 001-613-7983503　　Fax: 001-613-7895307

This sales contract is made by and between the sellers and the buyers, whereby the sellers agree to sell and the buyers agree to buy the under-mentioned goods according to the terms and conditions stipulated below:

(1) Name of Commodity and Specification	(2) Quantity	(3) Unit	(4) Unit Price	(5) Amount
MAN'S COTTON SHIRT S M L	 2,000PCS 8,000PCS 3,000PCS	PC	CIF OTTAWA USD 10.00/PC USD 10.00/PC USD 10.00/PC	 USD20,000.00 USD80,000.00 USD30,000.00
Total	13,000PCS			USD130,000.00
Total Amount	SAY USD ONE HUNDRED THIRTY THOUSAND ONLY			

(6) Packing: CARTON
(7) Delivery from SHANGHAI to OTTAWA
(8) Shipping Marks: N/M
(9) Time of Shipment: JUNE 15, 2023, transshipment and partial shipment are ALLOWED.
(10) Terms of Payment: by D/P 60 DAYS AFTER SIGHT of 100% invoice value. All banking charges outside China (the mainland of China) are for account of the Drawee.
(11) Insurance: To be effected by the sellers for 110% of full invoice value covering ALL RISKS AND WAR RISKS up to OTTAWA, as per C.I.C dated 1/1/1981.
(12) Arbitration: …

The Seller　　The Buyer
WUXI TERUISI INTERNATIONAL TRADE CO., LTD　　FASHION FORCE CO., LTD

2. 补充资料

1）商业发票号码：B0811990。

2）包装情况：每50件装入一箱，所有货物装入一个20'集装箱（COS663322）；毛重

11KGS/CTN，净重10KGS/CTN，体积0.3CBM/CTN。

3）H.S.编码：63025900。

4）船名及航次号：CHANGJIANG V.226。

5）提单号码：COSCO080133，做成指示性抬头。

6）运费：USD900；保险费：USD400。

7）报检单位登记号：13569Q。

8）生产单位注册号：123476980。

9）报关单位海关注册号：0469128556。

10）人民币账号：RMB03265。

11）外币账号：WB98567213。

12）生产单位：上海鹿鸣服装厂。

第二步：解读缮制要点及规范

1. 缮制商业发票及装箱单

2023年1月20日，张灵代表无锡特锐思国际贸易有限公司与加拿大的FASHION FORCE有限公司签订了书面的销售合同。

2023年1月27日，货物全部生产、包装完毕。无锡特锐思国际贸易有限公司单证员黄欣根据合同缮制商业发票，号码为B0811990，并于同一天签发了列有三种不同规格产品详细包装情况的装箱单。

2. 缮制运输单据

无锡特锐思国际贸易有限公司在货物生产包装完毕后，选择了货运代理公司——中远国际货运代理有限公司，双方就运价达成一致意见后，无锡特锐思国际贸易有限公司于2023年2月7日缮制了货运委托书并递交给货运代理公司，委托其代为办理货物运输事项。

货运代理公司在接到托运委托书后，开始着手安排租船订舱等事项。随后，无锡特锐思国际贸易有限公司在规定的时间内，将货物运到货运代理公司指定的仓库。2023年2月11日，在货物全部装船完毕后，货运代理公司出具了海运提单。

3. 缮制保险单据

为了规避运输途中的风险，无锡特锐思国际贸易有限公司在办妥订舱手续并获悉下货纸号为COSCO080133、船名和航次为CHANGJIANG V.226后，于2023年2月8日填写投保单，将缮制好的投保单连同商业发票一起交给了中国人民保险公司，保险公司受理后于2月8日出具了保险单。

4. 缮制报关单据

由于本产品的H.S.编码显示其不属于法定检验产品，而买方也未要求无锡特锐思国际贸易有限公司出具商检证明，因此本产品无须办理报检手续。

2月9日，无锡特锐思国际贸易有限公司在填写了出口货物报关单后随附商业发票、装箱单等单据向上海海关报关。海关则依据报关单上所填写的内容，对货物进行查验。

5. 缮制汇票

收到货运代理签发的已装船提单后，无锡特锐思国际贸易有限公司于2月12日缮制跟单汇票，填写托收申请书联通全套单据并送中国银行上海分行，委托其代为出口商办理托收货款手续。

第三步：依据要求缮制单据

仔细解读合同条款，获取交易基本信息，罗列所需要的单据，并依据各项单据的制单要求缮制全套单据。

1. 罗列业务所需单据种类

①商业发票；②装箱单；③保险单；④报关单；⑤提单；⑥汇票。

2. 缮制全套单据

（1）商业发票

<table>
<tr><td colspan="2">ISSUER
WUXI TERUISI INTERNATIONAL TRADE CO., LTD
NO. 27 XUEQIAN ROAD, WUXI, CHINA</td><td colspan="3">商业发票
COMMERCIAL INVOICE</td></tr>
<tr><td colspan="2">TO
FASHION FORCE CO., LTD
P.O.BOX 8935 NEW TERMINAL, ALTA, VISTA
OTTAWA, CANADA</td><td>NO.
B0811990</td><td colspan="2">DATE
JAN. 27, 2023</td></tr>
<tr><td colspan="2" rowspan="2">TRANSPORT DETAILS
SHANGHAI TO OTTAWA BY SEA</td><td>S/C NO.
23JA7032KL</td><td colspan="2">L/C NO.</td></tr>
<tr><td colspan="3">TERMS OF PAYMENT
D/P 60 DAYS AFTER SIGHT</td></tr>
<tr><td>Marks and Numbers</td><td>Number and Kind of Package
Description of Goods</td><td>Quantity</td><td>Unit Price</td><td>Amount</td></tr>
<tr><td>N/M</td><td>MAN'S COTTON SHIRT
S
M
L</td><td>
2,000PCS
8,000PCS
3,000PCS</td><td>CIF OTTAWA
USD 10.00/PC
USD 10.00/PC
USD10.00/PC</td><td>
USD20,000.00
USD80,000.00
USD30,000.00</td></tr>
<tr><td></td><td>TOTAL:</td><td>13,000PCS</td><td></td><td>USD130,000.00</td></tr>
<tr><td>SAY TOTAL:</td><td colspan="4">SAY U.S. DOLLARS ONE HUNDRED THIRTY THOUSAND ONLY</td></tr>
<tr><td colspan="5">WUXI TERUISI INTERNATIONAL TRADE CO., LTD
张灵
Stamp & Signature</td></tr>
</table>

（2）装箱单

<table>
<tr><td colspan="3">ISSUER
WUXI TERUISI INTERNATIONAL TRADE CO., LTD
NO. 27 XUEQIAN ROAD, WUXI, CHINA</td><td colspan="4" rowspan="2">装箱单
PACKING LIST</td></tr>
<tr><td colspan="3" rowspan="2">TO
FASHION FORCE CO., LTD
P.O.BOX 8935 NEW TERMINAL, ALTA, VISTA OTTAWA, CANADA</td></tr>
<tr><td colspan="2">INVOICE NO.
B0811990</td><td colspan="2">DATE: JAN. 27, 2023</td></tr>
<tr><th>Marks and Numbers</th><th>Number and Kind of Package Description of Goods</th><th>Quantity</th><th>Package</th><th>G.W.</th><th>N.W.</th><th>Meas.</th></tr>
<tr><td>N/M</td><td>MAN'S COTTON SHIRT
S
M
L</td><td>
2,000PCS
8,000PCS
3,000PCS</td><td>
40CTNS
160 CTNS
60 CTNS</td><td>
440KGS
1,760KGS
660KGS</td><td>
400KGS
1,600KGS
600KGS</td><td>
12CBM
48CBM
18CBM</td></tr>
<tr><td colspan="2">TOTAL:</td><td>13,000PCS</td><td>260 CTNS</td><td>2,860KGS</td><td>2,600KGS</td><td>78CBM</td></tr>
<tr><td>SAY TOTAL:</td><td colspan="6">TWO HUNDRED AND SIXTY CATTONS ONLY</td></tr>
<tr><td colspan="7">WUXI TERUISI INTERNATIONAL TRADE CO., LTD
张灵
Stamp & Signature</td></tr>
</table>

（3）保险单

货物运输保险单

CARGO TRANSPORTATION INSURANCE POLICY

发票号 INVOICE NO.	B0811990	保单号 POLICY NO.	123456
合同号 CONTRACT NO.	23JA7032KL		
信用证号 L/C NO.			
被保险人 INSURED	WUXI TERUISI INTERNATIONAL TRADE CO., LTD		

中国人民保险公司（以下简称本公司）根据被保险人的要求，以被保险人向本公司缴付约定的保险费为对价，按照本保险单列明条款承保下述货物运输保险，特订立本保险单。

THIS POLICY OF INSURANCE WITNESSES THAT THE PEOPLE'S INSURANCE COMPANY OF CHINA (HEREINAFTER CALLED "THE COMPANY"), AT THE REQUEST OF THE INSURED AND IN CONSIDERATION OF THE AGREED PREMIUM PAID TO THE COMPANY BY THE INSURED, UNDERTAKES TO INSURE THE UNDERMENTIONED GOODS IN TRANSPORTATION SUBJECT TO THE CONDITIONS OF THIS POLICY AS PER THE CLAUSES PRINTED OVERLEAF AND OTHER SPECIAL CLAUSES ATTACHED HEREON.

标　记 MARKS & NOS.	数量 QUANTITY	保险货物项目 DESCRIPTION OF GOODS	保险金额 AMOUNT INSURED
N/M	13,000PCS IN 260CTNS	MAN'S COTTON SHIRT S, M, L	USD143,000.00

总保险金额 TOTAL AMOUNT INSURED	U.S. DOLLARS ONE HUANDRED FORTY-THREE THOUSAND ONLY

保费 PERMIUM	AS ARRANGED	启运日期 DATE OF COMMENCEMENT	AS PER B/L	装载运输工具 PER CONVEYANCE	CHANGJIANG V.226
自 FROM	SHANGHAI	经 VIA		至 TO	OTTAWA

承保险别

CONDITIONS:

COVERING ALL RISKS AND WAR RISKS AS PER C.I.C DATED 1/1/1981

所保货物如发生本保险单项下可能引起索赔的损失，应立即通知本公司下述代理人查勘。如有索赔，应向本公司提交正本保险单（本保险单共有__份正本）及有关文件。如一份正本已用于索赔，其余正本自动失效。

IN THE EVENT OF LOSS OR DAMAGE WITCH MAY RESULT IN A CLAIM UNDER THIS POLICY, IMMEDIATE NOTICE MUST BE GIVEN TO THE COMPANY'S AGENT AS MENTIONED HEREUNDER. CLAIMS, IF ANY, ONE OF THE ORIGINAL POLICIES WHICH HAS BEEN ISSUED IN ______ORIGINAL(S) TOGETHER WITH THE RELEVANT DOCUMENTS SHALL BE SURRENDERED TO THE COMPANY. IF ONE OF THE ORIGINAL POLICIES HAS BEEN ACCOMPLISHED, THE OTHERS TO BE VOID.

赔款偿付地点 CLAIM PAYABLE AT	OTTAWA	**中国人民保险公司** The People's Insurance Company of China
签单日期 ISSUING DATE	FEB. 8, 2023	Authorized Signature

（4）出口货物报关单

中华人民共和国海关出口货物报关单

预录入编号：231820910004319O1　　　　海关编号：231820910004319O1

境内发货人 无锡特锐思国际贸易有限公司	出境关别 吴淞海关2203		出口日期 20230209		申报日期 20230208		备案号
境外收货人 FASHION FIRCE CO., LTD	运输方式 水路运输		运输工具名称及航次号 CHANGHONG V. 226		提运单号 COSCO080133		
生产销售单位 无锡特锐思国际贸易有限公司	监管方式 一般贸易		征免性质 一般征税		许可证号		
合同协议号 23JA7032KL	贸易国（地区） 中国		运抵国（地区） 加拿大		指运港 渥太华		离境口岸 上海
包装种类 纸箱	件数 260	毛重（千克） 2,860	净重（千克） 2,600	成交方式 CIF	运费	保费	杂费
随附单证及编号 随附单证1：发票、合同、装箱单			随附单证2：				
标记唛码及备注 N/M							

项号	商品编号	商品名称及规格型号	数量及单位	单价/总价/币制	原产国（地区）	最终目的国（地区）	境内货源地	征免
	63025900	男士棉衬衫						
01		S	440千克 40箱	500/20,000/美元	中国	加拿大	无锡	照章
02		M	1,760千克 160箱	500/80,000/美元	中国	加拿大	无锡	照章
03		L	660千克 60箱	500/30,000/美元	中国	加拿大	无锡	照章

特殊关系确认：否　　价格影响确认：否　　支付特许权使用费确认：否　　自报自缴：否

申报人员　　申报人员证号　　电话 兹声明以上内容承担如实申报、依法纳税之法律责任 申报单位（签章）	海关批注及签章

（5）提单

<table>
<tr><td colspan="2">Shipper
WUXI TERUISI INTERNATIONAL TRADE CO., LTD
NO. 27 XUEQIAN ROAD, WUXI, CHINA
Tel.: 0086-510-82700788 Fax: 0086-510-82700777</td><td colspan="2" rowspan="5">SINOTRANS
B/L No. COSCO080133
中国对外贸易运输总公司
CHINA NATIONAL FOREIGN TRADE TRANSPORTATION CORP.
直运或转船提单
BILL OF LADING
DIRECT OR WITH TRANSHIPMENT</td></tr>
<tr><td colspan="2">Consignee or Order
TO ORDER OF SHIPPER</td></tr>
<tr><td colspan="2">Notify Address
FASHION FORCE CO., LTD
P.O.BOX 8935 NEW TERMINAL, ALTA, VISTA OTTAWA, CANADA
Tel.: 001-613-7983503 Fax: 001-613-7895307</td></tr>
<tr><td>Pre-carriage by
CHANGJIANG V.226</td><td>Port of Loading
SHANGHAI</td></tr>
<tr><td>Port of Discharge
OTTAWA</td><td>Final Destination</td></tr>
<tr><td>Container Seal No. or Marks and Nos.
N/M</td><td>Number and Kind of Packages Description of Goods
MAN'S COTTON SHIRT
S, M, L
260CTNS</td><td>Gross Weight
2,860KGS</td><td>Measurement
78CBM</td></tr>
<tr><td colspan="2">Freight and Charges
FREIGHT PREPAID</td><td colspan="2">REGARDING TRANSHIPMENT INFORMATION PLEASE CONTACT</td></tr>
<tr><td rowspan="2">Ex. Rate</td><td>Prepaid at</td><td>Freight payable at</td><td>Place and Date of Issue
FEB. 11, 2023, SHANGHAI</td></tr>
<tr><td>Total Prepaid</td><td>Number of Original B/L
THREE</td><td>Signed for or on Behalf of the Carrier:</td></tr>
</table>

（6）汇票

<table>
<tr><td colspan="4">**BILL OF EXCHANGE**</td></tr>
<tr><td>凭
Drawn Under</td><td>FOR COLLECTION S/C No.: 23JA7032KL</td><td>不可撤销信用证
Irrevocable L/C No.</td><td></td></tr>
<tr><td>日期
Dated</td><td>JAN.20, 2023</td><td>支取 Payable with interest @ % 按 息</td><td>付款</td></tr>
<tr><td>号码
No. B0811990</td><td>汇票金额
Exchange for USD130,000.00</td><td>中国，上海
Shanghai, China</td><td>FEB.12, 2023</td></tr>
<tr><td></td><td>见票
at 60DAYS</td><td colspan="2">日后（本汇票之副本未付）付交
sight of this FIRST of Exchange (Second of Exchange</td></tr>
<tr><td colspan="2">Being unpaid) Pay to the order of</td><td colspan="2">BANK OF CHINA, SHAGNHAI BRANCH</td></tr>
<tr><td>金额
The sum of</td><td colspan="3">SAY USD ONE HUNDRED THIRTY THOUSAND ONLY</td></tr>
<tr><td>此致
To</td><td colspan="2">FASHION FORCE CO., LTD</td><td>WUXI TERUISI INTERNATIONAL TRADE CO., LTD
张灵</td></tr>
</table>

第四步：核对单据要点

单证填制完毕后，为确保单证无误，必须对单据进行一一核对，核对过程中要注意以下几点：

托收方式下出口单证的填制，首先要注意单证内容的合法性，其内容不得违反中华人民共和国法律法规，自觉维护国家尊严；其次，要注意合同条款的规定，同时结合所给资料，对于没有给出的资料，自己要合理编制；再次，制作过程中要严谨细致，不得前后矛盾，不得违反出单逻辑顺序；最后，小组合作制作，要及时沟通，团结协作，每个同学要有责任意识，知责于心，担责于身，履责于行，把单证制作得正确、完整、简洁。

任务评价

任务评价表

评价项目	评价标准	满　分	得　分
单证内容正确	能清楚单证的要点及相应的缮制规范，符合国际惯例，与对应的货物信息无出入	40分	
单证填制完整	内容完整，份数完整，种类完整	20分	
单证填制及时	及时制单，及时交单，出单顺序符合逻辑	20分	
单证外观整洁	单据的格式设计合理，内容排列主次分明，重点内容醒目突出	20分	
合　计		100分	

项目小结

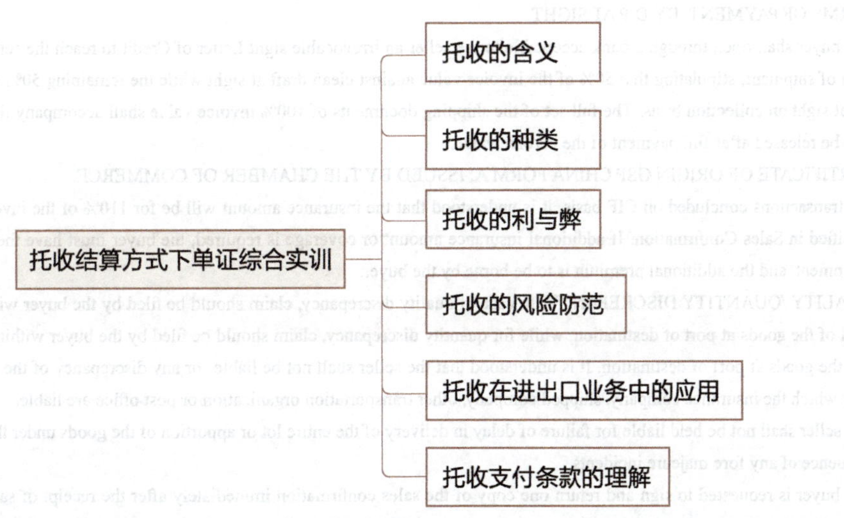

项目实训

认真阅读背景资料，按合同要求填写单证。单证内容要正确、完整，外观排版设计要简洁美观。

实 训 一

1. 销售合同

WUXI TERUISI INTERNATIONAL TRADE CO., LTD

NO. 27 XUEQIAN ROAD, WUXI ,CHINA

SALES CONTRACT

S/C No.: ST303

FAX: 0086-510-82700777 DATE: Aug. 1, 2023

TEL.: 0086-510-82700788

To Messrs:

YIYANG TRADING CORPORATION

88 MARAHALL AVE

DONCASTER VIC 3108

MONTREAL CANADA

We hereby confirm having sold to you the following goods on terms and conditions as specified below:

SHIPPING MARK	NAME OF COMMODITY	QUANTITY	UNIT PRICE	TOTAL AMOUNT
Y.Y.T.C	COTTON TEA TOWELS		CIF MONTREAL	
MONTREAL	10″ ×10″	16,000DOZS	USD1.31	USD20,960.00
C/NO.1-330	20″ ×20″	6,000DOZS	USD2.51	USD15,060.00
	30″ ×30″	11,000DOZS	USD4.70	USD51,700.00
	PACKING IN 330 CARTONS			

LOADING PORT & DESTINATION: FROM SHANGHAI TO MONTREAL

TIME OF SHIPMENT: NOT LATER THAN OCT.31, 2023

PARTIAL SHIPMENT: ALLOWED

TRANSSHIPMENT: ALLOWED

INSURANCE: FOR 110 PCT OF INVOICE VALUE COVERING ALL RISKS

TERMS OF PAYMENT: BY D/P AT SIGHT

The buyer shall open through a bank acceptable to the seller an irrevocable sight Letter of Credit to reach the seller <u>30</u> days before the month of shipment, stipulating that 50% of the invoice value against clean draft at sight while the remaining 50% on documents against payment at sight on collection basis. The full set of the shipping documents of 100% invoice value shall accompany the collection item and shall only be released after full payment of the invoice value.

CERTIFICATE OF ORIGIN GSP CHINA FORM A, ISSUED BY THE CHAMBER OF COMMERCE.

For transactions concluded on CIF basis, it is understood that the insurance amount will be for 110% of the invoice value against the risks specified in Sales Confirmation. If additional insurance amount or coverage is required, the buyer must have the consent of the seller before shipment, and the additional premium is to be borne by the buyer.

QUALITY /QUANTITY DISCREPANCY: In case of quality discrepancy, claim should be filed by the buyer within <u>60</u> days after the arrival of the goods at port of destination; while for quantity discrepancy, claim should be filed by the buyer within <u>40</u> days after the arrival of the goods at port of destination. It is understood that the seller shall not be liable for any discrepancy of the goods shipped due to causes for which the insurance company, shipped company, other transportation organization/or post office are liable.

The seller shall not be held liable for failure of delay in delivery of the entire lot or apportion of the goods under this sales confirmation in consequence of any fore majeure incidents.

The buyer is requested to sign and return one copy of the sales confirmation immediately after the receipt of same, objection, if any, should be raised by the buyer within five days after the receipt of this sales confirmation, in the absence of which it is understood that the buyer has accepted the terms and condition of the sales confirmation.

THE BUYER	THE SELLER
YIYANG TRADING CORPORATION	WUXI TERUISI INTERNATIONAL TRADE CO., LTD
YI YANG	张灵

2. 其他资料

1）INVOICE NO.: XH051111.

2）INVOICE DATE: OCT. 8, 2020.

3）PACKING:

G.W.: 2.5KGS/CTN　　N.W.: 2.0KGS/CTN　　MEAS: 0.02CBM/CTN

PACKED IN ONE CTN OF 100 DOZS TOTAL ONE 20’ CONTAINER.

4）H. S. CODE: 6302.59.

5）VESSEL: NANGXING V.881.

6）B/L NO.: COSC052860 B/L DATE: OCT. 20, 2023.

7）SHIPPING COMPANCY: CHINA SHIPPING COMPANY.

8）INSURANCE: USD965.

9）POLICY NO.: SH051012.

10）FREIGHT: USD1,100.

实 训 二

1. 销售合同

销 售 合 同
SALES CONTRACT

Contract No.: 20221120YL
Date: NOV. 20, 2022

Sellers: WUXI TERUISI INTERNATIONAL TRADE CO., LTD
Address: NO. 27 XUEQIAN ROAD, WUXI, CHINA
Tel.: 0086-510-82700788　　Fax: 0086-510-82700777
Buyers: FRUIT TRADE CO., LTD
Address: 2102 BRIGHT STREET, LEDBURY HRT 1J, GERMANY
Tel.: 001-613-7983503　　Fax: 001-613-7895307

This sales contract is made by and between the sellers and the buyers, whereby the sellers agree to sell and the buyers agree to buy the under-mentioned goods according to the terms and conditions stipulated below:

(1) Name of Commodity and Specification	(2) Quantity	(3) Unit	(4) Unit Price	(5) Amount
IQFSTRAWBERRIES	100	MT	CIF HAMBURG USD720.00/MT	USD72,000.00
	Total Amount			**USD72,000.00**

(6) Packing: CARTON

(7) Delivery from SHANGHAI to HAMBURG

(8) Shipping Marks: N/M

(9) Time of Shipment: Not later than DEC. 15, 2022, transshipment and partial shipment are ALLOWED.

(10) Terms of Payment: by D/P 60 DAYS AFTER SIGHT of 100% invoice value. All banking charges outside China (the mainland of China) are for account of the Drawee.

(11) Insurance: To be effected by the sellers for 110% of full invoice value covering ALL RISKS AND WAR RISKS up to HAMBURG.

(12) Arbitration: All disputes arising from the execution of or in connection with this contract shall be settled amicable by negotiation. In case no settlement can be reached through negotiation, the case shall then be submitted to China International Economic & Trade Arbitration Commission. In Shenzhen (or in Beijing) for arbitration in act with its sure of procedures. The arbitral award is final and binding both parties for settling the dispute. The fee, for arbitration shall be borne by the losing party, unless otherwise awarded.

The Seller　　The Buyer

WUXI TERUISI INTERNATIONAL TRADE CO., LTD　　FRUIT TRADE CO., LTD

2. 其他资料

1）发票号码：SW-6012。

2）发票日期：2022年11月25日。

3）提单号码：COS040410SHM。

4）提单日期：2022年11月30日。

5）船名：LANJING V.0123。

6）产地证号：JS/07/04HY8765。

7）产地证日期：2022年11月28日。

8）商品编号：4823.2900。

9）包装：纸箱装　净重：16.00KGS/CTN　毛重：16.20KGS/CTN　尺码：60CM×50CM×40CM/CTN。

10）唛头：N/M。

项目十六

电汇结算方式下单证综合实训

知识目标

· 熟悉和理解电汇业务的基础知识
· 熟练掌握电汇制单业务流程，并能独立完成进出口电汇业务的单证缮制工作

能力目标

· 能够熟悉销售确认书中有关电汇结算的条款内容
· 能依据销售确认书正确缮制结算单证

素养目标

· 在阅读合同及相关资料时要树立自觉维护国家尊严和领土完整的意识
· 在缮制单证的过程中逐步养成守正创新、严谨细致的习惯
· 在制作单证的过程中强化责任意识

项目情境

无锡特锐思贸易有限公司是一家拥有自营进出口权和自理报关报检权限的贸易企业。2023年1月，单证员黄欣接到市场负责人张灵的通知，与加拿大FASHION FORCE有限公司就出口男式棉衬衫达成了共识。由于双方有着多年的贸易合作关系，且每次交易都很愉快，因此双方在前期磋商过程中，约定采用电汇作为结算方式来完成这笔交易。

项目分析

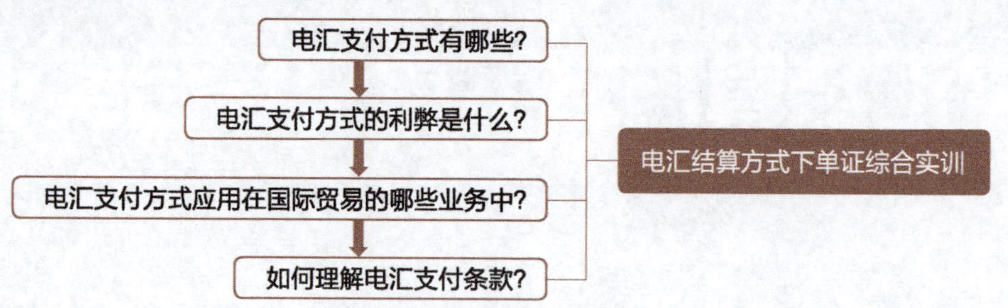

必备知识

1. 电汇的含义

电汇（Telegraphic Transfer，T/T）是指汇款人将一定款项交存汇款银行，汇款银行通过电报、电传或SWIFT方式指示目的地的分行或代理行（汇入行）向收款人支付一定金额的汇款方式。

2. 电汇的种类

1）预付货款（T/T in Advance）：在订货时电汇或交货前电汇货款，然后在合同规定的时间内，出口商将货物发给进口商的一种结算方式。

2）货到付款（T/T after Shipment）：在签署合同后，出口商在收到货款之前先发货，进口商收到货物后再汇付货款的结算方式。

3）凭单付汇（Remittance against Documents）：由进口商通过汇出行将货款汇给汇入行，并指示汇入行凭出口商提供的单据向出口商付款的结算方式。

4）部分预付、部分凭正本单据（传真）付款（Part by T/T in Advance and Part by T/T after Shipment against Documents）：在合同订立后、出口商装运前，进口商先预付部分定金，电汇20%～30%的货款给出口商，出口商装运完货物后，将正本提单传真给进口商，待收到余款后再将全部单据寄交进口商。这是国际贸易中的一种通常做法，在实际工作中使用较多。

3. 电汇的利与弊

（1）电汇的有利之处

汇付方式如运用得当，对进出口双方都有利。就进口方而言，先取得对应货物的装运单据或货物，然后再付款，有利于资金周转，并可以节省费用；就出口方而言，在进口方商誉可靠或与出口方有特殊密切关系的条件下，采用汇付方式，有利于扩大出口。

（2）电汇的弊端

1）商业信用，风险大。银行仅凭汇款人的指示转移相关款项，并不负责单据的传递，更不承担任何付款或担保责任。预付货款或货到付款依据的都是商业信用。

2）资金负担不平衡。预付货款下，进口商先付款，出口商得以利用进口商的资金备货、装货；对于预付货款的进口商及货到付款的出口商来说，资金负担较重，整个交易过程中需要的资金几乎全部由他们来提供。对于出口商来说，货到付款可能还会出现“货款两空”的情况。

4. 电汇在进出口业务中的应用

（1）出口业务

1）为了巩固和扩大市场，对一些长年供应的鲜活商品，大部分采取电汇方式结算货款。

2）在空运进出口买卖合同中，采用凭出口方电报或电传发货通知，进口方电汇货款的做法，以适应空运货物到货迅速的特点。

3）在寄售出口业务中，为适应寄售业务先出货由代销商凭实货向买方进行现货销售的特点，通常采用先出后结的电汇方法。

（2）进口业务

1）预付货款（T/T in Advance）。预付货款是指买卖合同签订后，进口商以电汇方式支付货款，出口商收款后再交货，又分为全部预付和部分预付。全部预付是指出口商发货前，进口商先行预付全部货款。部分预付是指出口商发货前，进口商先行预付买卖合同总金额一定比例的定金，或在交货前分期分批预付货款。现在，进口商为了减少风险往往要求“凭单付汇”，即进口商将货款汇至出口商指定银行，并指示其凭出口商提供的指定单据（如海运提单）予以付款。

2）交货后付款（T/T after Shipment）

交货后付款的做法与预付货款相反，属于赊账交易（Open Account Transaction，O/A），是指签订合同后，出口商先将货物发出，进口商收到货物或单据后立即或在约定的一段时间内电汇货款。

议一议

说一说下列条款在业务中有何风险？应如何防范？

1. As soon as the buyer receive the notification from the seller that the goods are ready for shipment, the buyer will pay full invoice amount by cheque to the seller.

2. 30% of the total contract value as advance payment shall be remitted by the buyer to the seller through telegraphic transfer within 10 days after signing this contract and remaining part will be paid to the seller within 10 days after receipt of the fax concerning original B/L.

5. 电汇支付条款的理解

在使用电汇支付方式时，应在合同中明确规定电汇时间和电汇金额，有可能包括款项解付的条件等内容，具体列举如下：

1）The buyer will pay 100% of the sales proceeds (total value of the contracted goods) by T/T remittance to the seller not later than May 10,2023.

【中文】买方应不迟于2023年5月10日将100%货款用即期汇票/电汇支付给卖方。

【释疑】该付款方式等于买方要100%预付货款，适宜合同金额不大的交易。如果合同金额较大，买方占压资金多，难以接受。

2）Upon conclusion of Sales Contract the buyer will remit 30% of the total contract value to the seller's account as deposit. When the contracted goods are loaded on board vessel, the seller will fax the buyer the copy of B/L. As soon as the buyer receives the copy of B/L, he will remit the balance to the seller's account. Once the seller receives the total value, he will send the full set of shipping documents to the buyer directly by courier service.

【中文】签订销售合同后，买方应电汇合同金额的30%货款到卖方账号作为定金。当合同项下货物装上船后，卖方向买方发送提单副本的传真。买方收到提单副本的传真后，即刻电汇余款至卖方账号。卖方收到全款后，将把全套装运单据直接快递给买方。

【释疑】这是目前采用最多的一种电汇付款方式，对于卖方而言，收到定金后再组织生产，相应地减少一些风险；对于买方而言，在确信货物已装船后再付清余款，减少买方的资金占压。但无论如何，该付款方式仍属于商业信用，需要持谨慎态度。

3）The buyer will remit 100% of the invoice value to the seller after receipt of the shipment advice from the seller.

【中文】收到卖方的装运通知后买方即刻电汇100%的发票货款给卖方。

【释疑】该付款方式要求卖方将货物装船后发装船通知给买方，买方才电汇货款给卖方。这对卖方来说承担很大的风险，一旦货物装船后，买方拒不付款，卖方将承担很大损失。除非对买方的信誉非常有把握，或合同的金额不大且卖方有意开发国际市场，否则不宜采用。

4）T/T 50% in advance and balance to be paid by T/T against arrival of goods.

【中文】预付50%货款，货到后电汇支付剩余货款。

【释疑】预付货款又称前T/T，是指在订货时或交货前汇付货款的方法。在预付货款的交易中，进口商为了减少预付风险，可以采用凭单付款的方法，即进口商凭出口商提供的指定单据和装运凭证付款。

5）50% of the total contract value as advance payment shall be remitted by the buyer to the seller through T/T within 15 days after signing this contract. Payment to be effected by the buyer shall not be later than 7 days after receipt of the documents listed in the contract by T/T.

【中文】买方同意在本合同签字之日起，15日内将本合同总金额的50%预付款以电汇方式汇交卖方，并在收到本合同所列单据后7日内电汇其余货款。

【释疑】这种方式更易被贸易双方所接受。对于进口商来说，可以避免卖方收款后不交货的风险。对于出口商来说，只要按合同规定交货、交单，即可向出口地银行支取货款。

6）Cash on delivery (C.O.D.): The buyer shall pay to the seller total amount within 5 days after the receipt of the goods (This clause is not applied to the Terms of FOB, CFR, CIF).

【中文】货到付款：买方在收到货物后5日内将全部货款支付给卖方（不适用于FOB、CFR、CIF）。

【释疑】货到付款又称后T/T，是指在出口商收到货款之前，先交出单据或货物，然后进口商主动汇付货款的方法。它常用于寄售业务、新产品销售、大公司内部交易等情况。此外，为了适应空运到货迅速的特点，在空运条件下，进口商可采取凭出口商发货通知汇付货款的做法。

小试牛刀　条款解读

你来试一试？

1. Term of payment: by T/T of 100% invoice value. All banking charges outside China (the mainland of China) are for account of the Drawee.

2. Term of payment: 30%T/T in advance, others 70% after shipment.

任务实施

单证员黄欣接到通知后，开始阅读合同条款，并对电汇结算条款进行了总结和分析。黄欣在对电汇方式做了充分了解和准备后，开始准备出口单证的制作。

第一步：解读制单资料，获取制单信息

1. 销售合同

销 售 合 同

SALES CONTRACT

Contract no.: 23JA7032KL

Date: JAN. 20, 2023

Signed at: WUXI

Sellers: WUXI TERUISI INTERNATIONAL TRADE CO., LTD

Address: NO. 27 XUEQIAN ROAD, WUXI ,CHINA

Tel.: 0086-510-82700788　　Fax: 0086-510-82700777

Buyers: FASHION FORCE CO., LTD

Address: P.O.BOX 8935 NEW TERMINAL, ALTA, VISTA OTTAWA, CANADA

Tel.: 001-613-7983503　　Fax: 001-613-7895307

This sales contract is made by and between the sellers and the buyers, whereby the sellers agree to sell and the buyers agree to buy the under-mentioned goods according to the terms and conditions stipulated below:

(1) Name of Commodity and Specification	(2) Quantity	(3) Unit	(4) Unit Price	(5) Amount
MAN'S COTTON SHIRT		PC	CIF OTTAWA	
S	2,000PCS		USD 10.00/PC	USD20,000.00
M	8,000PCS		USD 10.00/PC	USD80,000.00
L	3,000PCS		USD 10.00/PC	USD30,000.00
Total	13,000PCS			USD130,000.00
Total Amount	SAY USD ONE HUNDRED THIRTY THOUSAND ONLY			

(6) Packing: CARTON

(7) Delivery from SHANGHAI to OTTAWA

(8) Shipping Marks: N/M

(9) Time of Shipment: JUNE 15, 2023, transshipment and partial shipment are ALLOWED.

(10) Terms of Payment: by T/T of 100% invoice value All banking charges outside China (the mainland of China) are for account of the Drawee.

(11) Insurance: To be effected by the sellers for 110% of full invoice value covering ALL RISKS AND WAR RISKS up to OTTAWA., as per C.I.C dated 1/1/1981.

(12) Arbitration: ...

The Seller　　The Buyer

WUXI TERUISI INTERNATIONAL TRADE CO.,LTD　　FASHION FORCE CO., LTD

2. 补充资料

1）商业发票号码：B0811990。

2）包装情况：每50件装入一箱，所有货物装入一个20寸集装箱（COS663322）；毛重11KGS/CTN，净重10KGS/CTN，体积0.3CBM/CTN。

3）H.S.编码：63025900。

4）船名及航次号：CHANGJIANG V.226。

5）提单号码：COSCO080133，做成指示性抬头。

6）运费：USD900；保险费：USD400。

7）报检单位登记号：13569Q。

8）生产单位注册号：123476980。

9）报关单位海关注册号：0469128556。

10）人民币账号：RMB03265。

11）外币账号：WB98567213。

12）生产单位：上海鹿鸣服装厂。

第二步：解读制单要点及规范

1. 缮制商业发票及装箱单

2023年1月20日，张灵代表无锡特锐思国际贸易有限公司与加拿大的FASHION FORCE有限公司签订了书面的销售合同。

2023年1月27日，货物全部生产、包装完毕。无锡特锐思国际贸易有限公司单证员黄欣根据合同缮制商业发票，号码为B0811990。商业发票为核心单据，注意发票金额填写的正确性。同一天签发了列有产品详细包装情况的装箱单。

2. 缮制运输单据

无锡特锐思国际贸易有限公司在货物生产包装完毕后，选择了货运代理公司——中远国际货运代理有限公司，双方就运价达成一致意见后，无锡特锐思国际贸易有限公司于2023年2月7日缮制了货运委托书并递交给货运代理，委托其代为办理货物运输事项。

中远货运代理有限公司在接到托运委托书后，开始着手安排租船订舱等事项。随后，无锡特锐思国际贸易有限公司在规定的时间内，将货物运到货运代理公司指定的仓库。2022年2月11日，在货物全部装船完毕后，货运代理公司出具了海运提单。

3. 缮制保险单据

为了规避运输途中的风险，无锡特锐思国际贸易有限公司在办妥订舱手续并获悉下货纸号为COSCO080133、船名和航次为CHANGJIANG V.226后，于2023年2月8日填写投保单，将缮制好的投保单连同商业发票一起交给了中国人民保险公司，保险公司受理后于2月8日出具了保险单。

4. 缮制报关单据

由于本产品的H.S.编码显示其不属于法定检验产品，而买方也未要求无锡特锐思国际贸易有限公司出具商检证明，因此本产品无须办理报检手续。

2月9日，无锡特锐思国际贸易有限公司在填写了出口货物报关单后随附商业发票、装箱单等单据向上海海关报关。海关则依据报关单所填写的内容，对货物进行查验。

5. 寄送单据，收取款项

由于双方在销售合同中约定采用电汇方式，因此在进口方以T/T方式将全部货款付清后，无锡特锐思国际贸易有限公司采用快递的方式将商业发票、装箱单、一般原产地证书等全套单据寄给进口方。

第三步：根据制单信息缮制单据

1. 商业发票

ISSUER WUXI TERUISI INTERNATIONAL TRADE CO., LTD NO. 27 XUEQIAN ROAD, WUXI, CHINA	**商业发票** **COMMERCIAL INVOICE**	
TO FASHION FORCE CO., LTD P.O.BOX 8935 NEW TERMINAL, ALTA, VISTA OTTAWA, CANADA	**NO.** B0811990	**DATE** JAN. 27, 2023
TRANSPORT DETAILS SHANGHAI to OTTAWA BY SEA	**S/C NO.** 23JA7032KL	**L/C NO.**
	TERMS OF PAYMENT T/T	

Marks and Numbers	Number and Kind of Package Description of Goods	Quantity	Unit Price	Amount
N/M	MAN'S COTTON SHIRT		CIF OTTAWA	
	S	2,000PCS	USD 10.00/PC	USD20,000.00
	M	8,000PCS	USD 10.00/PC	USD80,000.00
	L	3,000PCS	USD10.00/PC	USD30,000.00
	TOTAL:	13,000PCS		USD130,000.00
SAY TOTAL:	**SAY U.S. DOLLARS ONE HUNDRED THIRTY THOUSAND ONLY**			

WUXI TERUISI INTERNATIONAL TRADE CO., LTD
张灵
Stamp & Signature

2. 装箱单

ISSUER WUXI TERUISI INTERNATIONAL TRADE CO., LTD NO.27 XUEQIAN ROAD, WUXI, CHINA	**装箱单** **PACKING LIST**	
TO FASHION FORCE CO., LTD P.O.BOX 8935 NEW TERMINAL, ALTA, VISTA OTTAWA, CANADA	INVOICE NO. B0811990	DATE: JAN..27, 2023

Marks and Numbers	Number and Kind of Package Description of Goods	Quantity	Package	G.W.	N.W.	Meas.
N/M	MAN'S COTTON SHIRT					
	S	2,000PCS	40CTNS	440KGS	400KGS	12CBM
	M	8,000PCS	160 CTNS	1,760KGS	1,600KGS	48CBM
	L	3,000PCS	60 CTNS	660KGS	600KGS	18CBM
TOTAL:		13,000PCS	260 CTNS	2,860KGS	2,600KGS	78CBM
SAY TOTAL:	TWO HUNDRED AND SIXTY CATTONS ONLY					

WUXI TERUISI INTERNATIONAL TRADE CO., LTD
张灵
stamp & Signature

3. 保险单

货物运输保险单
CARGO TRANSPORTATION INSURANCE POLICY

发票号 INVOICE NO.	B0811990	保单号 POLICY NO.	123456
合同号 CONTRACT NO.	23JA7032KL		
信用证号 L/C NO.			
被保险人 INSURED	WUXI TERUISI INTERNATIONAL TRADE CO., LTD		

中国人民保险公司（以下简称本公司）根据被保险人的要求，以被保险人向本公司缴付约定的保险费为对价，按照本保险单列明条款承保下述货物运输保险，特订立本保险单。

THIS POLICY OF INSURANCE WITNESSES THAT THE PEOPLE'S INSURANCE COMPANY OF CHINA (HEREINAFTER CALLED "THE COMPANY"), AT THE REQUEST OF THE INSURED AND IN CONSIDERATION OF THE AGREED PREMIUM PAID TO THE COMPANY BY THE INSURED, UNDERTAKES TO INSURE THE UNDERMENTIONED GOODS IN TRANSPORTATION SUBJECT TO THE CONDITIONS OF THIS POLICY AS PER THE CLAUSES PRINTED OVERLEAF AND OTHER SPECIAL CLAUSES ATTACHED HEREON.

标记 MARKS & NOS.	数量 QUANTITY	保险货物项目 DESCRIPTION OF GOODS	保险金额 AMOUNT INSURED
N/M	13,000PCS 260CTNS	MAN'S COTTON SHIRT S, M, L	USD143,000.00

总保险金额 TOTAL AMOUNT INSURED	U.S. DOLLARS ONE HUANDRED FORTY-THREE THOUSAND ONLY

保费 PERMIUM	AS ARRANGED	启运日期 DATE OF COMMENCEMENT	AS PER B/L	装载运输工具 PER CONVEYANCE	CHANGJIANG V.226
自 FROM	SHANGHAI	经 VIA		至 TO	OTTAWA

承保险别
CONDITIONS：

COVERING ALL RISKS AND WAR RISKS AS PER CIC DATED 1/1/1981

所保货物如发生本保险单项下可能引起索赔的损失，应立即通知本公司下述代理人查勘。如有索赔，应向本公司提交正本保险单（本保险单共有____份正本）及有关文件。如一份正本已用于索赔，其余正本自动失效。

IN THE EVENT OF LOSS OR DAMAGE WITCH MAY RESULT IN A CLAIM UNDER THIS POLICY, IMMEDIATE NOTICE MUST BE GIVEN TO THE COMPANY'S AGENT AS MENTIONED HEREUNDER. CLAIMS, IF ANY, ONE OF THE ORIGINAL POLICIES WHICH HAS BEEN ISSUED IN__ORIGINAL(S) TOGETHER WITH THE RELEVANT DOCUMENTS SHALL BE SURRENDERED TO THE COMPANY. IF ONE OF THE ORIGINAL POLICIES HAS BEEN ACCOMPLISHED, THE OTHERS TO BE VOID.

赔款偿付地点 CLAIM PAYABLE AT	OTTAWA	中国人民保险公司 The People's Insurance Company of China
签单日期 ISSUING DATE	FEB. 8, 2023	Authorized Signature

4. 出口货物报关单

中华人民共和国海关出口货物报关单

预录入编号：23182091000431901　　　　海关编号：23182091000431901

境内发货人	出境关别		出口日期		申报日期	备案号	
无锡特锐思国际贸易有限公司	吴淞海关2203		20230209		20230208		
境外收货人	运输方式		运输工具名称及航次号		提运单号		
FASHION FIRCE CO., LTD	水路运输		CHANGHONG V. 226		COSCO080133		
生产销售单位	监管方式		征免性质		许可证号		
无锡特锐思国际贸易有限公司	一般贸易		一般征税				
合同协议号	贸易国（地区）		运抵国（地区）		指运港	离境口岸	
23JA7032KL	中国		加拿大		渥太华	上海	
包装种类	件数	毛重（千克）	净重（千克）	成交方式	运费	保费	杂费
纸箱	260	2,860	2,600	GIF			
随附单证及编号 随附单证1：发票、合同、装箱单			随附单证2：				
标记唛码及备注 N/M							

项号	商品编号	商品名称及规格型号	数量及单位	单价/总价/币制	原产国（地区）	最终目的国（地区）	境内货源地	征免
	63025900	男士棉衬衫						
01		S	440千克 40箱	500/20,000/美元	中国	加拿大	无锡	照章
02		M	1,760千克 160箱	500/80,000/美元	中国	加拿大	无锡	照章
03		L	660千克 60箱	500/30,000/美元	中国	加拿大	无锡	照章

特殊关系确认：否　　价格影响确认：否　　支付特许权使用费确认：否　　自报自缴：否

申报人员　申报人员证号　电话 兹声明以上内容承担如实申报、依法纳税之法律责任 申报单位（签章）	海关批注及签章

5. 提单

<table>
<tr><td colspan="2">Shipper
WUXI TERUISI INTERNATIONAL TRADE CO., LTD
NO. 27 XUEQIAN ROAD, WUXI, CHINA
Tel.: 0086-510-82700788
Fax: 0086-510-82700777</td><td colspan="3" rowspan="5">
B/L No. COSCO080133

中国对外贸易运输总公司
CHINA NATIONAL FOREIGN TRADE
TRANSPORTATION CORP.
直运或转船提单
BILL OF LADING
DIRECT OR WITH TRANSHIPMENT</td></tr>
<tr><td colspan="2">Consignee or Order
TO ORDER OF SHIPPER</td></tr>
<tr><td colspan="2">Notify Address
FASHION FORCE CO., LTD
P.O.BOX 8935 NEW TERMINAL, ALTA, VISTA OTTAWA, CANADA
Tel.: 001-613-7983503
Fax: 001-613-7895307</td></tr>
<tr><td>Pre-carriage by
CHANGJIANG V.226</td><td>Port of Loading
SHANGHAI</td></tr>
<tr><td>Port of Discharge
OTTAWA</td><td>Final Destination</td></tr>
<tr><td>Container Seal No. or Marks and Nos.:
N/M</td><td colspan="2">Number and Kind of Packages
Description of Goods
MAN'S COTTON SHIRT
S,M,L
260CTNS</td><td>Gross Weight

2,860KGS</td><td>Measurement

78CBM</td></tr>
<tr><td colspan="3">Freight and Charges
FREIGHT PREPAID</td><td colspan="2">REGARDING TRANSHIPMENT
INFORMATION PLEASE CONTACT</td></tr>
<tr><td rowspan="2">Ex. Rate</td><td>Prepaid at</td><td>Freight payable at</td><td colspan="2">Place and Date of Issue
FEB. 11, 2023, SHANGHAI</td></tr>
<tr><td>Total Prepaid</td><td>Number of Original B/L
THREE</td><td colspan="2">Signed for or on Behalf of the Carrier:</td></tr>
</table>

第四步：核对单据

单证填制完毕后，为确保单证无误，必须对单据进行一一核对，核对过程中要注意以下几点：

1）要注意单证内容的合法性，其内容不得违反中华人民共和国法律法规，自觉维护国家尊严。

2）要读懂合同条款的规定，同时结合所给资料，对于没有给出的资料，自己要合理编制。

3）制作过程中要严谨细致，不得前后矛盾，不得违反出单逻辑顺序。

4）小组合作制作，要及时沟通，团结协作，每个同学要有责任意识，知责于心，担责于身，履责于行，把单证制作得正确、完整、简洁。

任务评价

任务评价表

评价项目	评价标准	满分	得分
单证内容正确	能清楚单证的要点及相应的缮制规范，符合国际惯例，与对应的货物信息无出入	40分	
单证填制完整	内容完整，份数完整，种类完整	20分	
单证填制及时	及时制单，及时交单，出单顺序符合逻辑	20分	
单证外观整洁	单据的格式设计合理，内容排列主次分明，重点内容醒目突出	20分	
合计		100分	

项目小结

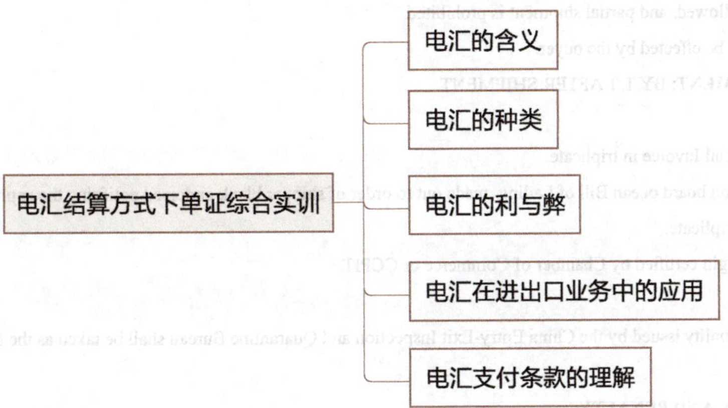

项目实训

认真阅读背景资料，按照要求正确、完整地制作单证。

实　训　一

根据销售确认书和其他资料，填写电汇结算方式下出口结汇单证。

1. 销售合同

SALES CONTRACT

NO.: ZYE08002
DATE: MAY 15, 2021

THE SELLER: WUXI TERUISI INTERNATIONAL TRADE CO., LTD
Address: NO. 27 XUEQIAN ROAD, WUXI, CHINA
TEL.: 0086-510-82700788　　FAX: 0086-510-82700777

THE BUYER: T GAP TRADING CORP
12th FLOOR SUITE 3 NO. 234 ZHONGSHAN
ROAD SECTION 4 LONDON, U.K.

We hereby confirm having sold to you the following goods on the terms and conditions as specified below:

Marks and No.	No.and Kind of Packages Description of Goods	Quantity	Unit Price	Amount
TRAVELER'S CHOICE ITEM NO.: TC0010 COLOR: BLACK MADE IN CHINA C/NO.: 1-500	WHEEL BACKPACK 6OOD POLY－RAMIC PVC BACKING 500CTNS	3,000PCS	FOB SHANGHAI USD 4.25/PC	USD12,750.00
TOTAL		3,000PCS		USD12,750.00
TOTAL CONTRACT VALUE: SAY U.S. DOLLARS TWELVE THOUSAND SEVEN HUNDRED AND FIFTY ONLY				

PACKING: PACKED IN 500 CTNS

TIME OF SHIPMENT:

Within 30 days after this Contract.

（续）

PORT OF LOADING AND DESTINATION:

From Shanghai, China to London.

Transshipment is allowed, and partial shipment is prohibited.

INSURANCE: To be effected by the buyer.

TERMS OF PAYMENT: BY T/T AFTER SHIPMENT.

DOCUMENTS:

+ Signed Commercial Invoice in triplicate.

+ Full set of clean on board ocean Bill of Lading ,made out to order of shipper blank endorsed notifying the applicant.

+ Packing List in triplicate.

+ Certificate of Origin certified by Chamber of Commerce or CCPIT.

INSPECTION:

The certificate of quality issued by the China Entry-Exit Inspection and Quarantine Bureau shall be taken as the basis of delivery.

LATE DELIVERY AND PENALTY:

In case of late delivery, the buyer shall have the right to cancel this contract, reject the goods and lodge a claim against the seller. Except for Force Majeure, if late delivery occurs, the seller must pay a penalty, and the buyer shall have the right to lodge a claim against the seller. The rate of penalty is charged at 0.5% for every 7 days, odd days less than 7 days should be counted as 7 days. The total penalty amount will not exceed 5% of the shipment value. The penalty shall be deducted by the paying bank or the buyer from the payment.

FORCE MAJEURE:

The seller shall not held responsible, owing to Force Majeure cause or causes, fail to make delivery within the time stipulated in the contract or cannot deliver the goods. However, in such a case, the seller shall inform the buyer immediately by cable and if it is requested by the buyer, the seller shall also deliver to buyer by registered letter, a certificate attesting the existence of such a cause or causes.

ARBITRATION:

....

This contract is made in two original copies and becomes valid after signature, one copy to be held by each party.

Signed by:

THE SELLER	THE BUYER
WUXI TERUISI INTERNATIONAL TRADE CO., LTD	T GAP TRADING CORP
王诚	SMITH JOE

2. 其他资料

1）B/L NO.: COSC02021530.

2）B/L DATE: MAY 30, 2021.

3）QUANTITY: 3,000PCS.

4）N.W.: 1.26KGS/PC.

5）G.W.: 1.67KGS/PC.

6）MEAS.: 58.24CBM.

7）VESSEL NAME: JUPITER V.29E45.

8）CONTAINER NO.: 1 × 40’CPIU2254836.

9）H.S. CODE：42022200.

实 训 二

根据销售合同和其他资料，填写电汇结算方式下出口结汇单证。

1. 销售合同

SALES CONTRACT

NO.: 01MAF400-5-23
DATE: NOV. 15, 2021

THE SELLER: WUXI TERUISI INTERNATIONAL TRADE CO., LTD
Address: NO. 27 XUEQIAN ROAD, WUXI, CHINA
TEL.: 0086-510-82700788　　FAX: 0086-510-82700777

THE BUYER: SAKAI TRADING CO. LTD
SANWA BLDG1-1 KAWARAMACH
2-CHOME CHUO-KU OSAKA 541, JAPAN
TEL.: 006-620-12706688　　FAX: 006-620-12706689

This Contract is made by and between the buyer and seller, whereby the buyer agree to buy and the seller agree to sell the under-mentioned commodity according to the terms and conditions stipulated below:

Commodity & Specification	Quantity	Unit Price	Amount
CHINA GRANITE G485 ROUGH BLOCKS	47.944m^3	FOB HUANGPU USD390.00/m^3	USD18,698.16
TOTAL	47.944m^3		USD18,698.16
TOTAL CONTRACT VALUE: SAY U.S. DOLLARS EIGHTEEN THOUSAND SIX HUNDRED AND NINTY EIGHT POINT ONE SIX ONLY.			

PACKING: IN BULK.
SHIPPING MARKS: N/M.
TIME OF SHIPMENT:
Within 60 days after this Contract.
PORT OF LOADING AND DESTINATION:
From Huangpu, China to Osaka.
Transshipment is allowed, and partial shipment is prohibited.
INSURANCE: To be effected by the buyer.
TERMS OF PAYMENT: 30% T/T IN ADVANCE,OTHERS 70% AFTER SHIPMENT.
DOCUMENTS:
+ Signed Commercial Invoice in triplicate.
+ Full set of clean on board ocean Bill of Lading marked “freight prepaid” made out to order of shipper blank endorsed notifying the applicant.
+ Packing List in triplicate.
+ Certificate of Origin certified by Chamber of Commerce or CCPIT.

INSPECTION:
The certificate of quality issued by the China Entry-Exit Inspection and Quarantine Bureau shall be taken as the basis of delivery.

LATE DELIVERY AND PENALTY:
In case of late delivery, the buyer shall have the right to cancel this contract, reject the goods and lodge a claim against the seller. Except for Force Majeure, if late delivery occurs, the seller must pay a penalty, and the buyer shall have the right to lodge a claim against the seller. The rate of penalty is charged at 0.5% for every 7 days, odd days less than 7 days should be counted as 7 days. The total penalty amount will not exceed 5% of the shipment value. The penalty shall be deducted by the paying bank or the buyer from the payment.

FORCE MAJEURE:
The seller shall not held responsible, owing to Force Majeure cause or causes, fail to make delivery within the time stipulated in the contract or cannot deliver the goods. However, in such a case, the seller shall inform the buyer immediately by cable and if it is requested by the buyer, the seller shall also deliver to buyer by registered letter, a certificate attesting the existence of such a cause or causes.

ARBITRATION:
All disputes in connection with this contract or the execution thereof shall be settled amicably by negotiation. In case no settlement can be reached, the case shall then be submitted to the China International Economic Trade Arbitration Commission for settlement by arbitration in accordance with the commission’s arbitration rules. The award rendered by the commission shall be final and binding on both parties. The fees for arbitration shall be borne by the losing party unless otherwise awarded.

This contract is made in two original copies and becomes valid after signature, one copy to be held by each party.

Signed by:

THE SELLER	**THE BUYER**
WUXI TERUISI INTERNATIONAL TRADE CO.,LTD	SAKAI TRADING CO. LTD
周亮	Johnson Black

2. 其他资料

1）B/L NO.: COSC052860.

2）B/L DATE: DEC.6, 2021.

3）QUANTITY: 64 PCS.

4）N.W.: 167.804 KGS.

5）G.W.: 167.804 KGS.

6）MEAS.: 47.944 CBM.

7）VESSEL NAME: YOUNGSTAR V.231E.

8）CONTAINER NO.: 1 × 40’CPIU2254836.

9）H.S. CODE: 6802.2300.

参考文献

[1] 林榕，吕亚君. 外贸单证实务：微课版[M]. 2版. 北京：人民邮电出版社，2023.

[2] 李辉，魏弘. 国际贸易单证实务[M]. 2版. 北京：对外经济贸易大学出版社，2018.

[3] 周树玲，郝冠军. 外贸单证实务[M]. 5版. 北京：对外经济贸易大学出版社，2021.

[4] 王利平，程文吉，张帆，等. 外贸单证[M]. 杭州：浙江大学出版社，2018.

[5] 王炯. 电子单证员制单实务[M]. 北京：高等教育出版社，2011.